ロジスティクスの計画技法
―ロジスティクスの分析・設計で用いられる手法―

百合本茂・片山直登・増田悦夫

流通経済大学出版会

序　　文

　　近年，ロジスティクスという言葉は多くの企業で一般的に使われるようになったが，高等教育の場で，体系的に研究・教育を行っている機関は数えるほどしかない。その数少ない大学の一つである流通経済大学流通情報学部では，経済産業省の支援を受け，2008年度からロジスティクスに関する人材育成のためのカリキュラムづくりに取りかかり，「サプライチェーン・ロジスティクス人材育成プログラム」と名づけた教育体系を構築した。この体系に基づいたプログラムの一つに，学生や院生に向けたテキストづくりがある。中学や高校ではロジスティクスという言葉さえ出てくることの少ない中で，初めてそれに触れる学生にどのようにその理論や実践などをわかりやすく伝えるかが課題となった。現在，学部の総力を挙げて取り組んでいるが，本書は，その第一弾として「ロジスティクスの計画技法－ロジスティクスの分析・設計で用いられる手法－」と題し，ここに出版に至ったものである。また，流通情報学部は本年，学部開設20年を迎え，その記念事業をいくつか企画しているが，本書の出版もその一つとしてあげられる。

　　輸送，保管，包装，荷役，流通加工，情報の諸機能をシステムとして統合した物流，また，物流と調達・生産・販売などの諸機能をも統合したロジスティクス，そして，一企業に限らず企業間連携を取り入れたサプライチェーン・ロジスティクス，さらに，環境や地域といった社会的側面を考慮に入れたソーシャル・ロジスティクスと，その考え方は，個別最適化から全体最適化へという流れで進展してきた。これは，最適化を個別にいくら積み重ねても全体最適化にはつながらず，何らかの事象を分析し問題点を改善していくには，一段上のレベルからものごとを捉えていくことが必要であるというシステムの考え方に基づいているともいえる。ロジスティクスという全体システムは，まさに多階層からなる個別サブシステムの集まりからなっており，全体最適の観点からシステムを計画，設計，分析，運用していかなければならない。このような際に利用できる技法をシステム技法と呼ぶが，オペレーションズリサーチ（OR；Operations Research）は，その中でも特に，数理的な処理や評価を行うのに有効な方法といえる。

　　ORは，システム最適化の技法として発展してきたが，難解な数式や計算を用いることも多く，その理論の発展と比較して，現実問題への対応はいま一つの感が否めなかった。もともとのORの由来や考え方からみると，現実に存在する問題をいかに解決するかという問題解決のための科学という側面をもっており，現代の多くの諸問題に対して有力な武器となるはずである。ただ，多くの諸問題といっても適用すべき対象が様々で，ORを学ぶ立場からすると，ORとは本来どのような場面に有効なのかという素朴な疑問が生じることも多かった。また，対象を絞ったとしても，難解な数式や複雑な計算は厄介なものであろう。本書は，ロジスティクスを対象に，そこでの諸問題の解決やシステム化のために用いられるOR手法をやさしく解説したもので，以下のような3部構成になっている。

　　はじめに，ロジスティクスとORの概要，その関連性について述べたあと，第I部では，ロジスティクス戦略を考える上での基礎となるいくつかの技法（需要予測，意思決定法，線形計画法，プロジェクト管理，待ち行列理論）について解説している。第II部では，ロジスティクス拠点とフローに関する計画と管理のための技法として，拠点自体に関しては拠点立地，在庫管理，拠点間のフローに関しては，ネットワーク計画，輸配送計画，輸送機関選択を取り上げている。また第III部では，ロジスティクス計画技法に関する情報システムと事例として，第II部までに紹介した技法を支援する情報システムについて，そして

技法に関する実際の応用事例について紹介している。

　本書は，本来の趣旨であるロジスティクス人材育成のためのプログラムの一環としてのテキスト作成という観点から，ロジスティクスを学ぼうとしている流通・情報系，経済・経営系，経営工学・システム工学系の学生，大学院生などを対象としているが，ロジスティクスシステムの設計やORを積極的に仕事に活用しようとする社会人などにも有効であろう。

　ここで扱っているORのいくつかの手法は，表計算ソフトExcel，およびそのアドインとして用意されている分析ツール（統計的分析を行うツール）やソルバー（最適化分析の解を得るためのツール）を用いることにより処理が可能である。またExcelを利用したシミュレーションは，様々な事象を再現し，現実の問題を分析するのに有効な道具となる。このようなExcelを用いた例解を数多く取り入れたほか，最適化問題を記述できるモデリング言語AMPLを利用した問題の設定や解法なども数多く紹介している。それにより，各自が厄介なプログラミング作業や複雑な計算に煩わされることなく，ORの多面的な適用が容易に可能となろう。

　なお，本書の執筆分担は次のとおりである。

　　百合本　茂　：　1, 2, 3, 6, 7.1, 7.2, 8 の各章・節
　　片山　直登　：　4, 5, 7.3, 9, 10, 11 の各章・節
　　増田　悦夫　：　12, 13 の各章

　さいごに，第Ⅲ部の執筆に際し，実応用事例の情報を提供いただいた（株）日本ビジネスクリエイトの後藤一孝氏（流通経済大学客員講師）に感謝する。また，本書の出版に際し，出版助成金という形で援助いただいた流通経済大学ならびに流通経済大学出版会に感謝する次第である。

　　2014年10月

著　者

（注）
　Excelは米国Microsoft Corporationの登録商標，また，AMPLは米国AMPL Optimization Inc.の開発製品です。本書に記述されているこれらを含めた製品名は，一般に各社の商標または登録商標です。なお，本書では登録商標記号を割愛しています。

目　　次

第1章　ロジスティクスとOR 1
　1.1　ロジスティクス　1
　1.2　システム技法としてのOR　3
　1.3　ORとモデル　5
　1.4　ロジスティクスにおけるORアプローチ　5

第Ⅰ部　ロジスティクス戦略に関わる技法

第2章　需要予測 13
　2.1　予測の概要　13
　　2.1.1　予測とは　13
　　2.1.2　予測の目的と手続き　13
　2.2　相関分析　14
　　2.2.1　要因間の関連分析　14
　　2.2.2　相関係数　14
　2.3　横断面分析　16
　　2.3.1　2要因間の分析　16
　　2.3.2　複数要因間の分析（重回帰分析）　19
　2.4　時系列分析　21
　　2.4.1　直線回帰による分析　21
　　2.4.2　移動平均による分析　23
　　2.4.3　季節指数による分析　25
　2.5　指数平滑法　27
　2.6　予測手法の周辺　28

第3章　意思決定法 31
　3.1　意思決定の構造　31
　3.2　ウェイトを主観的に与える方法　32
　　3.2.1　10段階評価　32
　　3.2.2　SAW（Simple Additive Weight）　33
　3.3　AHP（階層化意思決定法）　34
　　3.3.1　AHP相対評価法　34
　　3.3.2　AHP絶対評価法　37
　3.4　決定理論　39
　3.5　ゲームの理論　41
　3.6　意思決定問題の周辺　42

第4章 線形計画 47

- 4.1 線形計画問題と定式化　47
  - 4.1.1 生産計画問題　47
  - 4.1.2 朝食問題　49
- 4.2 グラフを用いた解き方　51
  - 4.2.1 生産計画問題　51
  - 4.2.2 朝食問題　52
- 4.3 Excelのソルバーを用いた解き方　53
  - 4.3.1 生産計画問題　53
  - 4.3.2 朝食問題　57
- 4.4 AMPLを用いた解き方　59
  - 4.4.1 数理モデリング言語と数理計画ソルバー　59
  - 4.4.2 生産計画問題　60
  - 4.4.3 朝食問題　61

第5章 プロジェクト管理 65

- 5.1 PERT/CPM　65
- 5.2 アローダイアグラム　65
  - 5.2.1 作業順序とアローダイアグラム　65
  - 5.2.2 アローダイアグラムの作成手順　67
- 5.3 PERTによるスケジューリング　70
  - 5.3.1 最早結合点時刻　70
  - 5.3.2 最遅結合点時刻　71
  - 5.3.3 作業の開始・完了時刻　73
  - 5.3.4 余裕時間　74
  - 5.3.5 クリティカルパス　74
  - 5.3.6 ガントチャート　75
- 5.4 CPM　76
  - 5.4.1 CPMと線形計画問題　76
  - 5.4.2 AMPLを用いた解き方　78

第6章 待ち行列とシミュレーション 83

- 6.1 待ち行列現象と基本的指標　83
- 6.2 待ち行列理論（待ち行列に関する様々な公式）　85
- 6.3 待ち行列のシミュレーション　87
  - 6.3.1 モンテカルロ・シミュレーション　87
  - 6.3.2 Excelによるシミュレーション　87
  - 6.3.3 事例1（自動車修理工場の修理待ち現象）　89
  - 6.3.4 事例2（食堂の利用客と窓口の対応）　91
- 6.4 複数窓口の待ち行列理論　94
- 6.5 待ち行列理論の周辺　96

第Ⅱ部　ロジスティクス拠点とフローに関わる技法

第7章　施設立地計画　……………………………………………………………………101
- 7.1　立地理論の変遷と課題　101
- 7.2　立地問題の基本（輸送費最小立地）　102
  - 7.2.1　重心法　102
  - 7.2.2　ウェーバーの問題とその一般化　103
  - 7.2.3　ネットワーク上での立地問題　105
- 7.3　施設配置問題　107
  - 7.3.1　容量制約のない施設配置問題　107
  - 7.3.2　容量制約をもつ施設配置問題　109
  - 7.3.3　AMPLを用いた解き方　112

第8章　在庫管理　……………………………………………………………………117
- 8.1　在庫管理の考え方　117
- 8.2　在庫とキャッシュフロー　118
  - 8.2.1　在庫とは　118
  - 8.2.2　在庫とキャッシュフロー計算　119
- 8.3　重点管理による在庫の分類－ABC分析　120
- 8.4　代表的な発注方式　122
  - 8.4.1　定期発注方式　122
  - 8.4.2　発注点方式（定量発注方式）　122
  - 8.4.3　その他の発注方式　127
- 8.5　在庫シミュレーション　127
  - 8.5.1　シミュレーション　127
  - 8.5.2　Excelによる在庫シミュレーション　128
- 8.6　在庫管理の周辺　131

第9章　ネットワーク計画　………………………………………………………………135
- 9.1　ネットワーク　135
- 9.2　最短経路問題　136
  - 9.2.1　問題の定義　136
  - 9.2.2　最短経路の性質　137
  - 9.2.3　ダイクストラ法　138
- 9.3　最小木問題　142
  - 9.3.1　問題の定義　142
  - 9.3.2　クラスカル法　142
- 9.4　最小費用フロー問題　144
  - 9.4.1　問題の定義　144
  - 9.4.2　定式化　145
  - 9.4.3　AMPLを用いた解き方　146

第10章　輸配送計画 ... 151

10.1　輸送問題　151
 10.1.1　問題の定式化　151
 10.1.2　Excelのソルバーを用いた解き方　153
 10.1.3　AMPLを用いた解き方　156

10.2　配送経路問題　158
 10.2.1　問題の定式化　158
 10.2.2　セービング法　159
 10.2.3　スイープ法　163

第11章　輸送機関選択 ... 169

11.1　輸送機関の特性　169
11.2　AHPによる輸送機関選択　171
11.3　ロジットモデルによる輸送機関選択　175
11.4　CO_2排出量とモーダルシフト　178
 11.4.1　CO_2排出量の算出　178
 11.4.2　モーダルシフトによるCO_2排出量の削減　180

第Ⅲ部　ロジスティクスに関する情報システムと事例

第12章　情報システム ... 187

12.1　情報システムの概要　187
 12.1.1　情報システムの体系　187
 12.1.2　ロジスティクス・ネットワーク上の配備例　188

12.2　計画系システム（SCP）　189
 12.2.1　SCPの概要　189
 12.2.2　SCPソフトウェア　190

12.3　管理系システム（ERP）　190
 12.3.1　ERPの概要　190
 12.3.2　ERPソフトウェア　191

12.4　実行系システム（SCE）　192
 12.4.1　SCEの概要　192
 12.4.2　OMS, WMS, TMSの概要　193

12.5　通信プラットフォーム　197

第13章　実応用事例 ... 199

13.1　需要予測に関する事例　199
 13.1.1　日用雑貨品メーカの事例　199
 13.1.2　回転寿司チェーンの事例　201

13.2　拠点および経路に関する最適化の事例　202
 13.2.1　飲料品メーカにおける配送拠点の最適化　202
 13.2.2　多店舗展開小売業における拠点および経路の最適化　204

13.3　拠点の分散および業者見直しに関する最適化の事例　　205
　　　　13.3.1　化学油脂メーカにおける拠点分散の最適化　　205
　　　　13.3.2　補給品メーカにおける業者見直しの最適化　　206

索　引　209

参考文献　213

第1章　ロジスティクスとOR

【要旨】

　企業では，経営計画，販売計画，生産計画，輸送・配送計画，人員計画，設備投資計画，資金計画，新製品開発計画など様々な計画が立てられ，それらの計画に基づいて活動が実施されている。その結果はあらゆる観点から評価され，改善すべき点を考慮に入れて次期の計画につなげていく。この一連の流れは**マネジメント・サイクル**（Plan-Do-Check-Action；**PDCAサイクル**）と呼ばれるが，これが繰り返されることによって経営活動が継続されていく。これらの様々な計画の立案に用いられる技法が計画技法であり，その代表的なものにオペレーションズリサーチ（OR）がある。本章では，ロジスティクスとORについて概説し，ロジスティクス分野においてどのような局面でOR手法が用いられているかについて述べることにする。まず，ロジスティクスが普及してきた経緯やその考え方，次に，ORの発展とモデルについて，そして，ロジスティクスにおけるORの適用について説明する。

1.1　ロジスティクス

　従来から卸・小売業のような流通・サービス業では，商品をメーカーから仕入れ，消費者に販売するまでの物の移動が，また，製造業では，製品を生産するために必要な資材・部品の調達や，完成した製品を卸・小売などの販売先に届けるまでの納入が，物流に関するシステムの対象となり，それらの効率化のために様々な努力がなされてきた。

　しかし，ロボットなどの先端技術，TQC（Total Quality Control; 全社的品質管理）やTQM（Total Quality Management; 総合的品質管理），かんばん方式など，様々な管理技術に支えられ，製造業でよく言われる，「乾いた雑巾を絞る」ような改善活動によって効率化が進んできた生産分野とは異なり，物流分野では，トラックの運転や荷積み・荷卸しなど人手に頼らざるを得ない労働集約的な部分が多く，効率化が進まない一因となっている。また，道路・鉄道網の整備状況や交通渋滞のように，一企業の経営努力だけでは制御不可能な社会環境上の制約もある。

　需要が多様化し，同一仕様の製品を大量に生産して販売する時代から多品種少量生産の時代への移行に伴い，今日の企業では，様々な顧客のニーズにいかに迅速かつ柔軟に対応できるかが問題となっている。その結果，工場では**ジャストインタイム**（Just In Time；JIT）生産，複数の製品を一つの生産ラインでつくる混流生産などが生まれた。生産様式がこのように変化してくると，それに対応してジャストインタイム配送，多頻度小口輸送，時間指定納入などが物流における課題となり，それらが追い求められるようになった。また一方で，配送頻度や交通量の増加は，交通渋滞や大気汚染物質の排出のような社会問題，環境問題を生じさせ，その対処が問題となってくる。

　また，POS（Point of Sales）システムのように，小売店での販売時点で，商品の販売情報が本部のコンピュータで把握できるようになると，さらにその情報は取引メーカーにも即時に伝えることができ，工場での生産活動との連結が可能となる。このように，ICT（Information and Communication Technology；情報通信技術）の発達は販売と生産を連結し，様々な地点のネットワーク化を容易にする。この場合，生産と

販売を結び付ける機能をもつ物流も当然のことながら一体化して考える必要性が生じる。それが生産，物流，販売を一体化したシステム，すなわち，ロジスティクス（Logistics）を必要とする経緯である。このように，離れた地点にある拠点間での生産・配送指令や情報の伝達，情報の共有を即時に可能にするICTの進歩は，ロジスティクスの発展の背景にある。

　ロジスティクスという言葉は，元々はナポレオン時代に使われ始めた軍事用語といわれ，戦時の物資補給などの後方支援業務を指す場合が多い。戦前は日本でも兵站と訳され，これを専門的に研究する学問を兵站学と呼ぶこともあった。この言葉が一般によく使用されるようになったのは，1990年，イラクのクウェート侵攻に端を発した湾岸戦争で，遠く離れたアメリカからペルシャ湾岸の前線に莫大な人員と物資を効率的に補給する後方支援活動としてであった。必要なものを必要なだけ必要な時に適正コストで，というまさにジャストインタイムの考え方で，これがビジネスロジスティクスとして，物流を扱う一般の企業でも急速に普及するようになった。

　1963年にアメリカで設立された物流管理協議会（NCPDM）が，1985年に名称変更したロジスティクス管理協議会（CLM）によるロジスティクスマネジメントの定義は，「顧客の要求に適合することを目的として，産出地点から消費地点に至るまでの，もの，サービスおよびそれに関連する情報の効率的かつ対費用効果の大きい『フローと保管』を，計画・実行・管理する一連のプロセス」とされている。なお，CLMはさらに2005年，サプライチェーンマネジメント専門家協議会（CSCMP）という組織に名称を変更している。また，日本でも物的流通協会と物流管理協議会という組織が合体し，1992年に日本ロジスティクスシステム協会（JILS）が発足している。

　生産や販売，物流各分野を個別にとらえ，それぞれ最適化しても，全体の最適化には結びつかず，生産から販売までの物の流れ全体をトータルに統合化したシステムとしてのロジスティクスを考えていかなければならない。今日の企業では，市場競争を勝ち抜く手段として，ロジスティクス戦略をいかに打ちたてていくかに腐心しているのが現状である。輸送や保管などの個別システムからそれらを統合した物流システムへ，そして，物流システムに調達・生産・販売を統合したロジスティクスシステムへ時代は進んでいったのである（図1.1参照）。

　また，近年では，環境問題への配慮から，物が販売されたあとの廃棄，回収までを含めた**グリーン・ロジスティクス**（Green Logistics）という言葉もよく使われる。この場合，調達・生産・販売・消費・廃棄／回収という一連の機能を統合した物の流れ全体のサイクルに及ぶ連鎖をロジスティクス（**還流ロジスティクス**；Reverse Logistics）としてとらえることを意味する。このような動向に沿って，上記のロジスティクスに関するCLMの定義にも，「この定義には，入出荷のための，また内部的・外部的移動と環境保護のための諸材料の回収も含まれている」という用語が付加されるようになった。物の流れを廃棄／回収まで含めて考えると，廃棄／回収された財が，その財を生産した企業や多業種にわたる企業によって再利用，再生産できるようになるわけで，資源循環型の産業連鎖が成り立つことになる。このように，環境問題や社会問題からの視点でロジスティクスをとらえ直そうとする試みも進んできており，**ソーシャル・ロジスティクス**（Social Logistics）という用語も使われている。

　ここで，ロジスティクスの特徴をまとめておこう。

○**部分最適**から**全体最適**

　輸送・保管・包装・荷役などの個別システムから，それらを統合した物流システムに進展した経緯からもわかるが，ロジスティクスでは，さらに調達・生産・販売・消費・廃棄／回収までをトータルに捉えたシステム全体の最適化を目指している。これを成し遂げるためには，上述したPOSシステムの例のように，各部門で情報を共有化する仕組みができあがっている必要がある。この場合，個別企業だけでは対応

できず，取引企業との連携や協調が欠かせない。
○**戦略指向**
　ロジスティクスは顧客の要求するサービスや財を満足する形で提供し，企業競争に打ち勝つための経営戦略ともいえる。そのためには，長期的な視点に立ち，市場や消費者の動向，景気動向，社会環境など外部の様々な情報を考慮に入れ，適切な意思決定を行っていく必要がある。
○**サプライチェーン**
　原料の調達から，生産・販売・消費・廃棄回収に至る一企業の枠をこえた長大な活動の連鎖をサプライチェーン（supply chain；供給連鎖）と呼ぶが，この連鎖上の物の流れに関する計画・実施・評価に関する経営管理手法は，**サプライチェーンマネジメント（SCM）**と呼ばれる。東日本大震災では，サプライチェーンが断絶したことが，その後の復旧の妨げになったといわれている。SCMの考え方は，まさに全体最適を狙ったものであり，情報の共有や，関連企業間の連携が前提となる。また，SCMでは，特に環境問題への関心から，廃棄／回収までのライフサイクル上で，資源の有効な活用と環境の保全を考慮に入れたロジスティクスのシステムを構築することが重要である。

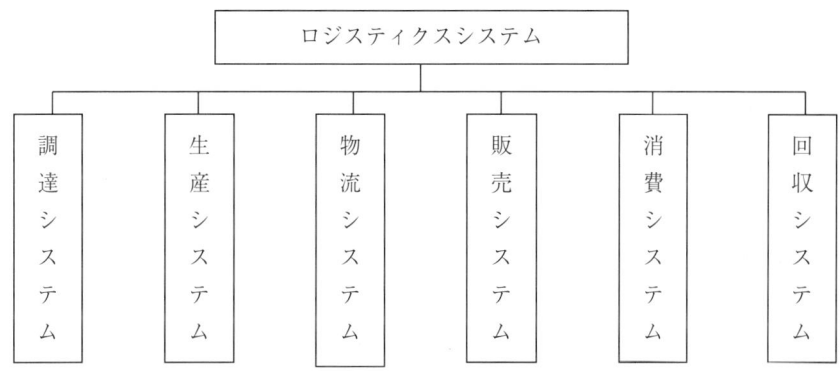

図1.1　ロジスティクスシステムとサブシステム

1.2　システム技法としてのOR

　一般に，ロジスティクスシステムのような人工的なシステムを計画，設計，分析，運用するために全体最適を図ろうとする際，そこで利用できる具体的方法を**システム技法**という。この中で特に，定量的表現・評価を行うのに有効な方法がオペレーションズリサーチ（OR）を用いた技法である。

　オペレーションズリサーチの考え方はシステム的なものの見方同様かなり古くから存在していたと考えられるが，その体系化のきっかけをつくったのは，第一次世界大戦当時である。それは，ランチェスターの法則などで知られるイギリスのF. W. Lanchesterによる軍事戦略問題（戦闘に関する数理モデル）の公式化がなされた1916年頃といわれている。このころ，デンマークでも，A. K. Erlangによる統計的平衡状態の原理が発表されている。これは，電話交換設備の設計の基礎として用いられたものであり，のちの待ち行列の理論の発展につながっていく。

　ORという名称は，それが誕生したイギリスでは，軍事技術をいかに効果的に運用していくかという観点からOperational Research（運用研究），アメリカでは軍事作戦を成功に導くための研究，Operations Research（作戦研究）とされているが，いずれにしても，第一次，第二次大戦中に大きな発展を見たことに変わりはない。なお日本では，アメリカから導入が図られた関係で，ORはオペレーションズリサーチ

の略とするのが一般的になっている。軍事作戦に対する研究例としては，商船が敵の潜水艦から逃れる方法を図表を用いて解析する方法の研究，飛行編隊の大きさや隊形，爆弾の型や数による爆撃精度の向上の研究，哨戒攻撃の効率化の研究や対潜水艦攻撃の統計的解析の研究等々がある。

第二次大戦後，アメリカでは，Operations Evaluation Group（海軍），RAND Corporation（空軍），Operations Research Office（陸軍）が設立され，ORが定着していった。また，このころから，OR技法の一般社会，産業界への適用が活発になり，競争の問題や，食糧政策と栄養の問題などに適用されるに至り，日本でも，1950年代に導入され，企業経営や公共政策などで活用されるようになった。このように，ロジスティクスと同様に，ORも軍事研究から産業界，自治体での適用へと進展してきたのである。

ORの定義は種々あるが，有名なものの一つにP. M. Morse，G. E. Kimballの，"ORは，首脳部に対して，その管理下にある運営（Operations）に関する意思決定のための定量的基礎を与える科学的方法である"という定義がある。すなわち，ORは次の三つの点に特徴がある。

①企業や行政のトップマネジメントに関わる問題・意思決定・計画を扱う
②問題を定量的に扱う
③意思決定を支援する情報を与える

ORの基本的ステップは次のとおりである。

①目的と問題の明確化
②問題の定式化と数式モデルの作成
③モデル解の導出
④解のテストとモデルの修正
⑤解の適用と管理の確立

目的と問題の明確化が第1ステップである。ORは，経営計画や生産・流通計画といったトップマネジメントに関わる問題を扱うのであるから，対象とする範囲は多くの部門にまたがるのが一般的である。各部門では，互いの目的が一致することは少なく，むしろ直接ぶつかり合い，矛盾が生じるのが普通であり，ORは，これらの相反する目的をどの程度満足させることが，全体として最適であるかを追求することになる。したがって，目的を明確にしておくこと，また，意思決定者，利害関係者を明確にしておくことが重要になる。

次に，決定によって影響を受ける人や部門はどこかを明らかにしておき，全体の利益や費用といった客観性のある評価尺度を考慮に入れた定式化を考えることが必要である。そこで，ORの最も特徴的ともいえる数式モデルの作成に入る。システムの相互関係，インプット・アウトプット関係等を数式モデルで表現するのである。モデル作成にあたっては，既存の典型的モデルをそのまま活用しても良いし，また，これらを変形・拡張したり，新たに作成しても良い。いずれにしても，現象を十分表現していなければならない。

モデルが作成されると，このモデルに対する最適解を求める。これには，大きく分けて，解析的方法と数値的方法とがある。変数が多くなったり，関係が複雑になるに従い，解析的な方法では解を求めるのが困難になる傾向があるが，そのような場合，試行錯誤的方法や反復法による数値的方法が用いられる。シミュレーションもその一つといえる。

モデル解が求められれば，それが現実に適用可能か否か，また，適用するにはどの程度の解の修正が必要かを検討する。これによって満足のいくものが得られない場合には，再びモデルを修正し，新たに解を求めるステップに戻ることになる。

満足の得られる解が得られたならば，これに基づいて意思決定者がどのような方策を採用するかを決定し，その運用方法を検討し，管理体制を確立してルーチン化することが必要である。

1.3 OR とモデル

現実世界の状況を表現するために用いられるのが**モデル**である。図1.2のように，モデルは，現実世界における複雑な現象を，できる限り抽象化，単純化することにより作成される。新型自動車の開発の際に作られるクレイモデル（粘土模型）やプラモデルなどは現実の姿を忠実に再現したものであるが，ここで扱うORモデルは，基本的には数式モデルであるので，現実社会の複雑な現象をそのままの形で再現できるわけではない。それらを単純化したり抽象化したりして表現することによって，重要な要素とそれらの相互関係のみに着目し，その現象を取り扱いうる水準まで簡素化し，解を求めやすくしたりすることが必要になる。したがって，定量化できない部分，すなわち定性的部分はひとまず除外して考えることが多い。モデルは，現実そのものでないが，現実世界のシステム行動をどの程度的確に写し取っているかによって，その良し悪しが決まるといってよい。もちろん，モデル作成は一度で満足できるものになるわけではない。モデル作成作業は，モデルの修正・精練作業であるともいえる。できるだけ，不可欠の要素のみを取り上げた簡単なモデルを作成し，徐々に複雑なモデルへと仕上げていけばよい。

さて，モデルの解が求められ，システムの挙動が明らかになったならば，これを現実に当てはめることになる。この際，モデル化の段階でひとまず除外しておいた定性的な要因を考慮することを忘れてはならない。モデルはあくまでもモデルであり，現実との間にはギャップがあるのは当然である。現実への適用の際に，特に数量的に表現できなかった部分については，意思決定者の判断に負うところが大きい。また，定性的要因を定量化する方法も種々研究されており，意思決定者の主観的な判断を数量化しようとする試みなども存在する。

ORの代表的なモデルとして，次のようなモデルがある。

① 予測モデル　　② 決定・競合モデル　　③ 配分モデル
④ 日程モデル　　⑤ 待ち行列モデル　　　⑥ 立地モデル
⑦ 在庫モデル　　⑧ ネットワークモデル　⑨ 輸配送モデル

これらのモデルが，問題の対象や状況に応じて用いられることになる。

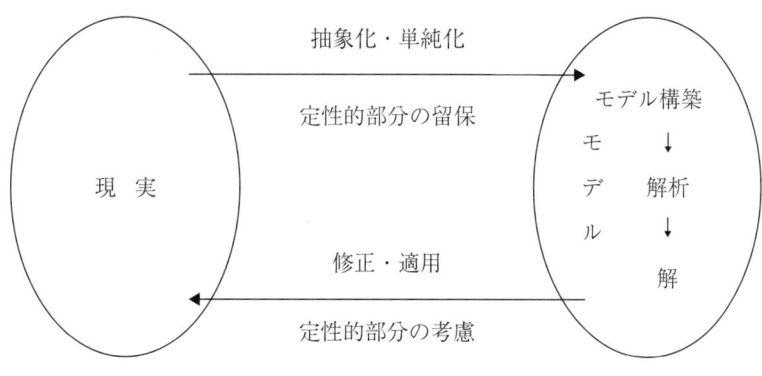

図1.2　モデルと現実

1.4 ロジスティクスにおける OR アプローチ

本章ではまず，ロジスティクスについて概説し，ロジスティクスシステムを分析したり設計したりするのに有効なORとモデルについて説明してきた。ここでは，具体的にロジスティクスのどのような場面でORが使われるか，ロジスティクスとORの関連性について述べていくことにする。

ロジスティクスの対象は，原材料の供給業者からの財の調達から始まり，それらを使用して生産を行い，完成した製品を最終的に需要者に販売・消費・廃棄／回収・再利用されるまでの物の流れということができる。調達から販売・消費に至る様々な流通経路（**ロジスティクス・ネットワーク**）上では，物の機能的・物理的な変換，位置的な変換，時間的な変換が行われ，それらを通じて付加価値が増し，効用が創出されていく。

機能的・物理的変換とは，主として工場における生産活動によるものであるが，配送センターでの流通加工も含まれる。位置的な変換は，必要な物を必要な地点に輸送・配送する行為といえる。また，時間的な変換では，必要な物を必要な地点に在庫として保管することにより，必要な時という要求を満たす。

このように，ロジスティクス・ネットワーク上では様々な変換が施されることになるが，それらの拠点となるのが，生産を行う工場，保管を目的とした倉庫，積替え拠点としてのトラックターミナル，集配送の拠点である配送センター，流通加工を行う流通センター，販売拠点である営業所や小売店などである。これらのロジスティクス拠点の名称とそこで行われる機能は，必ずしもすべての企業で同じとはいえず，企業により，様々な名称がつけられている。また，複合的な機能を併せもつ拠点も多い。

本書の以下の章では，まず第Ⅰ部で，ロジスティクス戦略に関わる技法として，ロジスティクスの具体的なシステムを設計，分析する際に必要となり，戦略策定に不可欠な需要予測と意思決定の問題を2章と3章で扱う。また，4章では，資源配分や生産計画に活用されている線形計画について，5章では，様々なプロジェクトの日程や進捗状況を管理・運用していくための手法として用いられているPERT/CPMについて紹介する。6章では，配送センターにおけるトラックバース数の決定などに用いることのできる待ち行列理論と，様々な社会事象をコンピュータ上で再現するシミュレーションについて述べる。

第Ⅱ部ではロジスティクス拠点とフローに関わる技法として，7章で，ロジスティクス拠点の立地に関するモデル，8章では，拠点での物の時間的な変換に関わる在庫管理，9章では，ネットワークについての理論的基礎に関わる問題，10章では，拠点間の物の位置的な変換に関わる輸送・配送計画，11章では，輸送手段の選択の問題を扱う。

ここまでが典型的なOR技法の紹介といえるが，第Ⅲ部ロジスティクスに関する情報システムと事例では，12章で，紹介された技法を支援する情報システムについて，また，13章では，各種技法がロジスティクスシステムのどのような場面に応用されているかについての具体的・実践的な事例を紹介する。

以下にもう少し具体的に，OR技法とロジスティクスとの関連について概説してみよう。

（1）需要予測

ロジスティクスの理想の姿は，顧客の要求する物を必要な時に必要なだけ生産して供給し，そのために必要なだけの原材料や部品を調達するというジャストインタイムでの調達，生産，供給であるが，通常，これは不可能に近く，物の流れの各中継地点に在庫を置いて対応することが多い。これを少なくしようとすれば，需要を高い精度で予測することが必要である。需要予測は，対象とする製品の過去の時系列データや関連すると思われる他のデータなどを収集し，適切な需要予測モデルを用いて行わなければならない。予測がうまくいかないと，売れ残りや品切れが生じてしまい，企業は大きな損失をこうむることになる。したがって，需要予測はロジスティクス戦略において重要な役割を果たしているといえる。

予測方法を，使用するデータのとり方により分類すると，**時系列分析**（time-series analysis）と**横断面分析**（cross-section analysis）に分けられる。前者は，データを時間の経過順にならべ，それをもとに将来の予測を行うのに対して，後者は，一時点の様々な種類のデータを用いて予測を行う。予測手法としては，時系列分析では，移動平均法，指数平滑法，また，横断面分析では，回帰分析，多変量解析などがある。

（2）意思決定

　トップマネジメントによるロジスティクス戦略の選択は，企業の存立に大きくかかわることになるが，いくつかの代替案の中から将来を見据えてもっとも適切なものを見出すためには，経験や勘に基づく決定ではなく，何らかの科学的な方法によることが望ましいことはいうまでもない。意思決定を行うには，代替案に関する情報，それに関する評価基準，評価項目の選択，重要度の決定などが必要となる。最も簡潔な意思決定の方法は，意思決定者の主観に基づき，点数を付与する方法であるが，客観性や再現性の面で問題が残る。また，不確実性を伴う状況下での意思決定に対しては，**決定理論**として従来からいくつかの決定規準や決定原理が考え出されてきた。また，競合する状況での行動選択に関する**ゲームの理論**の研究も進んでいる。ただ，それらは現実の意思決定問題への適用というより，意思決定の考え方や意思決定者の行動原理などに主眼をおいており，そのままの形では応用しづらい。意思決定の困難さを増しているのは，定量化しにくい多くの評価項目の存在，価値基準の多様さや人間の行う決定に伴う主観性などによる所が多いが，そのような意思決定問題に対しては，**AHP**（Analytic Hierarchy Process）という階層化意思決定法が考案され，実用的な問題に適用されている。ORの多くの手法にあるような厳密な数学的モデルから最適解を見出すのとは異なるいわばソフトな手法といえる。

（3）線形計画

　工場や倉庫などのロジスティクス拠点において，人，機械設備，材料といった限られた資源（生産の3要素；3M（Man, Machine, Material））の制約のもとで，最大の利益を追求したり，最小費用で運営していくには，どのように資源の配分を行えばよいかなどという問題に対して，有効な答えを提供してくれる方法が**線形計画法**（Linear Programming：LP）である。線形計画という言葉は，いくつかの制約を表す式や，目的とする利益や費用といった関数が線形（一次式）で表されることから名付けられた。

　このような線形計画問題では，線形性の仮定を満たす必要があるが，現実の問題の中には制約条件や目的関数が線形では近似できないようなものも多い。そのような場合のいくつかは，非線形計画法（Non-Linear Programming：NLP）によって解くことができる。非線形計画法のなかでも，目的関数に2次式が含まれ，制約式は線形である場合にはこれを2次計画法（Quadratic Programming：QP）と呼んでいる。また，求めるべき変数が整数に限られる場合は，整数計画法（Integer Programming：IP）という。このように，線形計画には多くの応用型があるが，一般に，ある制約条件の下で目的関数を最大化，あるいは最小化する解を求める計画モデルを，**数理計画法**（Mathematical Programming：MP）という。

　線形計画法は，生産計画の問題や，食事の際の栄養の問題など，広い範囲で応用されており，それらを解くためのソフトウェア（ソルバー；solver）も，表計算ソフトExcelの一機能として備わっているほか，いくつか開発され利用されている。

（4）プロジェクト計画（管理）

　プロジェクト管理は，企業で企画・実施される様々なプロジェクトが計画どおりスムーズに運用され，成功に導かれるよう管理していくことである。具体的には，プロジェクトの計画策定，日程管理，進捗管理，工数管理などが含まれる。このプロジェクトの日程面での計画・管理に用いられる手法に**PERT/CPM**（Program Evaluation and Review Technique/Critical Path Method）がある。プロジェクトとしては，様々なものが考えられるが，PERT/CPMで例示されるものとして，配送センターの建設日程計画や新製品開発計画などがある。

　PERT/CPMでは，プロジェクトの工期を見積もったり，工期の短縮を行ったりするのに，アローダイ

アグラムというネットワークモデルを使用するという特徴を持っている。ネットワーク表示をすることによってプロジェクト全体が俯瞰でき，日程管理が容易に行えるようになる。

（5）物流設備計画（待ち行列理論）

トラック貨物の荷卸しや荷さばきを行うためのトラックターミナルは，都市間輸送の中継的な拠点として，**ロジスティクス・ネットワーク**上で重要な役割を果たしているが，この貨物の荷卸しや荷さばきを行う場所をバースと呼んでいる（もともとは，港の岸壁や船が停泊できる場所のこと）。このようなネットワーク拠点の施設容量や処理能力を計画する場合，利用状況の予測などにもとづいてバース数を決定することが重要な問題となる。バースの数が少なすぎると利用するトラックはターミナルに入るために行列をつくることになるし，反対に多すぎるとバースがいつも空いているという無駄を生じる。このような問題には，**待ち行列理論**（Queuing Theory）が利用できる。

待ち行列理論は，バースの数や高速道路の料金所，スーパーのレジの数，高層ビルに設置すべきエレベータの数の決定問題のように，ある窓口を利用するために行列ができ，窓口で処理を済ませてそこから立ち去るという身近な所のどこにでも存在するような問題に対して，その解決に役に立っている。また，理論上，解が得られない場合や，複雑な状況を表現し様々なケースについて調べてみたいような場合には，シミュレーションが有効である。

（6）施設立地計画

ロジスティクスの拠点となる配送センターや倉庫などの施設をどこに立地させるかによってロジスティクス・ネットワークの形状は変化し，それに伴って物流に要する各種費用も変わってくる。また，施設立地計画により遂行される結果は，その性質上莫大な投資を伴うため失敗は許されない。

立地問題には，立地点や需要地，供給地に座標を与え，連続的平面（座標平面）上で考える場合と，立地候補地をいくつか与えておき，ネットワークを形成してその上で立地点を決定する場合が考えられる。前者の代表的な手法に，立地論で有名なウェーバーのモデルやそれを一般化させたいくつかのモデルがある。後者の手法としては，各地点からの総距離最小立地を求めるグラフ理論の**メディアン**や**センター**に関する解法がある。また，容量制約のない施設配置問題（Uncapacitated Facility Location Problem）や容量制約をもつ施設配置問題（Capacitated Facility Location Problem）などの輸送費用と施設費用の合計を最小化するような**施設配置問題**に対しては，それを解くためのモデリング言語やソルバーが用意されている。

立地点が複数の場合，その立地点の探索とともに，どの立地点からどの需要地に財を供給するかという配分の問題が生じるように，立地問題は物流の問題と相互に関連し影響を及ぼすといえる。

（7）流通在庫計画（在庫管理）

ロジスティクスの各拠点では，輸送されてきたものが一時的に保管され，積み替えや梱包，場合によっては流通加工が行われる。近年よく話題になるジャストインタイム物流といっても，まったく在庫を持たないことは不可能で，流通拠点に何らかの在庫を適正量持つのが普通である。これが流通在庫である。原料から製品となり，それが消費されるに至る物の流れの各通過点には在庫が存在し，それは需要に対して柔軟かつ迅速なサービスを提供する役割を担っているといえる。これらの在庫は，物の時間的な効用を生むことになるが，持ち過ぎると過剰在庫が生じ，資金の固定化や在庫品の劣化，陳腐化につながる。また，資産としての在庫をいくら持っていてもそれが使用されたり売却されたりして現金化されない限り，経営は成り立たないので，**キャッシュフロー**の問題はどの企業にとっても切実である。一方，在庫が少なすぎ

ると必要な時に品切れが生じ，生産・販売活動を混乱させ，機会損失や顧客への信用失墜につながる。

　流通在庫計画においては，その企業で扱っている多くの品目に対して，何を，いつ，どれだけ調達すべきかが重要な課題となる。この際，重点的に管理すべき品目を把握し分類するため，**ABC分析**が利用される。分類された品目に対し，それらに見合った発注・調達方式が適用される。たとえば，重点管理すべき品目に対しては定期発注方式，それ以外の取扱金額の安い品目などに対しては，手間のかからない発注点方式などがとられることが多い。

　完成品の需要に依存する部品や資材の生産指示や在庫管理には，MRP（Material Requirements Planning），そしてその流通分野への応用であるDRP（Distribution Resources Planning）などが開発されている。また，かんばん方式による生産や物流のJIT化など，在庫問題はロジスティクスシステムにおいて重要な役割を果たしている。

(8) ネットワーク計画

　輸送・配送計画では，工場から需要地への輸送，配送センターから小売店への配送の問題を扱うが，システム全体における最小費用での輸送や最短時間での配送方法を考えるとき，それぞれの地点間の輸送費用や配送時間はあらかじめわかってなければならない。たとえば，長野にある工場から大阪の配送センターに輸送する場合，とりうるルートはいくつかあるわけで，それらの中からもっとも短い経路をとったときの費用が輸送計画での長野・大阪間の輸送費用となる。また，様々なルートは道路網，鉄道網という言葉からもわかるようにネットワークを形成している。このようなネットワーク上において各地点間の最短距離や最小費用を求める問題は**最短経路問題**と呼ばれている。また，工場から配送センター，そして営業所という，ものの流れを考えるときネットワークは多階層になり，営業所間の輸配送がないとき営業所はネットワークの末端となるが，このようなネットワークは全域木と呼ばれる。いま，ネットワークの各経路に費用や距離が与えられたとき，全体の費用や距離を最小にするような全域木とその総費用や総距離を求める問題を**最小木問題**といい，本書では，これらのネットワークの基本的な問題を取り上げている。

　また，最短路問題，最小木問題では，経路上の輸送容量や交通の状況などは考慮されていなかったが，より具体的なトラックの輸送能力や輸送すべき量を取り入れていくことも実務上必要になる。そのような問題として，1日当たりのトラック輸送能力（容量）のもとで，地点間に輸送できる最大量と経路を求める最大フロー問題，また，輸送経路上の輸送費用と輸送能力を与えたとき，地点間に決められた量を輸送する場合の最小費用とその経路を求める最小費用フロー問題，そして，交通状況に依存して変化する輸送時間を考慮に入れた交通フロー問題などがある。

(9) 輸送・配送計画・輸送機関選択

　原材料や部品の供給業者，製造活動を行う工場，完成品を保管する倉庫や配送センター，小売店，消費者（需要地）といった空間的に離れた拠点と拠点をつなぐのが輸送・配送活動である。輸送・配送計画は，最も安い費用あるいは短い距離，少ない時間などでこれらの活動を行うのが最適か，すなわち輸送経路や配送経路の最適化を考え，計画の立案を行うものである。離れた地点にある複数の原材料供給業者から複数の工場へ，あるいは，複数の工場から複数の需要地へ財を運ぶ場合に，それぞれの供給量と需要量を満たしつつ，どの供給地からどの需要地へどれだけ輸送すれば輸送費用が最小になるかを求める問題は**輸送問題**と呼ばれ，(3)で述べた線形計画法の一種でもある。輸送問題には，これを解くための独特の方法が考え出されている。

　また，都市の配送センターに運ばれた製品をどのように各地区の小売店や需要者に配送すべきかを考え

るのが配送計画である．配送区域と配送経路を決定する**配送経路問題**，そして，ある地点から出発し，必要な地点をすべて回ってもとの地点に戻る際に，最短距離で行く方法を追求する**巡回セールスマン問題**などがある．

輸送・配送計画では輸送費用や配送距離の最小化が問題となるが，それらの輸配送作業をどのような輸送機関で行うべきかが輸送機関の選択問題である．環境問題との関連で，トラック輸送から鉄道輸送へのモーダルシフトなども問題とされる．このような輸送機関の選択問題に関しては，(2) で述べた意思決定の手法である AHP や，**ロジットモデル**を用いた方法などが使用できる．

(10) 物の流れを支援する情報システム

様々な計画技法を用いて策定された計画も，情報システムの支援がなければそれはまさに絵に描いた餅になってしまう．計画が効率的に実行され期待した成果を得るにはそれを支援する情報システムが必要となる．ICT の進展が物の流れを支援し，ロジスティクスに関するリードタイムを短縮させる．

図 1.3 は，物の流れの連鎖であるサプライチェーンシステムと情報システムの関連性，および本書で取り上げた OR 技法をまとめたものである．ロジスティクス戦略にもとづいて，拠点自体に関する計画，拠点間の物の流れ（フロー）に関する計画が立案される．また，情報システムによってロジスティクスシステムやサプライチェーンが支援され，円滑な物の流れ，満足の得られる顧客サービスが実現されることになる．

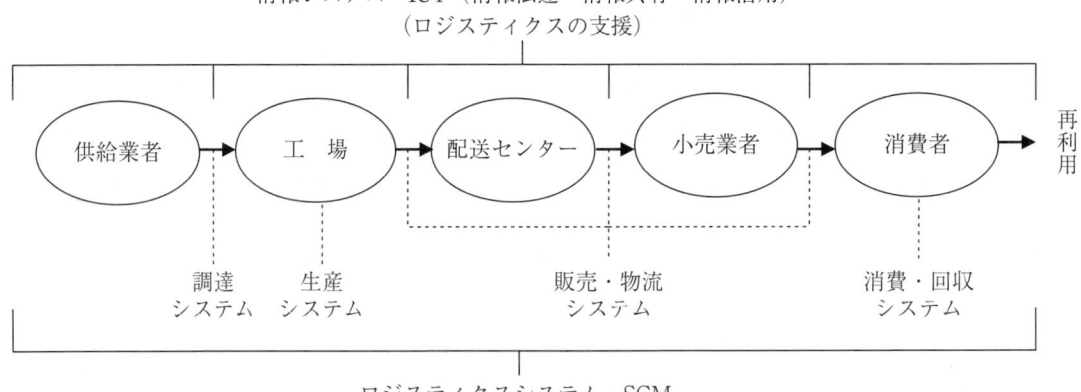

○ロジスティクス戦略に関する技法
　　需要予測（2章）・意思決定（3章）・線形計画（4章）・プロジェクト計画（5章）・物流設備計画（待ち行列）（6章）
○ロジスティクス拠点に関する技法
　　施設立地計画（7章）・在庫計画（8章）
○ロジスティクスのフローに関する技法
　　ネットワーク計画（9章）・輸送・配送計画（10章）・輸送機関選択（11章）
○物の流れの支援・ICT
　　技法を支援する情報システム（12章）
○応用事例（13章）

図 1.3　SCM と ICT および本書の構成

第Ⅰ部

ロジスティクス戦略に関わる技法

第2章 需要予測

【要旨】

　需要予測は，ロジスティクス関連の企業に限らず，一般的にどのような企業でも経営計画を立てるための基本となるものであり，出発点でもある。すなわち，長期的には，経済動向，市場動向を予測し，企業の政策，方針が決定され，製品計画，人員計画，立地計画，設備投資計画などが立てられる。また，中期的には，これらを達成すべく，より精度の高い予測によって中期販売計画，利益計画，生産・物流・在庫計画等に結びつけていく。そして短期的には，より確実な情報により，具体的かつ詳細な販売計画，製造日程計画，材料調達計画，要員計画等を立て，企業活動が実施される。従って，予測が正確に行われないと計画自体が信頼できないものとなってしまい，適切な時期に，いかに誤差が少なく精度の高い予測を行うかが課題となる。

2.1 予測の概要

2.1.1 予測とは

　予測とは，「将来の出来事や状態を前もっておしはかること。また，その内容。(大辞林第三版；三省堂)」，「対象となる事象の将来起こり得る事態について，データ分析により事前の推測を行うこと (OR事典；日本 OR 学会)」などと定義されている。

　予測には様々な種類がある。たとえば，ある事柄が起きるか起きないかを予測する（地震予知，2030年には人間が月で暮らすことが可能か否かなど），ある事柄の数量を予測する（2030 年の人口，経済予測，ある商品の販売予測など），前者は定性的，後者は定量的な予測である。

　定性的な予測には，勘と経験による方法（デルファイ法，シナリオ法など），定量的予測には統計的・数学的方法（時系列分析，回帰分析，重回帰分析，産業連関分析など）が用いられる。

　企業経営は無計画に行われているわけではない。まず計画（企業活動の目標を達成するために方策・計画をたてる）をたて，実施（計画に沿って企業活動を実施）し，評価と改善（計画と実績を比較・評価し，差異が生じれば，計画の見直しあるいは実施方法の見直し）を行うというプロセスが繰り返されることになる。この，計画（Plan）・実施（Do）・評価（Check）・見直し（Action）のサイクルを**マネジメント・サイクル**あるいは，**PDCA サイクル**と呼ぶ。企業の経営計画は，様々な予測に基づいて立てられ，実施されることになるので，需要予測活動は，企業の死命を制するものといえる。

　本章では，ある事柄や事象の数量を，統計的方法を用いて予測することを中心に学習する。

2.1.2 予測の目的と手続き

　予測を行う場合，まず，何を予測するのか，目的を明確にすることが必要である。

1）予測の対象の確定

　予測で何を知りたいのか，何を予測するのかを明確にする。たとえば，ワインやビールの消費量，アイスクリームの販売量の予測など，対象を確定する。

2）データ種類・分析法の確定（本章では横断面分析と時系列分析を扱っている）
- 一時点の種々のデータに基づいて，それらの関連性を分析・予測（**横断面分析**）
- データを時間の順に並べた時系列データによる予測（**時系列分析**）
- 一時点のデータが複数年にわたって利用でき，それらに基づいて分析を行う場合で，時系列データと横断面データを合わせたもの。たとえば，ある企業における従業員数，広告費，売上げなどの複数期間にわたる分析（**パネルデータ分析**）

3）予測期間

短期か中期か長期かという予測期間を決める。一般的に企業では，短期は1，2年未満，中・長期は3～5年程度をいうことが多いが，行政では，短期は3年未満，長期は10年程度をさす場合が多い。

4）予測の手順

予測を行う手順を図2.1に示す。

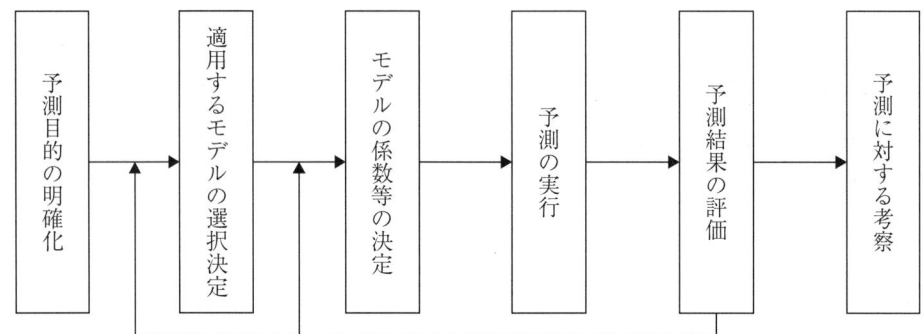

図2.1　予測の手順

2.2　相関分析

2.2.1　要因間の関連分析

ある商品の売上げを予測する場合，まず，その売上げに関係している事柄，すなわち何が売上げに影響しているかを考えなければならない。たとえば，高齢者比率が増大し，健康志向が高まった結果，健康食品の売上げが伸びたということができるかもしれない。一方，健康食品の売上げは，広告にどのくらい投資するかやドラッグストアに対する営業活動の活発化なども影響してくるだろう。

このように，健康食品の売上げと関係のありそうな要因を様々な面から探索し，それらの間にどのような関連性があるか，その関連性の度合いを何らかの形で統計的に把握する必要がある。

2.2.2　相関係数

上の例のように，広告に多額の投資をすれば健康食品の売上げが伸びる，あるいは，気温が高いとビールの消費量が増える，などのような関係があることを，要因間に相関関係があるという。逆に，気温が高くても低くても肉の消費量が変わらないとすれば，気温と肉の消費量には相関が無いといえる。

このように，要因間に相関があるか無いかを定量的に判断するために，次に示す方法で**相関係数**を求める。

表 2.1 相関係数の求め方

	販売量		広告費用		偏差平方和		積和
	実績値	偏差	実績値	偏差	$(y-\bar{y})^2$	$(x-\bar{x})^2$	$(x-\bar{x})(y-\bar{y})$
	y	$y-\bar{y}$	x	$x-\bar{x}$	S_{yy}	S_{xx}	S_{xy}
2008年	110	-30	20	-5.5	900	30.25	165
2009年	120	-20	23	-2.5	400	6.25	50
2010年	150	10	25	-0.5	100	0.25	-5
2011年	130	-10	23	-2.5	100	6.25	25
2012年	160	20	30	4.5	400	20.25	90
2013年	170	30	32	6.5	900	42.25	195
計	840	0	153	0	2800	105.5	520
平均	140		25.5				

統計学によると，相関係数は，積和 S_{xy} を，x の偏差平方和 S_{xx} と y の偏差平方和 S_{yy} の積の平方根で割ることによって求めることができる。すなわち，次式で表される。

$$r = S_{xy} / \sqrt{S_{xx} \times S_{yy}}$$

表 2.1 の販売量実績値と広告費用のデータを用いて相関係数を求めてみると，以下のように 0.9567 となり，強い関係があるといえる。

$$r = 520/\sqrt{2800 \times 105.5} = 0.9567$$

Excel では，平方根を求める SQRT 関数を使用して，次のように入力する。

= 520/SQRT（2800＊105.5）　　（SQRT は SQuare RooT；平方根の略）

相関係数 r は，$-1 \leqq r \leqq 1$ の範囲を示す。また，相関係数 r が 1 に近い場合は相関が高く，0 に近い場合には，要因間に相関は無い。さらに -1 に近い場合には，逆相関の関係があるといえる（図 2.2 参照）。ただ，相関係数は，二つの変数間にどの程度の関係があるかどうかを統計学的にみるものであり，必ずしも，二つの間に原因 - 結果という因果関係があることを表しているわけではないことに注意する必要がある。

なお，Excel では，表 2.1 のような表を作成しなくとも，次のようにすることにより簡単に相関係数を求めることができる。まず相関係数の結果を出力するセルにカーソルを合わせておく。リボン（メニューバー）上の「数式」タブを選び，左側にある fx（「関数の挿入」）ボタンを押して開かれる窓で関数の分類「統計」，関数名「CORREL」を順次選び，「OK」ボタンを押すと配列 1，配列 2 の入力画面が出るので，そこに販売量の実績値 y と広告費用の実績値 x が入力されているセル番地を範囲指定，「OK」ボタンを押すと結果が出力される。なお，fx ボタンは，初期画面の状態でも，数式バー（数式入力画面）の左側に表示されている。（CORREL は相関係数 Correlation coefficient の略）

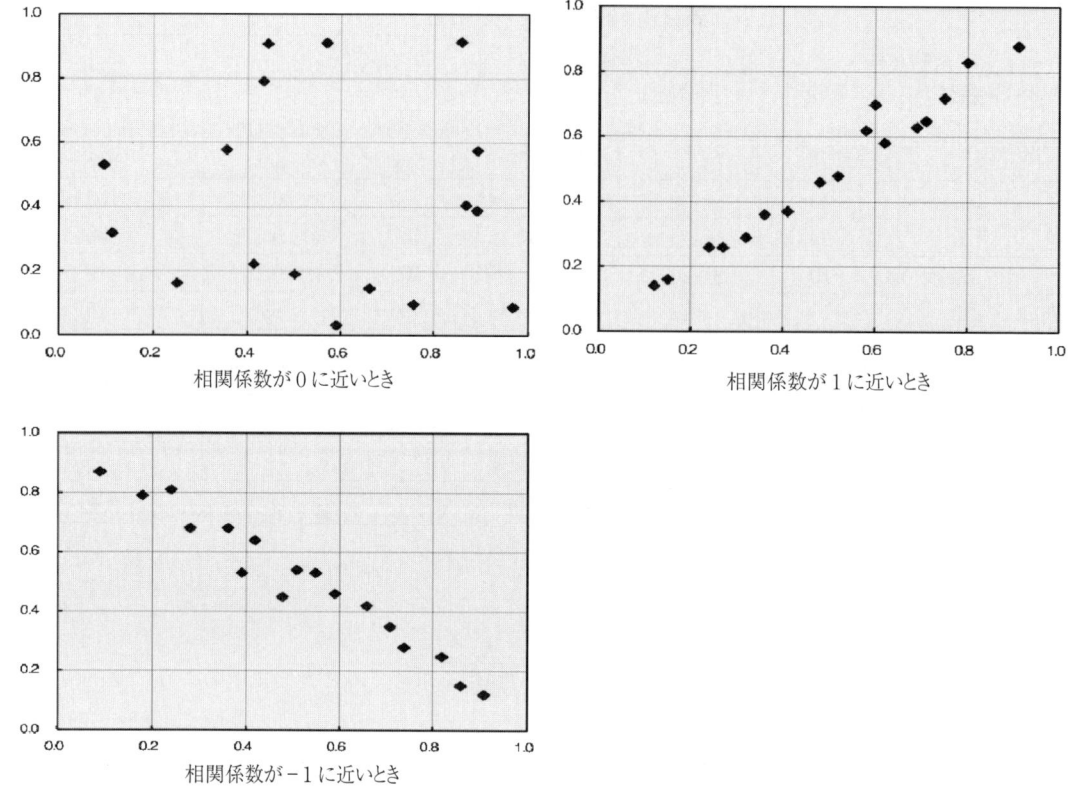

図2.2 xとyの散布図と相関係数

2.3 横断面分析

2.3.1 2要因間の分析

1）直線回帰分析

相関分析では，二つの要因，xとyの間にどのくらいの関連があるかを係数の形で捉えたが，ここではその二つの要因間の関連性を利用して，一方の値によって他方を予測することを考える。それを行うために，二つの要因間の関係式を求めてみる。

関係式は色々な形が考えられるが，もっとも単純なのが直線（一次式）である。今，xとyの間に，$y=ax+b$という関係を仮定するなら，xの将来の値が予測できれば，この式にそれを代入することにより，yの値が予測できることになる。この場合，yの値が，xでどのくらい説明できるかを定量的に分析することになるので，xを**説明変数**（独立変数），yを**被説明変数**（従属変数）と呼ぶ。

xとyの間に，図2.3のような散布図が描けるとき，このxとyの間にどのような直線があてはまるか調べてみよう。これを**傾向線**（直線回帰式ともいう）のあてはめという。

図の5つの点のように，傾向線として直線を予想できる場合，$y=ax+b$という形をとるが，これは無数に引くことができる。その中で，それぞれの点から傾向線までの距離（誤差ε）が最も小さいものが，傾向を最もよく表しているといえる。そこで，この距離の二乗をすべての点について合計した値が最小となるように，直線の位置を決めることが考えられる。この方法を**最小二乗法**（least squares method）という。

以下に，最小二乗法を使った傾向線の求め方を示す。表2.2のx列とy列の値を二つの要因に関する

データとし，次に示す①～⑩の手順で計算を進めていけばよい．

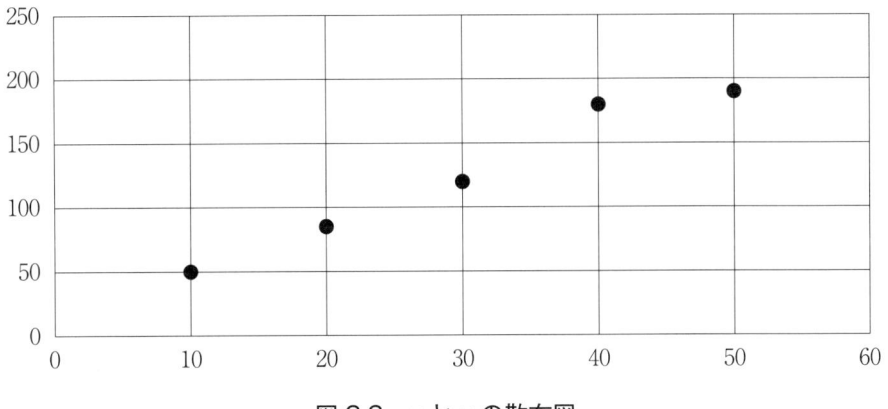

図2.3　xとyの散布図

（直線回帰式 $y = ax + b$ の係数 a, b の求め方）表2.2参照
　①②　　yとxの平均を求める　$(\bar{y}, \bar{x})$
　③④　　yとxの偏差を求める　$(y - \bar{y}, x - \bar{x})$
　⑤⑥　　③，④をそれぞれ二乗する．
　⑦　　　③×④を求める．
　⑧⑨⑩　偏差平方和，積和を求める（⑤⑥⑦のそれぞれを合計）
（Syy, Sxx はそれぞれ y と x の偏差平方和，Sxy は x, y の積和を示している）

求める直線 $y = ax + b$ の a と b は，次の公式によって求められる．
　$a = Sxy / Sxx$, 　　　　$b = \bar{y} - a\bar{x}$
　$a = 3750/1000 = 3.75$, 　$b = 125 - 3.75 \times 30 = 12.5$
なお，係数 a は**回帰係数**と呼ばれる．

表2.2　直線回帰の計算例

	y	x	③ yの偏差	④ xの偏差	⑤ yの偏差平方	⑥ xの偏差平方	⑦ 積和
1	50	10	-75	-20	5625	400	1500
2	85	20	-40	-10	1600	100	400
3	120	30	-5	0	25	0	0
4	180	40	55	10	3025	100	550
5	190	50	65	20	4225	400	1300
計	625	150	0	0	14500	1000	3750
平均	125	30			Syy	Sxx	Sxy
	①	②			⑧	⑨	⑩

この結果得られた回帰式 $y = 3.75x + 12.5$ は，y軸の切片12.5を通り，傾きが3.75の右上がりの直線になる．たとえば今，将来のある時点での x の値を25と仮定すれば，それをこの式に代入すれば y は106.25となり，これがその時点での y の予測値となる．

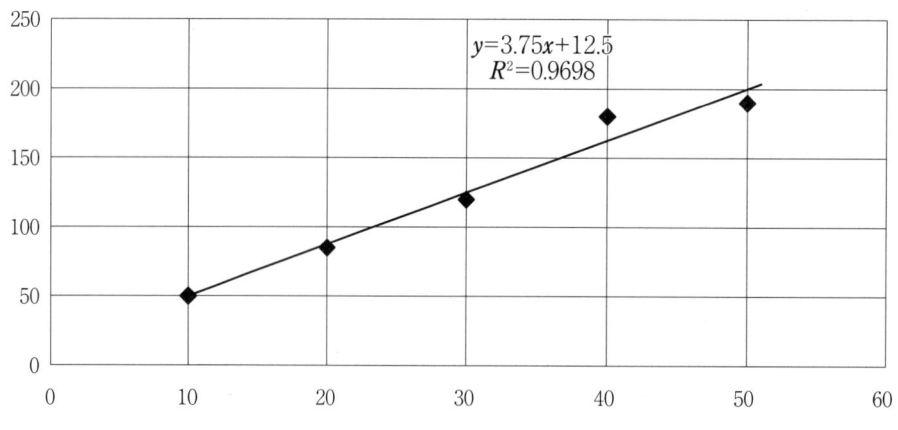

図 2.4 直線回帰で得られた傾向線

求められた傾向線のあてはまり具合は，**決定係数**によって調べることができる。実績値と理論値（傾向線上の値，回帰式に x の値を入れた時に得られる y の値）の差異（残差）が少ない方があてはまりがよいといえる。

決定係数は $R^2=1-Se/Syy$ によって計算される（Se は残差平方和）。すなわち，実績値 y がすべてこの傾向線上にあれば，残差は 0 となり，決定係数は 1 になる。1 に近いほどあてはまりがよく，0 に近いほど悪いことを示している。

この例では，表 2.3 に示すように残差平方和は 437.5 で，決定係数は 1 に近い値となり，あてはまりは良いことがいえる。

例：$R^2=1-Se/Syy=1-437.5/14500=0.9698$

表 2.3 決定係数の求め方

	y	x	理論値 $\hat{y}$	残差 $y-\hat{y}$	残差平方 $(y-\hat{y})^2$
1	50	10	50.0	0.0	0.0
2	85	20	87.5	-2.5	6.3
3	120	30	125.0	-5.0	25.0
4	180	40	162.5	17.5	306.3
5	190	50	200.0	-10.0	100.0
計	625	150	625	0	437.5

残差平方和 Se

Excel でこれを行うには，まず，表 2.3 の y 列と x 列のデータを使って「散布図」グラフをつくり（図 2.3），プロットされた点の所で右クリック，「近似曲線の追加」を選択，近似曲線のオプションの「線形近似」，「グラフに数式を表示する」，「グラフに R-2 乗値を表示する」ボタンにチェックを入れてこの窓を閉じれば，図 2.4 のように，直線，ならびに上部に回帰式（$y=3.75x+12.5$）と決定係数（0.9698）が表示される。

なお，決定係数の定義はいくつかあるが，上記は一般的に使用されているものであり，回帰式のあてはまりの程度を表している。R^2 と表示されるように，相関係数の二乗が決定係数になる。

2) 曲線回帰分析

二つの要因間の傾向線としては，直線以外にも，対数，指数，ロジスティック曲線などが考えられる。どの曲線が最もあてはまりがよいかは，決定係数を求めることにより調べることができる。なお，**ロジスティック曲線**は，1838年，ベルギーの数学者 P. F. Verhaulst により人口の成長，生物個体数の増加を説明するモデルとして発表されたが，ロジスティックという名称は，前線への軍事物資の供給形態を表しているからなど諸説あり，確たる由来は不明である。

対数曲線 $y = a \log x + b$

指数曲線 $y = ba^x$

ロジスティック曲線 $y = b/(1 + ce^{-ax})$

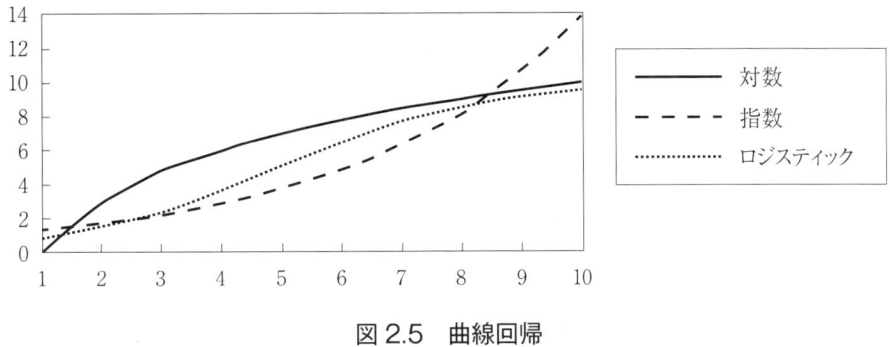

図 2.5　曲線回帰

2.3.2　複数要因間の分析（重回帰分析）

ある事柄を予測する場合，2要因の関係のみですべて説明できるとは限らない。たとえば，ある月のアイスクリームの販売量（z）が，その月の広告費用（x）と気温（y）で決まると考えることは，販売量を広告費用のみとの関係から見るより，説明力が高くなるかもしれない。すなわち，広告をたくさん出して，かつ，気温が高ければ，アイスクリームの販売量は伸びるという考え方である。

このように，二つ以上の要因（上の場合は，広告費用と気温）を用いて，目標とする事柄（アイスクリーム販売量）を予測するのが**重回帰分析**である。表 2.4 の実績値データを用いて，販売量 z の回帰式を求めてみよう。これは，次のように表される。

$z = ax + by + c$
$a = (S_{xz} \times S_{yy} - S_{xy} \times S_{yz}) / (S_{xx} \times S_{yy} - S_{xy} \times S_{xy})$
$b = (S_{xx} \times S_{yz} - S_{xy} \times S_{xz}) / (S_{xx} \times S_{yy} - S_{xy} \times S_{xy})$
$c = \bar{z} - a\bar{x} - b\bar{y}$

表2.4 重回帰分析のための表（広告費用 x と気温 y で販売量 z を予測）

	販売量 z 実績値 z	偏差①	広告費用 x 実績値 x	偏差②	気温 y 実績値 y	偏差③
1月	250	−45	34	−1	6	−10.33
2月	100	−195	29	−6	7	−9.33
3月	140	−155	15	−20	9	−7.33
4月	230	−65	25	−10	15	−1.33
5月	240	−55	35	0	19	2.67
6月	290	−5	40	5	22	5.67
7月	350	55	70	35	26	9.67
8月	550	255	60	25	27	10.67
9月	420	125	25	−10	24	7.67
10月	330	35	30	−5	19	2.67
11月	350	55	22	−13	13	−3.33
12月	290	−5	35	0	9	−7.33
計	3540	0	420	0	196	0.00
平均	295		35		16.33	

	偏差平方和 販売量①×①	広告②×②	気温③×③	積和 ②×③	③×①	①×②
1月	2025	1	106.78	10.33	465.00	45
2月	38025	36	87.11	56.00	1820.00	1170
3月	24025	400	53.78	146.67	1136.67	3100
4月	4225	100	1.78	13.33	86.67	650
5月	3025	0	7.11	0.00	−146.67	0
6月	25	25	32.11	28.33	−28.33	−25
7月	3025	1225	93.44	338.33	531.67	1925
8月	65025	625	113.78	266.67	2720.00	6375
9月	15625	100	58.78	−76.67	958.33	−1250
10月	1225	25	7.11	−13.33	93.33	−175
11月	3025	169	11.11	43.33	−183.33	−715
12月	25	0	53.78	0.00	36.67	0
計	159300	2706	626.67	813	7490	11100
	Szz	Sxx	Syy	Sxy	Syz	Sxz

販売量の偏差平方和　$S_{zz} = 159300$　　広告費用の偏差平方和　$S_{xx} = 2706$

気温の偏差平方和　$S_{yy} = 626.67$　　広告費用と気温の積和　$S_{xy} = 813$

気温と販売量の積和　$S_{yz} = 7490$　　販売量と広告費用の積和　$S_{xz} = 11100$

$$z = 0.8375x + 10.8655y + 88.2536 \Rightarrow \text{予測に用いる式（回帰式）}$$

$$a = (S_{xz} \times S_{yy} - S_{xy} \times S_{yz}) \div (S_{xx} \times S_{yy} - S_{xy} \times S_{xy})$$

$$= (11100 \times 626.67 - 813 \times 7490) \div (2706 \times 626.67 - 813 \times 813)$$

$$= 0.8375 \rightarrow x \text{の} z \text{に対する偏回帰係数}$$

$$b = (S_{xx} \times S_{yz} - S_{xy} \times S_{xz}) \div (S_{xx} \times S_{yy} - S_{xy} \times S_{xy})$$

$$= (2706 \times 7490 - 813 \times 11100) \div (2706 \times 626.67 - 813 \times 813)$$
$$= 10.86552 \quad \rightarrow \quad y \text{の} z \text{に対する偏回帰係数}$$
$$c = \bar{z} - a\bar{x} - b\bar{y}$$
$$= 295 - 0.8375 \times 35 - 10.86552 \times 16.33 = 88.2536$$

重回帰分析により、販売量 z に関する回帰式が得られたので、これを用いて予測を行うことが可能になる。たとえば、広告費用 x が 50、気温 y が 20 度の場合、これを z の式に代入すれば、販売量 z の予測値は、347.4 となる。

このように x, y の値を回帰式に代入して得られる理論値と、販売量実績値の相関関係を計算すると、**重相関係数** R が得られる。これは x, y で z を予測する際の説明力を表しているといえる。重相関係数は負になることはない。また、その二乗値が決定係数 R^2（表 2.3）で、寄与率と呼ばれることもある。ちなみに、表 2.4 のデータをもとにこれらを計算すると、重相関係数は 0.7545、決定係数は 0.5692 となる。

さらに、x, y, z の 3 変数がある場合、そのうち一つの変数の影響を取り除いた時、残りの二つの変数間の関係は**偏相関係数**という指標によって調べることができる。

なお、Excel では、回帰分析やその他、様々な統計的な分析を行うツールが用意されている。これは、リボン（メニューバー）の「データ」タブを選択し、「データ分析」、「分析ツール」により開かれる窓から、必要とする分析内容を選択すればよい。「回帰分析」を選ぶと、そこで開かれる「入力 Y 範囲」と「入力 X 範囲」の窓に、2 要因間の回帰分析では、それぞれ y と x のデータの範囲を指定してやればよいが、重回帰分析では、「入力 Y 範囲」に販売量 z の列、「入力 X 範囲」に広告費用 x と気温 y の列のデータを入れる。なおこの時、x と y の列は連続している必要があることに注意する。結果は、指定した場所に、重相関係数や決定係数、回帰式の係数（偏回帰係数）などが、いくつかの統計量とともに出力される。

さて、この例では広告費用 x と気温 y で販売量 z を予測したが、重回帰分析の説明変数（x や y）としてどのような変数が適切であるかは、被説明変数 z と相関の高い変数を選ぶという基準に従えばよい。ただし、説明変数相互間に相関が高いものは避けるべきである。重回帰分析では、複数の説明変数は互いに無相関という仮定があり、説明変数相互に高い相関がみられる場合、多重共線性と呼ばれる解析精度が低下する現象が起きる。

2.4 時系列分析

2.4.1 直線回帰による分析

図 2.6 のように 1 年、2 年…5 年と販売量が推移してきたとき、6 年目、7 年目、8 年目の販売量はどのように推移するのかを予測する。すなわち、過去から現在までの時系列データに基づいて、将来のデータを予測しようとするものである（時系列とは、ある現象の時間的な変化を連続的に計測して得られたデータの系列のことをいう）。従って、現在までに得られるデータの延長線上に将来の姿があると考える。

いま、直線的な伸びが予想できる場合、前述の直線回帰と同様の方法で $y = ax + b$ の係数を算出し、x に 6, 7, 8…を代入すれば、各時点での予測値が求まる。

2.3.1 で説明した直線回帰分析（横断面分析）は二つの変量 y と x の関係を調べるものであったが、ここでは、x に相当するのが時間ということになり、y と時間の関係を調べることになる。

別の例として、日付を具体的に入れて予測を行う例をみてみよう。

表 2.5 はある企業の株価の推移（2014 年 5 月 12 日から 6 月 6 日まで）を示している。今、この企業

の6月25日の株価を予測してみるために，回帰直線と回帰式を表示したのが図2.7である．決定係数は0.7133と比較的高く，回帰直線は右上がりになっているので，このままの状況が続けば，値上りが予想できる．回帰式として，図の右上には，次のように表示されている．

$$y = 13.867x - 573758$$

さて，この x には何をもってくればよいであろうか．x 軸は日付を表しているので，予測をしたい日付

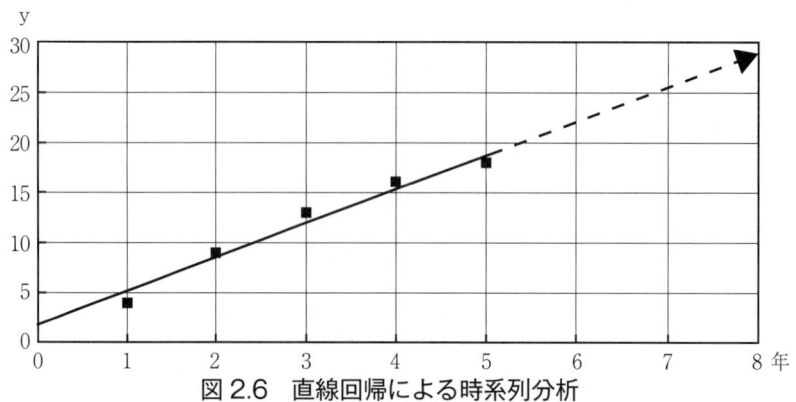

図2.6 直線回帰による時系列分析

表2.5 ある企業の株価の推移（取引が行われた日のデータ）

日付	株価終値	日付	株価終値
2014年5月12日	5,514	2014年5月26日	5,599
2014年5月13日	5,550	2014年5月27日	5,585
2014年5月14日	5,591	2014年5月28日	5,613
2014年5月15日	5,605	2014年5月29日	5,663
2014年5月16日	5,595	2014年5月30日	5,761
2014年5月19日	5,490	2014年6月2日	5,822
2014年5月20日	5,505	2014年6月3日	5,855
2014年5月21日	5,520	2014年6月4日	5,854
2014年5月22日	5,526	2014年6月5日	5,837
2014年5月23日	5,557	2014年6月6日	5,869

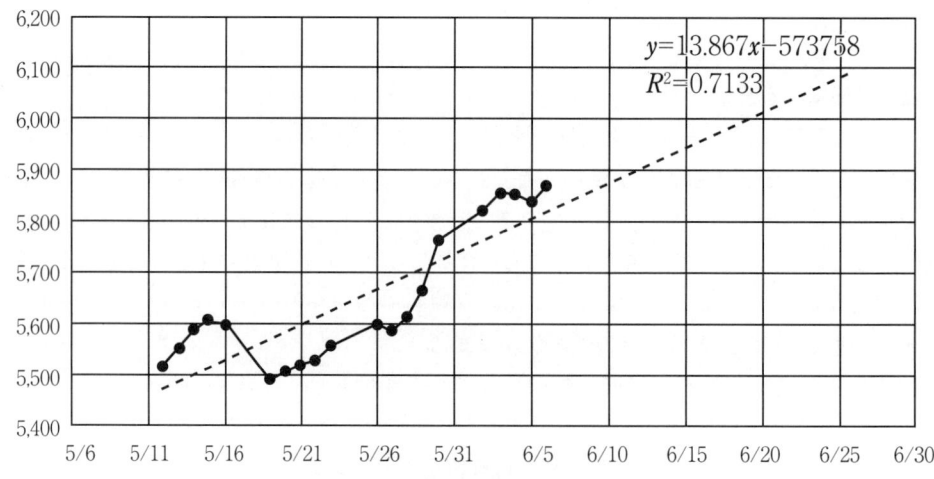

図2.7 株価の推移と回帰直線

（6月25日）を入れればよいのであるが，上の計算式は通常の数式表示である。実は Excel では，日付も数値化して計算が行えるようになっている。すなわち，1900 年を基準とした日付方式を採用しており，1900 年 1 月 1 日を数値の 1，1900 年 1 月 2 日を 2・・・のように，数値（シリアル値）で表し，管理している。（時間・時刻の場合も 1 日（24 時間）を 1 として，12:00 は 0.5，6:00 は 0.25 と小数点以下の数値で表す。従って，日付や時間の数値を使って計算を行うことが可能となっている）

上の例の 2014 年 6 月 25 日はシリアル値で表すと 41815 となる。これは次のような関数を実行すれば確認できる。

$$= \text{DATEVALUE}（"2014/6/25"）$$

この関数を使用しなくとも，いずれかのセルに，2014/6/25 と入力し，中央上の窓が「日付」となっていたらそれを「標準」に変更すれば，セルの表示は 41815 に変換され，1990 年 1 月 1 日を 1 とした時，2014 年 6 月 25 日は 41815 番目の日ということがわかる。また，日付とシリアル値の換算用の「**DATE**」という関数も用意されている。

従って，株価終値の直線回帰式 $y = 13.867x - 573758$ の x に 6 月 25 日のシリアル値 41815 を代入すれば，y の予測値 6090 が求められる。（実際には，シリアル値に変換しなくても，x に日付の入ったセル番地を入れた式を作っておけば，自動的に日付がシリアル値に変換され，結果が表示される。）

直線回帰による時系列分析は，現在までのデータをもとに，そのままの形で伸びていく（あるいは，減少する）ことが前提であり，たとえば，オイルショックやリーマンショックのような，将来の伸びに大きな構造変化をもたらすような事態が起きれば，正しい予測結果は得られない。すなわち，需要の構造が，将来も変化しないことが前提となる。

2.4.2　移動平均による分析

時系列のデータはいろいろな変動が合成されているものと考えられ，その変動要因としては，**傾向変動**，**周期変動**，**誤差変動**（不規則変動）があげられる。
- 傾向変動（T；Trend, 全体の基調傾向）
- 周期変動（一定の周期による変動）
  - 循環変動（C；Cycle）
  - 季節変動（S；Seasonal）
- 誤差変動（I；Irregular, 偶然によって起きる不規則な変動）

これらの変動の合成の仕方により，次のような加法モデルと乗法モデルが考えられる。

$$\text{時系列データ（原系列）} \quad X = T + C + S + I \quad \text{または} \quad X = T \times C \times S \times I$$

移動平均を用いることにより，変動要因の中から誤差変動を取り除くことができる。

誤差変動を除去すると傾向変動，周期変動からなる，より滑らかな系列が得られる。さらに，周期分の移動平均を行うことにより周期変動が除去され，傾向変動のみの系列が得られ，傾向線が把握できる。たとえば，長期的には下降傾向の場合でも，夏場に需要が伸びるとその場面だけ見れば，需要が上昇していると思えるが，実はそれは夏場の**季節変動**による一時的な伸びを示しているもので，季節変動を除去すれば需要が下降していることが把握できる。

表 2.6 に 12 ヶ月分の時系列の原データとその移動平均値の例を示す。

表 2.6 の 3 項移動平均とは，原データを 3 ヶ月分，5 項移動平均は 5 ヶ月分の平均値を計算したものである。従って，前後のデータがない部分は計算できないので，表ではその部分が空白になっている。

図 2.8 に見られるように，移動平均の項数が大きくなるにつれて，変動が吸収され，曲線が滑らかに

表2.6 12ヶ月分のデータとその移動平均値

月	原データ	3項移動平均	5項移動平均
1	22		
2	35	29.0	
3	30	36.7	30.8
4	45	32.3	30.6
5	22	29.3	27.4
6	21	20.7	25.6
7	19	20.3	19.6
8	21	18.3	18.0
9	15	16.7	15.8
10	14	13.0	14.4
11	10	12.0	
12	12		

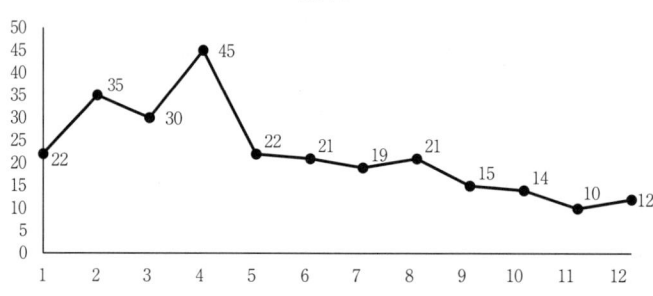

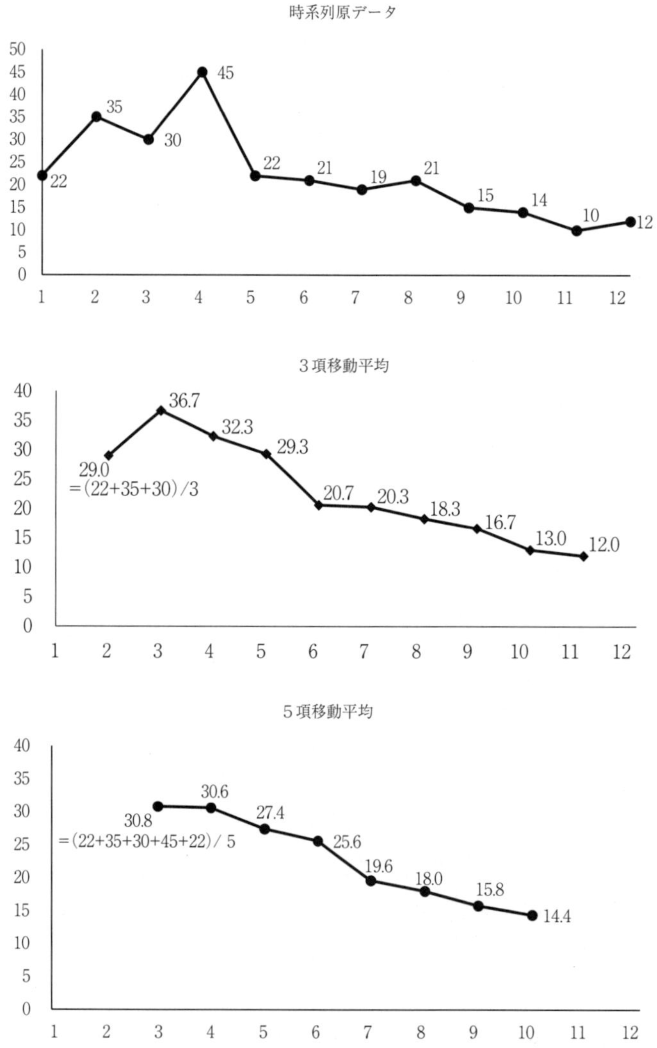

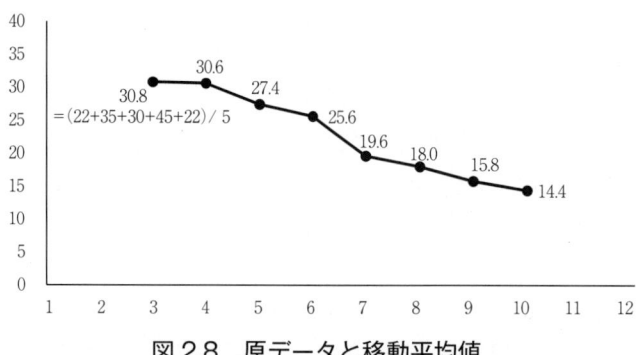

図2.8 原データと移動平均値

なって傾向が把握しやすくなることがわかる。

なお，先に説明した回帰分析と同様に，Excelでは，移動平均に関しても分析ツールが用意されている。リボン（メニューバー）の「データ」タブを選択し，「データ分析」，「分析ツール」で開かれる窓から，「移動平均」を選ぶことによって実行できる。

2.4.3 季節指数による分析

需要量が周期的に変動する中で，季節変動は12か月を周期とするもので，たとえば，一年のうち夏場の需要が大きいビールやアイスクリームのような，季節的に変動する需要を分析する場合には，その変動の度合いを**季節指数**という形で把握する。

このような季節変動を含む需要に関しては，季節による変動を取り除いた（調整した）後に，回帰分析などの分析が行われる。

1） 季節指数の算出

表2.7のように，月別の需要量が与えられているとする。季節指数は，各月の需要量の変動の季節的な特徴を表すために用いられ，需要量の月別平均値の年平均値に対する割合を求める方法と，各月の平均値の構成比率を求める方法などがある（表2.7右欄）。

　　　季節指数1＝数年間の各月の平均需要量／数年間の平均需要量
　　　季節指数2＝数年間の各月の平均需要量／数年間の平均需要量の合計

季節指数1はその値が1以上であれば，その月は年平均より需要が大きいことを表しているので，各月の需要量の特徴を把握することができ，一般的に季節指数という場合，これを指すことが多い。たとえば，表2.7では，8月の指数が1.326で夏場に需要が大きい一方，2月は0.644で需要が落ち込んでいることがわかる。

季節指数2は，たとえば将来の年間売上げ目標が定められた場合，その値に指数をかけることによって各月の売上げ目標を設定するような場合に用いることができる。

表2.7　3年間の月別需要量と季節指数

	2011年	2012年	2013年	月平均	季節指数1	季節指数2
1月	250	270	260	260.0	1.004	0.084
2月	180	150	170	166.7	0.644	0.054
3月	230	220	240	230.0	0.888	0.074
4月	240	250	260	250.0	0.966	0.080
5月	260	270	280	270.0	1.043	0.087
6月	270	270	290	276.7	1.069	0.089
7月	280	270	310	286.7	1.107	0.092
8月	350	360	320	343.3	1.326	0.111
9月	300	310	310	306.7	1.185	0.099
10月	240	250	280	256.7	0.991	0.083
11月	210	220	200	210.0	0.811	0.068
12月	240	250	260	250.0	0.966	0.080
計	3050	3090	3180	3106.7	12.000	1.000
平均				258.9		

　　例）1月の季節指数1　1.004＝260/258.9，　季節指数2　0.084＝260/3106.7

2）季節調整済み需要量の算出

季節指数1を用いて，需要量のうち，季節による変動分を取り除いた需要量を求める。

各月の季節調整済み需要量＝各月の需要量／その月の季節指数1

表2.8 季節調整済み需要量

	2011年	2012年	2013年	季節指数1
1月	248.9	268.8	258.9	1.004
2月	279.6	233.0	264.1	0.644
3月	258.9	247.6	270.1	0.888
4月	248.5	258.9	269.2	0.966
5月	249.3	258.9	268.5	1.043
6月	252.7	252.7	271.4	1.069
7月	252.9	243.8	280.0	1.107
8月	263.9	271.5	241.3	1.326
9月	253.3	261.7	261.7	1.185
10月	242.1	252.2	282.4	0.991
11月	258.9	271.2	246.6	0.811
12月	248.5	258.9	269.2	0.966
計	3057.4	3079.2	3183.4	

例）2011年2月の季節調整済み需要量　279.6＝180/0.644

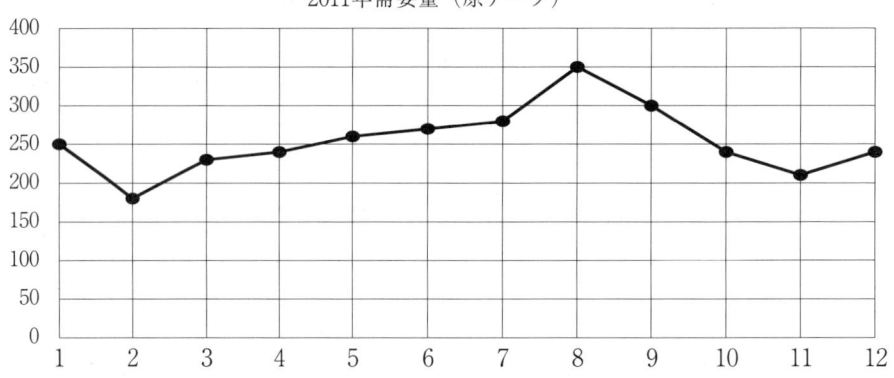

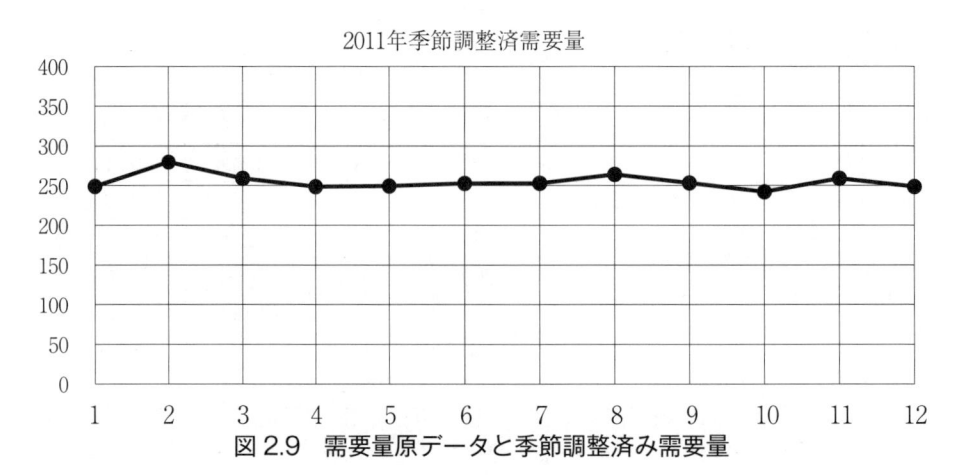

図2.9 需要量原データと季節調整済み需要量

図2.9は表2.7，表2.8の2011年のデータをグラフにしたものであるが，季節変動を含む原データが，季節指数で調整することにより変動が除去され，下のグラフでは滑らかな折れ線になっていることがわかる。また，たとえば2月のデータのように，原データでは需要の季節的な落ち込みにより下がっているが，調整済み需要量ではむしろ上昇しており，2011年の2月に関しては，冬場にしては売り上げが伸びていたことが理解できる。

2.5 指数平滑法

指数平滑法はR.G.Brownにより開発されたもので，比較的簡便に予測値を得ることができる方法である。これはExponentially Weighted Moving Averageとも呼ばれ，一種の重み付け移動平均法である。ここでは基本的な単純指数平滑法について述べる。

この方法による基本式は，次の式で表せる。

$$S_t = \alpha D_t + (1-\alpha) S_{t-1}$$

ここで S_t：t期の期待値
　　　　D_t：t期の実績値
　　　　α：平滑化定数（$0 < \alpha < 1$）

である。この S_t をもって次期の予測値とする。

さて，この式を見ると，t期の実績値を用いてt期の期待値を算出している。実績を得てから期待値を出しているのである。期待値とは何であろうか。これは次のように考えることによって理解できる。すなわち，前期の期待値は S_{t-1} であった。これは前期において最も発生しやすいと考えられた値である。傾向がない系列においては，この値が今期も最も起こりやすいと考えていいわけである。しかし，今期の実績は D_t となった。そこで今期最も発生しやすい値 S_t は，S_{t-1} に多少修正を加えて，すなわち今期の実績値にαのウェイトをかけ，前期の期待値 S_{t-1} には $(1-\alpha)$ をかけて，これを今期の期待値にしようとするものである。

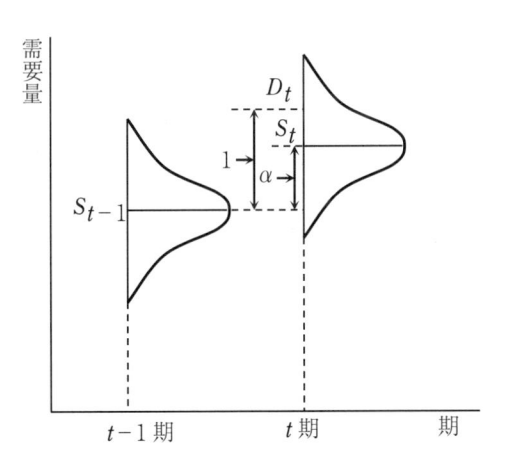

図2.10　指数平滑法の考え方

言い換えれば，次式に示されるように，予測していた値 S_{t-1} と実績とのズレのαだけ修正しようとするものである。（図2.10参照）

$$S_t = \alpha D_t + (1-\alpha)S_{t-1} = S_{t-1} + \alpha(D_t - S_{t-1})$$

したがって，今期最も発生しやすい値はS_tであったが，たまたま偶然にD_tという値が実現したと考えるのである。

これにより，系列が比較的安定していて実績の変動が主として偶然変動によるものであるとみなせる場合には，期待値があまり変動しないようにαの値は小さい方が良く，逆に，需要が不安定で傾向変動や循環変動が入っていると思われるときは，それに追従していくようにαの値を大きくする方が良いことが明らかになる。

さて，基本式を変形してみよう。

$$S_t = \alpha D_t + (1-\alpha)S_{t-1}$$

$$S_{t-1} = \alpha D_{t-1} + (1-\alpha)S_{t-2}$$

$$\therefore S_t = \alpha D_t + (1-\alpha)\{\alpha D_{t-1} + (1-\alpha)S_{t-2}\}$$

$$= \alpha D_t + \alpha(1-\alpha)D_{t-1} + (1-\alpha)^2 S_{t-2}$$

となる。順次S_{t-2}, S_{t-3}, …を代入していくと

$$S_t = \alpha D_t + \alpha(1-\alpha)D_{t-1} + \alpha(1-\alpha)^2 D_{t-2} + \alpha(1-\alpha)^3 D_{t-3} + \cdots$$

を得る。したがって，S_tは実績D_tにα, D_{t-1}に$\alpha(1-\alpha)$, D_{t-2}に$\alpha(1-\alpha)^2$…のウェイトをかけたものの和として求められている。このウェイトの合計

$$\alpha + \alpha(1-\alpha) + \alpha(1-\alpha)^2 + \cdots$$

は，初項α，公比$(1-\alpha)$の無限等比級数である。これは，公比$(1-\alpha)$が1より小さい時は収束し，その和は次のようになる。

$$\frac{\alpha}{1-(1-\alpha)} = 1$$

よって，この変形した基本式をみれば，最近の実績に比較的大きいウェイトをかけ，遠い過去になるほど小さいウェイトをかけていくことがわかる。このウェイトは，過去になるほど指数的に減少していくので，指数の重みづけといわれる。

この方法は，系列に傾向がない定常時系列（平均や分散などの性質が時間を経過しても変わらないような時系列）によく用いられる。しかし，傾向変動のある時系列に対しては遅れが生じる。これを解消する方法として，2次指数平滑法や3次指数平滑法がある。

なお，Excelの分析ツールには，「指数平滑」が用意されており，上述の計算が簡単に行えるようになっている。なお，分析ツールでは，平滑化指数の代わりに減衰率という言葉が用いられ，$(1-\alpha)$の値を入力する。

2.6 予測手法の周辺

本章では，予測の基本である横断面分析と時系列分析について概説した。

前者は，一時点の種々のデータを用いて，目的とする対象を予測するものである。回帰分析はその代表的なもので，予測対象と，それを説明する変数の関係を回帰式という形で表現し，これによって予測を行う。このように，複数の変数間の相互関連を統計的に分析する手法は，一般的に**多変量解析**と呼ばれている。重回帰分析は，予測対象を複数の量的なデータ（変数）で説明しようとするものであるが，この説明変数に質的なデータを用いて量的な変数を予測するものに数量化理論Ⅰ類がある。多変量解析には，この他にも主成分分析，因子分析，判別分析，数量化理論Ⅱ類，Ⅲ類，Ⅳ類，クラスター分析などがあり，様々な目的に使用されている。

　また，後者は，データを時間の経過順に並べ，それをもとに将来の予測を行うもので，過去のデータの延長上に将来の姿があることが前提となる。需要の時間的な変動が，傾向・循環・季節・不規則という4つの変動からなるという考えから，これらを分離して需要を分析し，予測を行うことが考えられている。たとえば，経済の動向や景気変動は，3年，5年，10年といった周期で好・不況が巡ってくることが多く，循環変動はこの現象を説明しようとするものであり，sin曲線のような周期関数を用いて変動の周期性を把握することが必要となる。また，季節変動を表す季節指数については，本章で説明した以外にも，移動平均を利用したアメリカ商務省のセンサス局法（X-12-ARIMA），旧経済企画庁が開発したEPA法などが用いられている。

　最後に，指数平滑法について本章で取り上げたのは，需要の傾向があまり見られない場合に用いられるブラウン流の単純平滑法であったが，季節変動があるような場合には，ウィンター流（P.R.Winters）と呼ばれる指数平滑法が用いられる。

【演習問題】
1．各種統計データの中から，関連のありそうなデータを選び，相関係数を求めてみよ。
2．それらのデータを使用して傾向線をあてはめてみよ。
3．3種類のデータ x，y，z を用いて，重回帰分析を行え。
4．興味ある一部上場企業の株価を調べ，3か月分の終値をデータとして時系列分析を行ってみよ。

第3章　意思決定法

【要旨】

　ロジスティクスの様々な局面のみならず，人間社会においては，意思決定をしなくてはならない場面がどこにでも存在する。企業にとって，意思決定のミスは大きな損失に通じることも多く，意思決定は慎重でなければならない。何かを決めようとしたり，いくつかの案の中から最もふさわしいものを選択しようとする場合，個人の考え方や価値観といった主観的な判断が影響することが多い。また，ものの良し悪しなどの評価が，費用が安い，利益が大きいなど数値で捉えられることができる場合はよいが，客観的な指標で表せない要因もある。意思決定者の主観的な判断や数量化が困難な要因を，いかに取り入れて数値化し，客観化するかがポイントになるが，この章では，その点を考慮に入れた AHP（階層化意思決定法）や伝統的な決定理論，ゲームの理論などについて紹介する。

3.1　意思決定の構造

　意思決定の構造を考えると，そこには必ず目的がある。たとえば，配送センターの立地場所をどこにするか，工場から製品を運ぶ際にどのような輸送手段を用いるべきか，現在あるトラックターミナルに新たな投資をして拡張すべきかなどというのがそれにあたる。その場合，考えうる立地候補地点，輸送手段，投資の可否がそれぞれの代替案である。意思決定者は，複数の代替案の中からどれが一番すぐれているか，各代替案を評価することになる。そこには，代替案を評価する際の**評価基準**，あるいは評価項目の選択の問題が含まれている。そして，意思決定者にとって，それらの評価項目のどれがどれくらい重要であるかといった評価項目の**重要度**を決定する問題も考えなければならない。すなわち，意思決定は以下の①から⑤に示すような基本ステップからなっていると考えられる。

① 目的の設定
② 代替案の列挙
③ 評価基準，評価項目の選択
④ 評価項目の重要度の決定
⑤ 代替案の選択

　たとえば，4ヶ所のロジスティクス拠点の候補地の中から，最もふさわしい地点を選択するという問題を例にとろう。
　この場合の目的は，ロジスティクス拠点としての地点の選択である。代替案として，いま，地点A，B，C，Dの四つがあるとする。
　意思決定者はこの目的に対して，どのような評価基準あるいは評価項目を考慮すべきかを考え，それに関する情報を収集することが必要になる。たとえば，拠点で働く労働力の確保，地代，幹線道路やICの有無などの道路条件，港湾までの距離などがロジスティクス拠点を評価する際の要因とするならば，各代替案（各地点）についてこれらの項目の調査を行い，情報を得なければならない。この場合，費用や距離などは数量的に容易に把握できるのに対して，労働力の確保のしやすさや道路条件などは計量化が難しい

項目といえる。意思決定の際には，このような計量化しにくい要因も同時に考慮しなければならないことが多い。

また，意思決定を行う企業にとって，これらの評価項目に対してどのようなウェイトをおくか，この重要度に対する考え方は，意思決定者の思考方法，拠点の種類や特性，企業の属性などによって異なってくる。たとえば，労働力確保をもっとも重要と考える企業もあるだろうし，地代にウェイトをおく企業もあるだろう。意思決定者は，選択した評価項目のどれがどのくらい重要であるかを，何らかの形で与えるか，何らかの方法で求めることが必要となる。

各代替案についての評価項目に関して得られた情報と，それに対する重要度（ウェイト）をもとに代替案を評価し，総合評価値や順位を求めることにより，最終的にもっとも望ましい代替案を選択することになる。

3.2　ウェイトを主観的に与える方法

3.2.1　10段階評価

いま，ロジスティクス拠点の候補地選択という問題を図3.1のような階層構造で表すことにする。

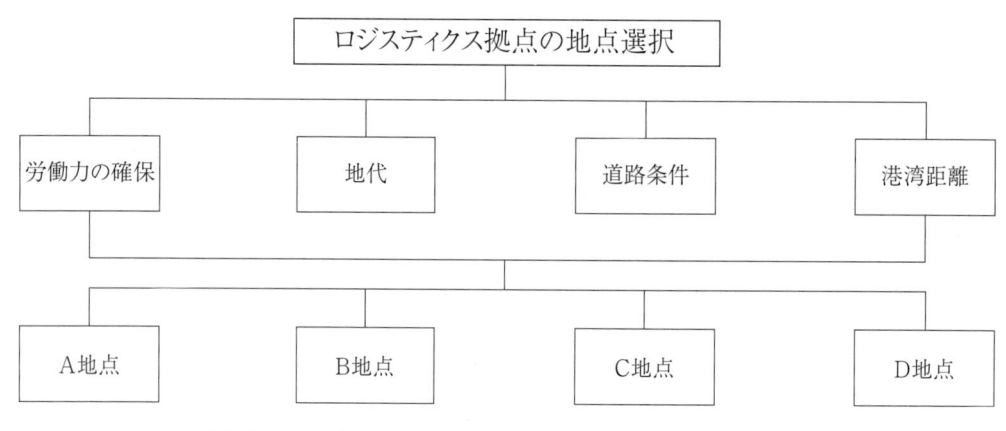

図3.1　ロジスティクス拠点の地点選択問題の階層構造

このような問題を解決するもっとも簡単な方法は，各評価項目について，それぞれの代替案に何らかの点数を与え，一方，各評価項目の重要度も主観的に点数化し，それらを掛け合わせた総合得点のもっとも大きな代替案を選ぶというものである。

表3.1に，各地点の評価項目を10段階で評価し，評価項目に対する重要度も10段階評価で与えた場合の例を示す。各地点について，重要度と評価値の積和を求めると，B地点の総合評価値が254で最も高く，若干の差で地点Dが続くという結果になっている。

表3.1 ウェイトを主観的に与える方法

	労働力	地代	道路	港湾	総合評価値の計算	総合評価値
A	6	7	6	4	8×6＋5×7＋10×6＋6×4	167
B	8	6	10	10	8×8＋5×6＋10×10＋6×10	254
C	4	8	5	6	8×4＋5×8＋10×5＋6×6	158
D	10	5	9	8	8×10＋5×5＋10×9＋6×8	243
重要度	8	5	10	6		

3.2.2 SAW (Simple Additive Weight)

代替案のもつ複数の属性や評価項目に注目し，それらの属性を評価して代替案を選択しようとする問題を多属性評価，あるいは**多属性意思決定問題**（MADM；Multi Attribute Decision Making）と呼ぶが，**SAW**は，文字どおりその最も簡便な方法の一つで，基準化された評価値の加重平均や積和をとることにより総合評価値を求めるものである。

表3.1で示した地点選択のためのデータは，主観的に10段階評価を行ったものであった。しかし現実には，費用，距離，時間のように，データをそのままの形で使用した方が都合のいい場合もあろう。たとえば，表3.2のように，労働力は若年人口の大きさで表すとし，地代や港湾距離などに関しては原データをそのまま，道路条件のように計量化の困難な要因に関しては何らかの評価値が与えられているとしよう。ただ，原データといっても，これらはそれぞれ単位や次元が異なり，それらを直接比較したりすることは不可能である。そこで，これを互いに比較できるようにするためにデータを加工する（表3.3）。このような操作をデータの**基準化**，あるいは正規化と呼んでいる（前項の10段階評価は，恣意的に値を付与したものであるが，原データを何らかの基準に従って10段階にしたのであれば，やはりそれも基準化の結果といえる）。

基準化の方法にはいくつかあるが，ここでは，以下の(3.1)，(3.2)式に示される方法で行っている。すなわち，表3.3の数字にみられるように，それぞれの属性でもっとも優れている地点の評価値が1となり，もっとも劣っている地点の評価値は0となるようデータを加工する。この方法では，ばらつきの大きな指標も小さな指標もすべて同様に最大値を1，最小値を0にしてしまうという特徴，あるいは問題もある。

d_{ij} を原データ，添え字の＋，－はそれぞれの属性における最大値と最小値を指すとすると，以下のように表される（代替案 i，属性 j）。

$$h_{ij} = \frac{(d_{ij} - d_j^-)}{(d_j^+ - d_j^-)} \tag{3.1}$$

$$h_{ij} = \frac{(d_j^+ - d_{ij})}{(d_j^+ - d_j^-)} \tag{3.2}$$

h_{ij} は基準化行列の要素であるが，利益や評価値のように値が大きいほどすぐれている場合は(3.1)式，費用や時間のように値が小さいほどすぐれている場合には(3.2)式が用いられる。これらの値と，各属性に対する重要度（ウェイト w_j）との積和を求めて総合評価値とし（(3.3)式），その最も大きな案が選ばれることになる。

$$A_i = \sum_j w_j h_{ij} \qquad (3.3)$$

属性に対する重要度は，主観的に与えるか，後述する AHP などによって求めたものをもってくればよい．表3.3 下行の重要度と基準化された値の積和を（3.3）式により求めた結果が，表3.3 右列に示されている．結果は，表 3.1 同様，地点 B が最も良く，地点 D が続いていることがわかる．

表 3.2　地点選択のための原データ

地点	労働力（人）	地代（万円）	道路条件（評価値）	港湾距離（Km）
A	12000	50	5.3	10
B	30000	70	8.9	5
C	6500	40	4.9	8
D	70000	100	7.5	6
dmax	70000	100	8.9	10
dmin	6500	40	4.9	5

表 3.3　SAW 基準化行列と総合評価

地点（i）	労働力 j = 1	地代 j = 2	道路条件 j = 3	港湾距離 j = 4	総合評価値
A	0.086614	0.833333	0.1	0	5.86
B	0.370079	0.5	1	1	21.46
C	0	1	0	0.4	7.40
D	1	0	0.65	0.8	19.30
重要度	8	5	10	6	

これらの方法では，評価項目に対する重要度を表すウェイトに 10 段階評価での数値を付与しているが，問題は，これらの値をどのようにして与えるかである．ロジスティクス拠点の選定問題のように，利益を追求する企業が総意で判断し決定しようとする場合には，ブレインストーミングのように集団で議論しながら決めることも多いが，それでも客観性に問題が残る．また，私的な意思決定では，考え方や性格によって，評価基準に対する重要度は異なるのが当然であるが，そのような人間の主観を取り入れてそれを数値化し，客観性を持たせようとする試みが，次に示す AHP による意思決定法である．

3.3　AHP（階層化意思決定法）

3.3.1　AHP 相対評価法

AHP（Analytic Hierarchy Process）法は，1971 年にピッツバーグ大学の T.L. Saaty により提唱された問題解決型意思決定手法である．

まず，意思決定に関わる評価項目を図 3.1 のような階層構造の形で整理する．そして，階層構造の各レベルの評価項目について，意思決定者の経験や主観的判断により，項目間のどちらがどのくらい重要かについての一対比較を行い，重要性の程度に従って値を付与する．「重要」という言葉は，「良い」，「好ましい」，「優れている」など状況に応じて変えればよい．

ロジスティクス拠点の選定問題である図3.1 の例で説明しよう．

まず，評価項目のうち，労働力と地代について比較し，意思決定者にとってどちらがどれくらい重要であるかを表3.4 の数値で与える．たとえば，労働力の方が地代よりやや重要と考えるなら 3 という値を与

えるが，この場合，地代からみて労働力はその逆数の1/3（やや重要でない）を記入する。同様に，労働力と道路条件・港湾距離，地代と道路条件・港湾距離，道路条件と港湾距離，それぞれについて**一対比較**を行う。この例では評価項目の数が4個であるから6回の一対比較を行うことになる。

表3.4 一対比較で用いられる数値

要素iは要素jと比べて	a_{ij}
同じように重要／同じ	1
やや重要／やや良い	3
かなり重要／とても良い	5
非常に重要／非常に良い	7
きわめて重要／きわめて良い	9
これら2つの間の中間値に使う	2, 4, 6, 8
	ただし，$a_{ii}=1$, $a_{ji}=1/a_{ij}$

一般的には，n個の評価項目に対して数値a_{ij}を与え，$n \times n$行列（$A = [a_{ij}]$ $|i, j = 1 \cdots n|$）を作る。この場合，一対比較は$n(n-1)/2$回行う必要がある。また，すべての評価項目相互間について一対比較を行った結果として求められた数値の集まりを**一対比較行列**という。

ここで，行列の対角線上は$a_{ii}=1$，対角線の逆側（左下側）は$a_{ji}=1/a_{ij}$と仮定する。

さて，評価項目の相互間の一対比較の結果，表3.5が得られたとしよう。

表3.5 評価項目の一対比較表（4×4行列）

	労働力 $j=1$	地代 $j=2$	道路条件 $j=3$	港湾距離 $j=4$
労働力	1	3	5	3
地代	1/3	1	3	1
道路条件	1/5	1/3	1	1/2
港湾距離	1/3	1	2	1

表3.5のような一対比較行列を用いて，評価項目および代替案の重要度を推定する方法としてよく用いられているのが，幾何平均（相乗平均とも呼ばれる）を利用する方法と固有値による方法である。ここでは，より簡便に解が得られる前者について説明しよう。

幾何平均とは，たとえば，1，2，3の平均を

$$\sqrt[3]{1 \times 2 \times 3} = (1 \times 2 \times 3)^{\frac{1}{3}} = 1.8171\cdots$$

のように計算するものである。これらの数値を用いた算術平均（相乗平均に対し，相加平均とも呼ばれる）は2となるが，この例のように，一般的に幾何平均は算術平均より小さくなる（全部の数値が同じ場合にのみ同一値となる）。

幾何平均による方法では，一対比較行列の各行について幾何平均を計算し，その値の相対的な大きさを重要度とする。

表3.5の値をもとに，幾何平均によるウェイトを求めたものが表3.6である。たとえば，労働力に関するウェイトは，幾何平均値2.5900（1×3×5×3の1/4乗）を4つの評価項目の幾何平均合計値4.9209で割ることにより，0.5263と求められる。

表3.6 幾何平均による重要度の計算

	労働力	地代	道路条件	港湾距離	幾何平均	ウェイト
労働力	1	3	5	3	2.5900	0.5263
地代	1/3	1	3	1	1.0000	0.2032
道路条件	1/5	1/3	1	1/2	0.4273	0.0868
港湾距離	1/3	1	2	1	0.9036	0.1836
				合計	4.9209	1

次に，各評価項目について，その項目からみて各代替案（地点）がどのくらい好ましいかの一対比較を行う。たとえば，労働力について，4つの地点相互に表3.4の数値を使って比較（どちらの地点がどの程度良いか）を行い，表3.7のような一対比較表を得る。

表3.7 労働力に関する地点間一対比較表

労働力	A	B	C	D	幾何平均	ウェイト
A	1	1/3	3	1/5	0.6687	0.1178
B	3	1	5	1/3	1.4953	0.2634
C	1/3	1/5	1	1/7	0.3124	0.0550
D	5	3	7	1	3.2011	0.5638
				合計	5.6776	1.0000

表3.7のウェイトをみると，地点Dの0.5638が最も大きく，労働力に関して最も好ましいことがわかる。他の評価項目についても同様に地点間一対比較を行い，その数値に基づいて幾何平均により重要度の計算をすると，ロジスティクス拠点候補地の評価を表すウェイトが，評価項目ごとに得られることになる（表3.8）。

表3.8 地代・道路条件・港湾距離に関する地点間一対比較表

地代	A	B	C	D	幾何平均	ウェイト
A	1	2	1/2	5	1.4953	0.2936
B	1/2	1	1/4	2	0.7071	0.1388
C	2	4	1	5	2.5149	0.4938
D	1/5	1/2	1/5	1	0.3761	0.0738
				合計	5.0934	1.0000

道路条件	A	B	C	D	幾何平均	ウェイト
A	1	1/4	3	1/3	0.7071	0.1355
B	4	1	5	2	2.5149	0.4821
C	1/3	1/5	1	1/5	0.3398	0.0651
D	3	1/2	5	1	1.6549	0.3172
				合計	5.2167	1.0000

港湾距離	A	B	C	D	幾何平均	ウェイト
A	1	4	2	3	2.2134	0.4668
B	1/4	1	1/3	1/2	0.4518	0.0953
C	1/2	3	1	2	1.3161	0.2776
D	1/3	2	1/2	1	0.7598	0.1603
				合計	4.7411	1.0000

このようにして，代替案である各地点の各評価項目についてのウェイトを求め，これに始めに求めた評価項目の重要度（表3.6のウェイト）を掛け合わせると総合評価値が計算できる。これは，次のような行列演算で表現される。

	労働力	地代	道路条件	港湾距離			重要度			総合評価値		
A	0.1178	0.2936	0.1355	0.4668		労働力	0.5263			0.2192	……	地点A
B	0.2634	0.1388	0.4821	0.0953	×	地代	0.2032	=		0.2262	……	地点B
C	0.0550	0.4938	0.0651	0.2776		道路条件	0.0868			0.1859	……	地点C
D	0.5638	0.0738	0.3172	0.1603		港湾距離	0.1836			0.3687	……	地点D
計	1	1	1	1			1			1		

総合評価値は地点Dが最も大きく（0.3687），拠点候補地点としてもっとも優れていることがわかる。地点Bがそれに続き，A，Cの順になっている。

このように，評価項目それぞれについて，代替案の一対比較を行って総合評価値を求める方法を **AHP相対評価法** と呼んでいる（第11章においても，相対評価法による輸送機関選択の問題を扱っている）。

この方法は，代替案の数がさほど多くなく，また代替案についての統計量などの情報が得られない場合に用いられる。しかしたとえば，拠点選択のための候補地点（代替案）が10ヶ所あるような場合，各評価項目について，一対比較の数が45回（10×9÷2）必要となり，手間がかかるとともに整合性のある比較ができない可能性が高くなる。そのような場合には，次に示されるような絶対評価法が用いられる。

3.3.2 AHP絶対評価法

拠点選択のための原データ（表3.2）を見ると，各地点について具体的なデータが道路条件を除いて得られている。道路条件については，恣意的に評価値を与えたが，ここでは，各地点の評価を主観的判断によって次のように与えることにしよう。

表3.9 地点選択のためのデータ

地点	労働力（人）	地代（万円）	道路条件	港湾距離（Km）
A	12000	50	普通	10
B	30000	70	とても良い	5
C	6500	40	悪い	8
D	70000	100	良い	6

すなわち，道路条件については，客観性のない評価値を与えるより，「とても良い」，「良い」，「悪い」などという，意思決定に特有の主観的な経験や勘という要素を取り入れることを考える。この主観的評価に対し，表3.10のような「良い」，「悪い」などの程度を，表3.4の基準に従って一対比較により数値化し，さらに，幾何平均を用いて重要度計算を行った方法で，それらのウェイトを求める（表3.10右欄）。

表3.10 「良い」「悪い」の程度を示す一対比較表

	とても良い	良い	普通	悪い	ウェイト
とても良い	1	3	5	6	0.569686
良い	1/3	1	2	4	0.236356
普通	1/5	1/2	1	2	0.123689
悪い	1/6	1/4	1/2	1	0.070269

次に，表3.9の地点選択のためのデータを最良値が1となるように基準化する。ここで，道路条件の場合には，言葉による評価を表3.10のウェイトに置き換え，やはり最良値が1となるように基準化を行う。その結果が表3.11である。

表3.11 AHP絶対評価法で用いる最良値を1とする基準化

地点	労働力（人）	地代（万円）	道路条件	港湾距離（Km）
A	0.1714	0.8000	0.2171	0.5000
B	0.4286	0.5714	1.0000	1.0000
C	0.0929	1.0000	0.1233	0.6250
D	1.0000	0.4000	0.4149	0.8333

各代替案（地点）の総合評価値は，相対評価と同様，評価項目のウェイト（表3.6）と表3.11の基準化された数値の積和を計算することにより求められる。

```
       労働力   地代    道路条件  港湾距離              重要度        総合評価値
A  [ 0.1714  0.8000  0.2171  0.5000 ]      労働力   0.5263       0.3635    …… 地点A
B  [ 0.4286  0.5714  1.0000  1.0000 ]  ×   地代     0.2032   =   0.6121    …… 地点B
C  [ 0.0929  1.0000  0.1233  0.6250 ]      道路条件 0.0868       0.3776    …… 地点C
D  [ 1.0000  0.4000  0.4149  0.8333 ]      港湾距離 0.1836       0.7967    …… 地点D
```

この演算で得られた総合評価値の大きさにより，意思決定者は代替案を選定する。相対評価法での結果と同様，労働力に関する評価の高い地点Dの値（0.7967）が最も大きく，地点B（0.6121）が続いていることがわかる。

このように，代替案の評価を，一対比較による相対評価を行うことなく，評価項目ごとに得られるデータを使用したり，「良い」「悪い」といった主観的評価によって個別に行い，評価項目間の一対比較で別途，求めた評価項目のウェイトを掛け合わすことによって総合評価を行う方法を**AHP絶対評価法**と呼んでいる。

相対評価法では，代替案の総合評価値の合計は1となったが，絶対評価法の場合，表3.11の数値（上の行列演算の4×4の行列）をみればわかるように，最大値が1となっているため，ある代替案がすべての評価項目でもっとも優れている場合にのみ，その行がすべて1となり，総合評価値の値も1となる。いずれにしても，総合評価値が1に近いほど，その代替案は優れているということになる。

この例に見られるように，各評価項目の代替案に関するデータが得られる場合には，一対比較を行うことなくそれを直接使用し，また，道路条件のように計量化が不可能な場合には，それを「とても良い」「良い」「悪い」，「大きい」「普通」「小さい」などというファジイな表現で評価するなどの形で指標化する。そして，これらの評価結果と評価項目の重要度を表すウェイトの積和を求めて総合評価を行うAHP絶対評価法は，代替案の数が多く一対比較が繁雑になる場合や，代替案に関するデータが得られるような場合に適用されている。

また，主観的判断によって一対比較を繰り返し行っていると，整合性に問題がある場合が生じることもある。たとえば，A・Bの一対比較でAはBより重要，B・Cの一対比較でBはCより重要なら，A・Cの一対比較では，AはCよりかなり重要となることが予想できるが，ここでCがAより重要という判断をしてしまうと，整合性がとれない状態が生じる。そこでAHPでは，一対比較行列の整合性を測る指標が用意されている。これは行列の固有値を使ったもので，**整合度**（CI；Consistency Index）や整合比（CR；

Consistency Ratio）といった指標が，一対比較行列の整合性の判断に使われている。整合性が悪いとされた場合には，一対比較をやり直すことになる。

AHPは，多様の要素をバランスよく取り込んだ比較的簡単な代替案選定の方法であり，広い分野に応用されている。これを用いることによる利点は，次のとおりである。
① 従来の定量的分析では扱いきれないような質的な要因を含む問題，評価基準がいくつもある問題の解決が可能になる。
② 人間の思考プロセスを階層化することによって構造の不明確な問題を整理し，階層レベルごとに一対比較を繰り返すことにより，代替案の全体的評価ができる。
③ 重要度の評価の過程で，従来，モデル化や定量化が困難であった勘や経験を生かした意思決定ができる。また，グループで意思決定を行う場合，関係者間の意見を調整し，取りまとめるのに利用できる。

一方，評価項目の意味や解釈が人によって異なる可能性がある，項目間の独立性の保障が無いなどの問題点も抱えている。

3.4　決定理論

個人の意思決定や企業の政策決定は，それが常に将来に向かってのことであるので，そこには様々な不確実性を伴うのが普通である。このような不確実性の状況下での意思決定に対して，意思決定者の心理的，性格的な側面を考慮に入れた決定ルールを見出し，可能ないくつかの行動の中からどの行動を選択すべきかを定める方法を体系化したものが**決定理論**（Decision Theory）である。そこでは，意思決定のためのいくつかの**行動原理**が考えられている。なお，ここでの不確実性とは，確率を用いることができない場合の不確かさをいう。

いま，現在使用中のトラックターミナルに，さらに投資をして拡張すべきか否かという問題を例にとって説明しよう。トラックターミナルへの投資は将来の需要の状況によってその成否が影響される。たとえば，需要が大きく伸びるなら積極的に投資をすることによって大きな利益をもたらすことになるだろうが，需要が減少するような場合には，投資を行わないほうがその企業の利益につながるであろう。このような，不確実な需要の状況に応じた投資行動と，それに伴う利益の関係が表3.12に示されるようであったとする。

表3.12　トラックターミナルへの投資とその利益

代替案＼需要の状況	大きく増加	少し増加	減少
① 10億円の投資	400	150	−300
② 1億円の投資	200	100	−100
③ 投資せず	100	50	20

この問題を，以下に示す5つの決定ルールに従って考えてみる。
① Laplace（Bayes）の原理

もっとも古くからある決定原理で，不十分理由の原理と呼ばれることもある。3つの代替案の選択に際し，需要の状況がどうなるかを判断する理由がないならば，それらを同じ割合（この場合1/3）とし，これを用いて各代替案の期待値を求め，その大きなものを選択するという考え方である。結果は表3.13に示すように，代替案①の利益がもっとも大きくなる。

表3.13 Laplaceの原理による代替案の選択

	Laplaceの原理	利益の期待値	順位
代替案①	$400\cdot(1/3)+150\cdot(1/3)+(-300)\cdot(1/3)$	83.33	1
代替案②	$200\cdot(1/3)+100\cdot(1/3)+(-100)\cdot(1/3)$	66.67	2
代替案③	$100\cdot(1/3)+50\cdot(1/3)+20\cdot(1/3)$	56.67	3

② Maximin原理

これは不確実な需要の状況の生起に関して，代替案ごとに最悪の結果に注目しようという考え方に基づいて代替案を選ぶというものであり，意思決定者がいわば悲観的な立場をとる場合である。例では，それぞれの最低値は，−300，−100，20であるので，そのもっとも大きな代替案③が選ばれることになる（表3.14参照）。

表3.14 Maximin原理とMaximax原理による代替案の選択

	Maximin原理	順位	Maximax原理	順位
代替案①	−300	3	400	1
代替案②	−100	2	200	2
代替案③	20	1	100	3

③ Maximax原理

Maximin原理とは反対に，楽観的な立場をとる意思決定者が，得られる可能性のある利益のもっとも大きな代替案を選ぶというものである。例では，10億円の投資によって得られる400がそれにあたり，代替案①の順位が1位となる（表3.14参照）。

④ Hurwiczの原理

Maximin原理とMaximax原理による評価のあいだをとる考え方で，αという楽観度を表す係数が用いられる。αは0と1のあいだの値をとる係数で，1に近いほど楽観的であり，0に近いほど悲観的であることを示す。代替案ごとに，最大利益のα倍と最小利益の$(1-\alpha)$倍との和を求め，これが最大になるような代替案が選択される。

　　　代替案①　$400\alpha+(-300)(1-\alpha)=700\alpha-300$
　　　代替案②　$200\alpha+(-100)(1-\alpha)=300\alpha-100$
　　　代替案③　$100\alpha+20(1-\alpha)=80\alpha+20$

αが1ならMaximax原理，0ならMaximin原理による決定と一致し，その場合，それぞれ代替案①，代替案③が選択される。

このように，αの値によって代替案①か③が選ばれることが予想できるので，代替案①と③についての上式をイコールとおき，

　　　$700\alpha-300=80\alpha+20$

をαについて解くと，αの値は0.5161となる。すなわち，意思決定者の楽観度を表すαがこれ以上なら代替案①が，これ以下なら代替案③が選択されることになる。

⑤ Minimax・regret原理

これは，L.J. Savageによって示されたもので，不確実性の状況での意思決定には，後悔（regret）という概念を伴い，その後悔の大きさを機会損失（opportunity loss）という形でとらえ，それの最小な代替案を選択するというものである。

いま，表3.12において，需要が大きく増加すると仮定した場合，代替案①を選択すればこの条件下で

はこれが最良なので，後悔は 0 である。一方，代替案②をとると，①をとらなかったことにより 200 の損失をこうむり，③の場合には 300 の損失をこうむる。これを後悔の大きさとするのである。この手順に従って，表 3.12 をもとに regret 表を作ったものが，表 3.15 である。次にこの表を用いて Minimax 原理を適用する。すなわち，各代替案のもつ最大の regret に注目し，その最大値の最小の案を選択するというものである。表 3.15 から，各代替案の regret の最大値は，

　　　代替案①　320，代替案②　200，代替案③　300

となり，これが最小の代替案②が選択される。

表 3.15　トラックターミナルへの投資と regret の大きさ

代替案＼需要の状況	大きく増加	少し増加	減少
① 10 億円の投資	0	0	320
② 1 億円の投資	200	50	120
③ 投資せず	300	100	0

このように，採用する決定ルールにより選択されるべき代替案が異なってくるのは，意思決定が，それを行う人間の心理的な性格や主観によるところが大きいためであり，それがまた意思決定を難しいものにしているといえる。

3.5　ゲームの理論

決定理論は，単独の意思決定者の，しかも競争関係を考慮しない場合の理論であったが，これに対して，他者との競合関係がある中での行動選択や戦略的意思決定に関する理論として，**ゲームの理論**（Game Theory）がある。これは，個人間，企業間あるいは国と国などの間の競合状態をモデル化しようとするもので，1928 年に John von Neumann が「ゲームの理論について」という論文を発表したのがこの理論の始まりとされている。利害関係の必ずしも一致しない状況における複数の意思決定主体の行動に関する数学理論ということができ，主体間の対立や協力の下での合理的な行動や結果の安定性などについて明らかにしようとするものである。経済現象の分析など経済学の分野や，心理学，生物学，そして，相手国の対応を見ながら国家戦略を検討するような国際政治面での応用も多い。

ゲームの理論は，競合している主体間に話し合いができ，その合意に拘束力があるような提携関係のある協力ゲームと，そのような合意の拘束力がない状況を扱う非協力ゲームに分けられるが，後者で有名なのが，2 人の囚人が，相手の行動によって自分は自白した方が得か否かを問う「囚人のジレンマ」である。このゲームの解は，両者とも自白しないという本来協力し合えばより良い解が得られる筈が，自分の利益だけを考えて行動した結果，両者が自白してしまい，利益を減らすことになるという所に行き着く。このような状態を**ナッシュ均衡**と呼ぶ。

ナッシュ均衡では，相手が戦略を変えない限り，自分だけ戦略を変えても利益にならず，結果的にその状態で安定してしまう。そのような自分と相手の戦略の組み合わせは，それぞれが自分の最適化を図ろうとした結果であるが，それが結果としては全体の最適化にはなっていないのである。簡単な例によって非協力ゲームに触れておこう。

二つの競合する企業 A，B とも扱っている製品が同じものであるとして，値下げによる売上げの増加を検討しているとしよう。この場合，企業 A，B とも相手のとりそうな行動を考えた上で，最適利得を得るにはどうすればよいかというのがここでの問題となる。これは，対立する利害目標下での利得最大化問題

(cross-purpose maximization problem) といえる．このような状況は，企業間，国家間など様々な所で見られる．

さて，とるべき行動は，価格を下げるか下げないかであり，それに対して結果として得られる利得が表3.16のようであったとする．両者が値下げをしなければ，両者ともそれなりの利得が得られるが，相手が値下げをして自分が値下げをしなければ，相手の売上げ増加により自分の利得は大きく減少してしまう．また両者が値下げをすれば，売上げは増えず，結果的に，両者とも利益が減少することによって損失をこうむるとしよう．

いま，Bが値下げしない場合，Aは値下げした方が利得は大きくなり（+5），値下げをすることになる．またBが値下げをした場合にも，Aは値下げをした方が損失は少なくなって（-4），結局，Aは値下げするという方策をとる．これは，その案をとったときにこうむる損失の小さい案を選択するというMinimax原理によるもので，企業の自己防衛の論理といえる．

Bにとっても同様に考えれば，値下げをするという行動をとるだろう．その結果，両者が値下げをすることによって，両者とも損失をこうむることになる．

表3.16　A，B両社の行動と利得

B社の行動＼A社の行動	①値下げしない	②値下げする
①値下げしない	+2 / +2	+5 / -6
②値下げする	-6 / +5	-4 / -4

両者にとって最も望ましいのは（全体の最適化），値下げをしないことであるが，自分の利益を優先して考えると（自分の最適化），このような結果になるのである．両者が協力して値下げをしない行動をとれば，両者とも利益が出るのであるが，それは現実社会では談合となってしまうので不可能である．

値下げするか否かといった価格戦略の決定問題のように，現実の様々な競合現象をゲームの理論によって説明できる場合も多いが，企業経営への適用においては，種々の問題も残されている．たとえば，利得の値をどのように求めるか，競合する相手がどのような行動原理で行動するか，自分と相手の関係だけでなく環境要因をどのようにとらえるか，とり得る戦略や代替案が多いときの最適戦略をどのようにして求めるかなどである．

そこで，現実の企業間の競合状況をゲームの形で再現させ，経営方法やある戦術をとったときの他企業の対応などが学習できるマネジメントゲーム（management game）などの**ゲーミングシミュレーション**（gaming simulation）モデルが開発され，利用されるようになった．もともと，ゲーミングは，多くの国の軍隊で戦術教育や作戦研究に用いられたのが始まりで，戦後それが経営教育に応用され，現在では広く普及している．

3.6　意思決定問題の周辺

意思決定は，個人，企業，国家を問わず様々な場面で行われている．人間が行う意思決定であるから，そこには必ず主観が入る余地が存在する．この主観を積極的に取り入れ，それを考慮に入れて計量化しようとしたのがAHPであり，ある条件の下で最適な解を見出そうとするORの各種技法の中では異質ともいえる．

AHPの適応対象は非常に広く，あらゆる分野の意思決定問題に応用されている．その基礎となっている一対比較は，レベルの数や項目の数が増えるにつれてその回数も多くなり，主観が伴うゆえに煩雑になり完全な形での一対比較行列ができないことも生じる．そこで，そのような不完全な一対比較行列から重要度を求める方法なども開発されている．また，一対比較値を少しずつ変化させたり，ある項目を削除あるいは追加したりして，それらが代替案の総合評価にどのように影響を及ぼすかを見る感度分析なども行われている．

複数の代替案の中からもっとも適切な案を選択するには，それらの代替案を何らかの形で評価しなければならない．その意味で，意思決定の問題は，代替案の評価の問題ともいえる．本章で述べた方法では，評価項目に対する重要度を表すウェイトの加法性や，評価項目間の独立性が前提になっていたが，人間の主観を伴う代替案の評価では，それらが成り立たない場合も多い．そこで，そのような前提を緩めるために，人間の主観や言葉のもつあいまいさを扱う**ファジィ理論**を評価や意思決定に用いることが考えられる．

ファジィ理論は，1965年にカリフォルニア大学のL.A.Zadehによって提案されたファジィ集合論を中心として発展したもので，人間のからむ複雑な意思決定，制御や判断の伴うエキスパートシステムなど，いわゆる知的情報処理と呼ばれる分野で広く応用され始めている．たとえば，仙台市の地下鉄にファジィ制御が導入され，電車の発車，停車が従来に比べ滑らかになった例もあり，その考え方は家電製品などにも利用されている．

評価や意思決定においては，ファジィ測度，ファジィ積分，ファジィ推論などといった考え方を用いることができる．AHPでは，これをファジィ化したファジィAHPがある．そこでは，重要度を表すウェイトを可能性測度，必然性測度と呼ばれるファジィ測度で表し，また，ウェイトの合計が1となる加法性の条件を緩めている．

決定理論については，数学的に厳密な理論化がなされているものの，現実の問題への対応という点ではいま一つというところであるが，ゲームの理論は，経済学，国際政治，心理学など広い範囲で研究され，実践的応用の場面が増えている．

【演習問題】

1. ある企業の人事課では新人の採用候補者3人の中からもっともふさわしい人物を採用しようとしている．この企業が評価にあたって考慮する項目は，大学の成績，入社試験の成績，面接の3項目で，それらに対する3人の評価は，以下のような10段階評価で示された．これらの表をもとに，単純な積和演算により総合評価を行ってみよ．

	大学の成績	入社試験	面接
候補者A	10	7	5
候補者B	8	8	6
候補者C	5	6	9

	ウェイト
大学の成績	0.2
入社試験	0.3
面接	0.5

(答)

	総合評価値
候補者A	6.6
候補者B	7.0
候補者C	7.3

2. 候補者の評価が面接以外は10段階評価でなく，以下のように，大学の成績はGPA値（成績Sを4，Aを3，Bを2，Cを1として平均値を求めたもの），入社試験は点数をそのまま与えたとして，SAWによる方法で総合評価を行ってみよ．

	大学の成績	入社試験	面接
候補者A	3.84	70	5
候補者B	2.87	88	6
候補者C	1.96	56	9

	ウェイト
大学の成績	0.2
入社試験	0.3
面接	0.5

（答）

SAW基準化行列

	大学の成績	入社試験	面接
候補者A	1	0.4375	0
候補者B	0.4840	1	0.25
候補者C	0	0	1

	総合評価値
候補者A	0.331
候補者B	0.522
候補者C	0.500

3. 評価項目相互に重要度に関して一対比較を行った結果は，以下の表のようになった．評価項目のウェイトを幾何平均による方法によって求め，AHP絶対評価法により総合評価を行ってみよ．

	大学の成績	入社試験	面接
大学の成績	1	1/3	1/5
入社試験	3	1	1/3
面接	5	3	1

（答）

AHP絶対評価のための基準化行列

	大学の成績	入社試験	面接
候補者A	1	0.7955	0.5556
候補者B	0.7474	1	0.6667
候補者C	0.5104	0.6364	1

	総合評価値
候補者A	0.664
候補者B	0.761
候補者C	0.855

4. 次の表のような行動案，将来の状況予想，その時の利益表が与えられているとする．決定理論の各行動原理を適用し（Hurwiczの原理を除く），それに沿った意思決定を行ってみよ．

利益表（単位：万円）

	S1	S2	S3
A1	35	35	35
A2	20	70	70
A3	5	55	105

行動案

A1	前期より20%の増資
A2	前期と同じ
A3	前期より10%の減資

将来の状況

S1	景気回復
S2	現状
S3	景気悪化

（答）（1）ラプラスの原理　　　　A3
　　　（2）マクシミン原理　　　　A1
　　　（3）マクシマックス原理　　A3
　　　（4）ミニマックスリグレット原理　　A3

リグレット表

	S1	S2	S3
A1	0	35	70
A2	15	0	35
A3	30	15	0

第4章 線形計画

【要旨】

1個100円，5個であれば500円のように，比例する関係を**線形関係**[1]とよぶ。世の中の多くの事象が比例，すなわち線形として捉えることができる。しかし，大量購入による値引きや交通量の増加による渋滞などは，購入量や交通量に比例しないために非線形とよばれている。前者のような線形関係のもとで，必要な条件を考慮しながら最も良い答えを求める問題を線形計画問題とよび，線形計画問題を解くための手法を**線形計画法**とよぶ。

線形計画問題は，単体法や内点法などの解法を用いて解くことができる。しかし，ごく小さな問題であればグラフを用いて解くことができ，ある程度の大きさの問題であれば表計算ソフトで解くことができる。近年では，線形計画問題をモデル化するための数理モデリング言語と，最適に解くための数理計画ソルバーが手軽に利用できるようになっている。このため，複雑な解法が分からなくても，大規模な線形計画問題を簡単に解くことができるようになっている。本章では，線形計画問題の定式化，グラフを用いた解き方，エクセルのソルバーを用いた解き方，および数理モデリング言語を用いた解き方を解説する。

4.1 線形計画問題と定式化

4.1.1 生産計画問題

はじめに，次のような**生産計画問題**を考えよう。

生産計画問題

ある工場で製品1と製品2の2種類の製品を生産している。製品1を1単位生産すると7万円，製品2を1単位生産すると5万円の利益が得られる。製品の材料は卵，砂糖と小麦粉である。製品1を1単位作るためには，卵10kg，砂糖10kg，小麦粉8kgが必要である。また，製品2を1単位作るためには，卵10kg，砂糖6kg，小麦粉16kgが必要である。なお，1日に使用できる材料の量には制限があって，卵が260kg，砂糖が240kg，小麦粉が320kgである。このとき，利益が最大になるような製品1と製品2の生産量とそのときの利益を求める。

表4.1 生産計画問題のデータ

	製品1	製品2	使用可能量
利益	7万円	5万円	—
卵	10kg	10kg	260kg
砂糖	10kg	6kg	240kg
小麦粉	8kg	16kg	320kg

表4.1に生産計画問題のデータをまとめたものを示す。この問題では，製品を2倍作れば必要な材料は

2倍となるので，生産量と材料の使用量の関係は線形となる。また，製品の生産を増やせば，それに比例して利益も増加するため，生産量と利益の関係も線形となる。このため，生産計画問題は線形計画問題として表すことができる。

生産計画問題を式で表そう。製品1の生産量を x_1 単位，製品2の生産量を x_2 単位とおく。このとき，全体の利益は $7 \times x_1 + 5 \times x_2$ と表すことができる。この生産計画問題では，全体の利益である

$$7x_1 + 5x_2$$

が最も大きくなるような生産量 x_1 と x_2 の値を求める。

つぎに，材料の使用量の条件を不等式で表そう。卵の使用量は $10 \times x_1 + 10 \times x_2$，砂糖の使用量は $10 \times x_1 + 6 \times x_2$，小麦粉の使用量は $8 \times x_1 + 16 \times x_2$ と表すことができる。また，1日当たりの卵の使用可能量は260kg，砂糖の使用可能量は240kg，小麦粉の使用可能量は320kgである。卵の使用量は使用可能量以下であることが必要であるので，卵の使用量と使用可能量の関係は次の不等式で表すことができる。

$$10x_1 + 10x_2 \leq 260$$

同様に，砂糖の使用量と使用可能量の関係，小麦粉の使用量と使用可能量の関係は，それぞれ次の不等式で表すことができる。

$$10x_1 + 6x_2 \leq 240$$
$$8x_1 + 16x_2 \leq 320$$

また，生産量 x_1 と x_2 は負の数値にはならないので，次の非負を表す不等式である**非負制約**が必要である。

$$x_1 \geq 0, \ x_2 \geq 0$$

このように，問題を数式で表すことを**定式化**とよぶ。生産計画問題の定式化をまとめておく。

生産計画問題の定式化		
最大化	$7x_1 + 5x_2$	（利益の合計）
制約条件	$10x_1 + 10x_2 \leq 260$	（卵の使用量）
	$10x_1 + 6x_2 \leq 240$	（砂糖の使用量）
	$8x_1 + 16x_2 \leq 320$	（小麦の使用量）
	$x_1 \geq 0, x_2 \geq 0$	（非負制約）

利益の最大化のように何かしたいものを表す式を**目的関数**とよぶ。目的関数では，利益を最大にしたいや売上を最大にしたいというような**最大化**と，費用を最小にしたいや時間を最短にしたいのような**最小化**がある。x_1 と x_2 のように求めたいものを**変数**とよび，使用量と使用可能量の関係のような条件を**制約条件**とよぶ。目的関数と制約条件で表された問題を最適化問題または数理計画問題とよび，特に目的関数と制約条件がともに線形関数で表される問題を**線形計画問題**とよぶ。また，目的関数を最大化する問題を最大化問題，最小化する問題を最小化問題とよぶ。

変数 x_1 と x_2 はすべての制約条件を満たすことが必要である。まったく生産しないことを表す $(x_1, x_2) = (0, 0)$ はすべての制約条件を満たす。また，$(x_1, x_2) = (24, 0)$，$(0, 20)$ や $(10, 10)$ もすべての制約条件を満たす。このように，一般的には，制約条件を満たす変数の組合せは無数に存在する。図4.1に，制約条件をグラフに表したものを示す。図の網掛けの部分がすべての制約条件を満足する x_1 と x_2 の範囲である。利益の高い安いはあるが，この範囲は使用可能な材料の範囲内で生産が可能な生産量の組合せであり，この範囲を**実行可能領域**とよぶ。$(x_1, x_2) = (10, 10)$ のような変数値の組合せを**解**とよび，実行可能領域にある解を**実行可能解**とよぶ。この生産計画問題では，利益 $7x_1 + 5x_2$ が最大となる実行可能解 x_1 と x_2 を求めることになる。

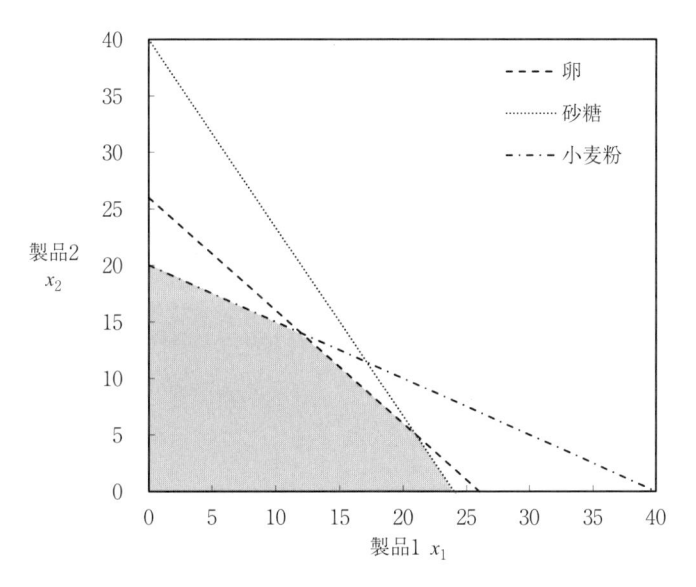

図 4.1　生産計画問題の制約条件

4.1.2　朝食問題

つぎに，朝食問題を考えよう．

> **朝食問題**
>
> グラノーラに牛乳を加えたものを朝食とし，必要な栄養を摂りたい．グラノーラの 100g 当たりの値段は 100 円，牛乳の 100ml 当たりの値段は 30 円である．グラノーラの 100g 当たりの成分は，カロリー 400kcal，タンパク質 6g，ビタミン A 140μg，脂質 16g である．牛乳 100ml 当たりの成分は，カロリー 80kcal，タンパク質 5g，ビタミン A 80μg，脂質 4g である．朝食で摂りたい最低限の栄養は，カロリー 500kcal，タンパク質 11g，ビタミン A 240μg である．ただし，脂質は大量には摂りたくないため，摂取量の上限があり，35g とする．このとき，決められた栄養を摂ることができ，最も値段が安くなるグラノーラと牛乳の使用量とそのときの朝食にかかる値段を求める．

表 4.2　朝食問題のデータ

	グラノーラ （100g 当たり）	牛乳 （100ml 当たり）	必要量
値段	100 円	30 円	—
カロリー	400kcal	80kcal	500kcal 以上
タンパク質	6g	5g	11g 以上
ビタミン A	140μg	80μg	240μg 以上
脂質	16g	4g	35g 以下

表 4.2 に朝食問題のデータをまとめたものを示す．グラノーラや牛乳を 2 倍使用すれば，摂取できる栄養は 2 倍となるので，これらの関係は線形となる．また，グラノーラや牛乳の使用量と値段は比例するため，使用量と値段の関係も線形となる．このことから，栄養の問題は線形計画問題として表すことができる．

グラノーラの使用量を y_1 単位（1 単位は 100g），牛乳の使用量を y_2 単位（1 単位は 100ml）とおく．こ

のとき，朝食の値段は $100 \times y_1 + 30 \times y_2$ と表すことができる．この朝食問題では，朝食の値段である

$$100y_1 + 30y_2$$

が最も安くなるような使用量 y_1 と y_2 の値を求めることになる．

つぎに，それぞれの栄養の摂取量と必要量または上限量の関係を不等式で表そう．カロリーの摂取量は $400 \times y_1 + 80 \times y_2$，タンパク質の摂取量は $6 \times y_1 + 5 \times y_2$，ビタミンAの摂取量は $140 \times y_1 + 80 \times y_2$，脂質の摂取量は $16 \times y_1 + 4 \times y_2$ と表すことができる．また，カロリーの必要量は500kcal，タンパク質の必要量は11g，ビタミンAの必要量は240μg，脂質の摂取量の上限は35gである．カロリーの摂取量は必要量以上であるので，カロリーの摂取量と必要量の関係は次の不等式で表すことができる．

$$400y_1 + 80y_2 \geq 500$$

同様に，タンパク質の摂取量と必要量の関係，ビタミンAの摂取量と必要量の関係，脂質の摂取量と上限量との関係は，それぞれ次の不等式で表すことができる．ここで，脂質は35g以下であることに注意する．

$$6y_1 + 5y_2 \geq 11$$
$$140y_1 + 80y_2 \geq 240$$
$$16y_1 + 4y_2 \leq 35$$

また，使用量 y_1 と y_2 は負の数値にはならないので，次の非負制約が必要である．

$$y_1 \geq 0, \quad y_2 \geq 0$$

朝食問題の定式化をまとめておく．

朝食問題の定式化

最小化	$100y_1 + 30y_2$	（値段の合計）
制約条件	$400y_1 + 80y_2 \geq 500$	（カロリーの摂取量）
	$6y_1 + 5y_2 \geq 11$	（タンパク質の摂取量）
	$140y_1 + 80y_2 \geq 240$	（ビタミンAの摂取量）
	$16y_1 + 4y_2 \leq 35$	（脂質の摂取量）
	$y_1 \geq 0, y_2 \geq 0$	（非負制約）

制約条件をグラフに表したものを図4.2に表す．図の網掛けの部分がすべての制約条件を満足する y_1 と y_2 の実行可能領域であり，値段の高い安いはあるが，決められた栄養を摂取できる朝食の範囲である．この朝食問題では，実行可能領域内で値段 $100y_1 + 30y_2$ が最小となる解 y_1 と y_2 を求めることになる．

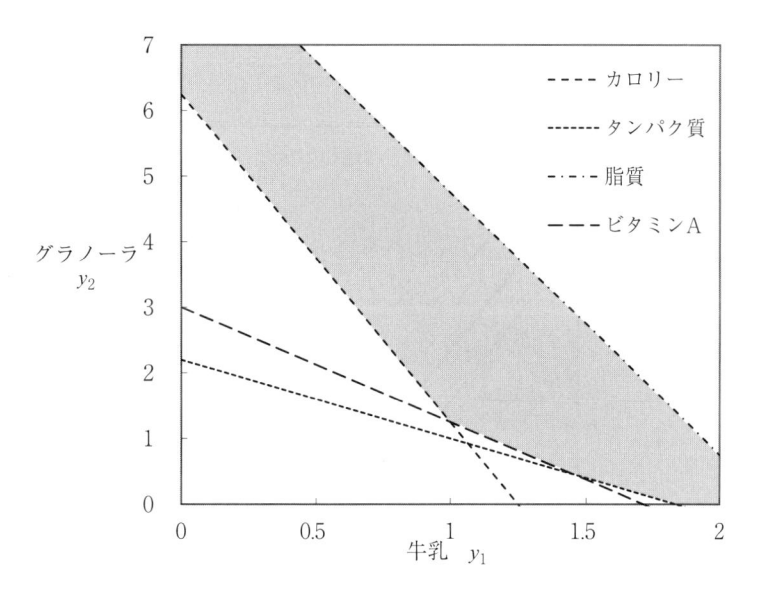

図 4.2　朝食問題の制約条件

4.2　グラフを用いた解き方

生産計画問題と朝食問題は 2 つの変数をもつ問題であるため，目的関数や制約条件をグラフに描くことができる．ここでは，グラフを用いた解き方を説明する．

4.2.1　生産計画問題

生産計画問題では，図 4.1 の網掛け部分である実行可能領域内で，利益を表す目的関数 $7x_1 + 5x_2$ を最大にする解を求めることになる．目的関数値である利益を表す変数を z とおくと，利益 z は次のように表すことができる．

$$z = 7x_1 + 5x_2$$

ここで，利益の式を次のように変形しておく．

$$x_2 = -\frac{7}{5}x_1 + \frac{1}{5}z$$

利益 z を定数とみなして，$z = 50$, $z = 100$, $z = 150$, $z = 200$ と変化させた利益の式のグラフを図 4.3 に示す．$z = 50$ のとき，すなわち $x_2 = -\frac{7}{5}x_1 + 10$ のグラフ上の解は，利益が 50 万円となる製品 1 と製品 2 の生産量の組合せを表している．利益 z が増加すると，利益の式のグラフは右上に平行移動していくことが分かる．実行可能であるためには解が実行可能領域内にある必要があり，また利益を大きくするにはグラフを右上方向に平行移動すれば良い．これらのことから，利益を最大にする実行可能解は，卵の摂取量のグラフと砂糖の摂取量のグラフの交点，すなわち連立方程式

$$10x_1 + 10x_2 = 260$$
$$10x_1 + 6x_2 = 240$$

の解となる．この連立方程式の解は黒丸で示す $(x_1, x_2) = (21, 5)$ である．したがって，これが生産計画問題の最適解であり，最適な生産量は製品 1 が 21 単位，製品 2 が 5 単位となる．このときの利益は $z = 7 \times 21 + 5 \times 5 = 172$ 万円となる．一方，利益 z が 172 万を超えると，$z = 200$ の場合のように，利益のグラフは

網掛けの部分である実行可能領域とは重なりが無くなり，材料の使用量が可能量を上回るため，実行可能ではなくなる。

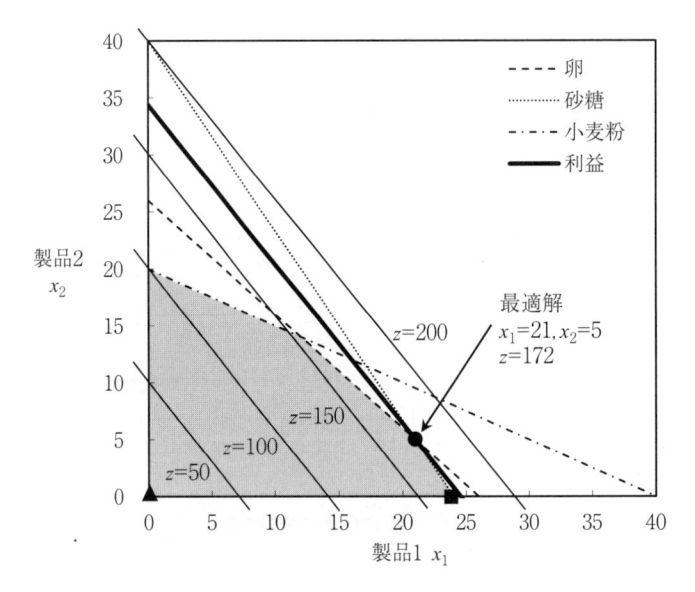

図 4.3　生産計画問題：利益のグラフ

図 4.3 から分かるように，制約条件を等号とした式の交点で，非負であるものが目的関数値を最大にする解の候補となる。制約条件を等号とした式の交点を**基底解**とよび，すべてが非負であるものを実行可能基底解とよぶ。最大化問題では，目的関数値 z が大きくなるような隣接する実行可能基底解を調べていくと最適解を見つけることができる。図 4.3 では，利益 0 万円の原点 $(0, 0)$ （▲）から，目的関数値 z が増加する隣接の実行可能基底解である利益 168 万円の $(24, 0)$（■）に移動し，さらに利益 172 万円の $(21, 5)$（●）に達する。このような考え方を一般化したものが**単体法**またはシンプレックス法である。

4.2.2　朝食問題

朝食問題では，図 4.2 の網掛けの部分の実行可能領域内で，値段を表す目的関数 $100y_1 + 30y_2$ を最小にする解を求めることになる。目的関数値である値段を表す変数を p とおくと，値段 p は次のように表すことができる。

$$p = 100y_1 + 30y_2$$

ここで，値段の式を次のように変形しておく。

$$y_2 = -\frac{10}{3}y_1 + \frac{1}{30}p$$

図 4.4 に，値段 p を定数とみなし，$p = 100$，$p = 150$，$p = 200$ と変化させた値段の式のグラフを示す。$p = 200$ のとき，すなわち $y_2 = -\frac{10}{3}y_1 + \frac{20}{3}$ のグラフは，値段が 200 円となるようなグラノーラと牛乳の使用量の組合せを表している。値段 p が減少すると値段の式のグラフは左下に平行移動していくことが分かる。実行可能であるためには解が網掛けの部分である実行可能領域内にある必要があり，また値段を安くするにはグラフを左下方向に平行移動すれば良い。これらのことから，値段を最小にする実行可能解は，カロリーの摂取量のグラフとビタミン A の摂取量のグラフの交点，すなわち連立方程式

$$400y_1 + 80y_2 = 500$$

$140y_1 + 80y_2 = 240$

の解となる．この連立方程式の解は黒丸で示す $(y_1, y_2) = (1, 1.25)$ である．したがって，値段を最小にする実行可能解はグラノーラ100gと牛乳125mlとなる．このときの朝食の値段は $p = 100 \times 1 + 30 \times 1.25 = 137.5$ 円となる．一方，値段 p が137.5円を下回ると，$p = 100$ の場合のように値段のグラフは実行可能領域とは重なりが無くなり，必要な栄養を満たさないため，実行可能ではなくなる．

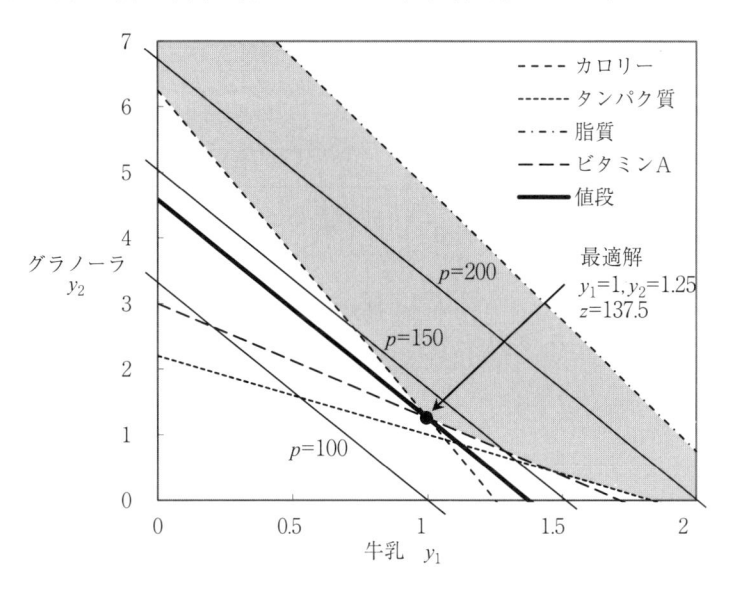

図 4.4　朝食問題：値段のグラフ

4.3　Excelのソルバーを用いた解き方

2つの例題のような2変数の問題であれば，グラフを用いた解法で最適解を求めることができる．しかし，3変数以上の問題では2次元のグラフとして表すことができないため，グラフを用いた解法では解くことができない．Excelのソルバー[2]を用いると，ある程度の大きさの線形計画問題を解くことができる．

4.3.1　生産計画問題

生産計画問題を解くために，図4.5に示すようなExcelのシートを作成しておく．セルB2とC2は生産量を表す変数に対応し，これらのセルには計算の結果として製品1と製品2の生産量が入る．3行は目的関数である利益に対応し，4行から6行は3つの材料の使用量の制約条件に対応している．B列とC列の数値は単位当たりの利益と材料の使用量の数値であり，セルE4からE6は材料の使用可能量である．

製品1と製品2の生産量がセルB2とC2の値であるとき，セルD3の計算式「=\$B3*\$B\$2+\$C3*\$C\$2」[3]は利益である $7x_1 + 5x_2$ の値であり，セルD3に利益の合計が自動的に計算される．網掛けの部分のセルD4，D5，D6にセルD3の計算式をコピーしておくと，セルD4からD6にはそれぞれの材料の使用量の合計が自動的に計算される．

制約条件は各材料の使用量が使用可能量以下と非負であり，これらの制約条件を満足するためにはD4 ≦ E4，D5 ≦ E5，D6 ≦ E6で，かつセルB2とC2の数値が非負となる必要がある．D3は目的関数値であり，これを最大化することになる．

	A	B	C	D	E
1		x1	x2	利益・使用量	可能量
2	生産量				
3	利益	7	5	=$B3＊$B$2+$C3＊$C$2	最大化
4	卵	10	10		260
5	砂糖	10	6		240
6	小麦粉	8	16		320

図 4.5　生産計画問題のシート

	A	B	C	D	E	F	G	H
1		x1	x2	利益・使用量	可能量	x1	0	40
2	生産量							
3	利益	7	5	0	最大化	利益	=($D3−$B3＊G$1)/$C3	
4	卵	10	10	0	260	卵	=($E4−$B4＊G$1)/$C4	
5	砂糖	10	6	0	240	砂糖		
6	小麦粉	8	16	0	320	小麦粉		

図 4.6　生産計画問題のグラフの表示

つぎに，生産計画問題のグラフを表示できるようにしよう．図 4.5 のセルの右側に図 4.6 のように F 列から H 列の内容を追加しておく．セル G3 の計算式を網掛けの部分のセル H3 にコピーし，セル G4 の計算式をセル G5 と G6，およびセル H4 から H6 にコピーしておく．セル G3 の計算式「($D3−$B3＊G$1)／$C3」は，目的関数を $x_2=(z-7x_1)/5$ に変形したものに対応し，利益 z がセル D3，生産量 x_1 がセル G1 の値のときの生産量 x_2 の値である．セル G4 の計算式「($E4−$B4＊G$1)／$C4」は，卵に関する制約条件を $x_2=(260-10x_1)/10$ に変形したものに対応し，卵に関する制約条件が等式で成り立つ場合に，生産量 x_1 がセル G1 の値のときの生産量 x_2 の値である．セル G1 はグラフ上の変数 x_1 の最小値である 0，セル H1 はグラフ上の変数 x_1 の最大値である 40 である．G 列の 4 から 6 行には $x_1=0$，H 列の 4 から 6 行には $x_1=40$ のときに，各材料の制約条件が等号で成り立つときの生産量 x_2 が入る．

セル F1 から H6 までを選択し，グラフの挿入で散布図（直線）を選び，表示されたグラフを右クリック，「データの選択」「行／列の切り替え」を行い，軸の最大値と最小値を調整すれば，図 4.1 に示すようなグラフが表示される．

Excel のソルバーを起動すると，図 4.7 のようなパラメータの設定画面が表示されるので，以下のように設定する．

- **目的セルの設定**：目的セルは目的関数値を表すセルであり，$D$3[4] とする．
- **目標値**：最大化や最小化に対応している．生産計画問題は最大化問題であるので，「最大値」を選ぶ．
- **変数セルの変更**：変数を表すセルは B2 から C2 であるので，$B$2：$C$2 とする．
- **制約条件の対象**：「追加」をクリックし，材料使用量と使用可能量の関係式である「$D$4<=$E$4」，「$D$5<=$E$5」，「$D$6<=$E$6」を入力する．
- **制約のない変数を非負数にする**：変数の非負制約に対応するため，チェックを入れる．
- **解決方法の選択**：線形計画法の解法である「シンプレックス LP」を選択する．

以上の設定が終わったら，「解決」をクリックして問題を解く．図 4.8 のような「ソルバーの結果」が表示されれば，最適解が求められたことになる．

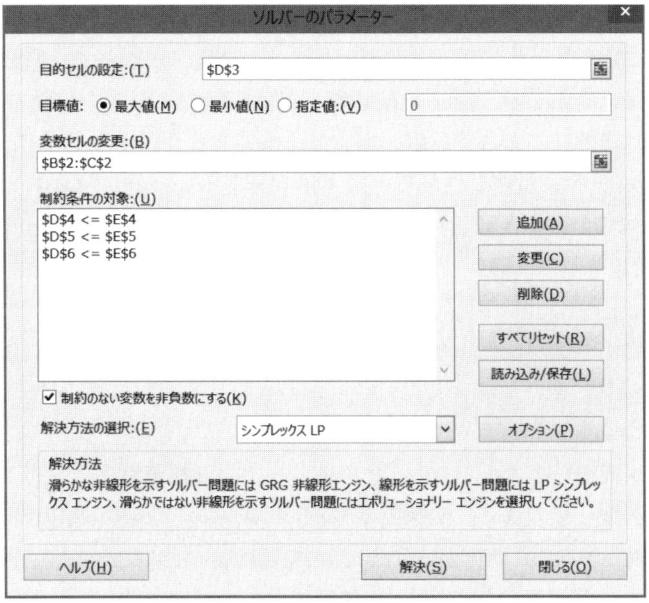

図 4.7 ソルバーのパラメータの設定

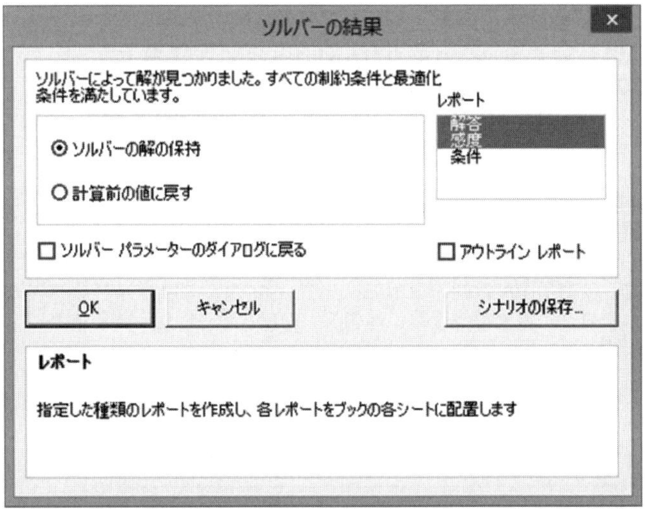

図 4.8 最適解の判定

	A	B	C	D	E
1		x1	x2	利益・使用量	可能量
2	生産量	21	5		
3	利益	7	5	172	最大化
4	卵	10	10	260	260
5	砂糖	10	6	240	240
6	小麦粉	8	16	248	320

図 4.9 生産計画問題の最適解

図4.9に示すように，セルB2とC2に最適な生産量が表示され，製品1が21単位，製品2が5単位となる。また，セルD3に最適な利益172万円が表示される。最適解において，卵と砂糖は材料を使い切っており，小麦粉の使用量は248kgで，72kgの使い残しが発生している。

図4.8の「ソルバーの結果」にある「レポート」の「解答」と「感度」をクリックしておくと，「解答レポート」と「感度レポート」が作成される。図4.10に解答レポート，図4.11に感度レポートを示す。解答レポートには，すべての条件と最適化条件を満たしているか否か（最適解か否か），目的セルの最終値（利益の最適値），変数セルの最終値（最適解），条件との差（使い残し）などの詳しい結果が表示される。

感度レポートは，入力データが変化したときの目的関数値の変化を分析するためのものである。**限界コスト**は**被約費用**ともよばれ，変数値を少し変化させたときの目的関数の変化量である。生産量 x_1 と x_2 の限界コストがともに0であり，いずれの生産量を少し変化させても利益をこれ以上増加できないことになるので，この生産量が最適であることを表している。一方，**潜在価格**は，制約条件の定数項を少し変化させたときの目的関数の変化量である。変数セル $D$5 の欄から，砂糖の使用可能量を1kg増加できれば，利益が0.5万円だけ増加できることが分かる。また，許容範囲内増加の20は利益を0.5万円増加できる砂糖の増加量の範囲であり，使用可能量を20kgまで増加すると，利益が $0.5 \times 20 = 10$ 万円まで増加することになる。

図4.10 解答レポート

```
   A           B        C         D        E      F          G         H
1 Microsoft Excel 15.0 感度レポート
2 ワークシート名: [第4章線形計画2014-0716.xls]生産問題課題 (2)
3 レポート作成日: 2014/07/17 23:40:53
4
5
6 変数セル
7                              最終    限界   目的セル  許容範囲内  許容範囲内
8  セル       名前              値     コスト  係数     増加       減少
9  $B$2    生産量 x1           21      0      7     1.333333333    2
10 $C$2    生産量 x2            5      0      5          2        0.8
11
12 制約条件
13                              最終   潜在    制約条件  許容範囲内  許容範囲内
14 セル       名前              値    価格    右辺      増加       減少
15 $D$4   卵 利益   使用量      260    0.2    260    25.71428571    20
16 $D$5   砂糖 利益  使用量      240    0.5    240         20       36
17 $D$6  小麦粉 利益 使用量      248    0      320       1E+30      72
```

図 4.11　感度レポート

4.3.2 朝食問題

朝食問題を解くために，図 4.12 に示すようなエクセルシートを作成しておく。セル B2 と C2 は使用量を表す変数に対応し，これらには計算の結果としてグラノーラと牛乳の使用量が入る。3 行は目的関数である値段に対応し，4 行から 7 行は 4 つの栄養に対する制約条件に対応している。B 列と C 列の数値は単位当たりの値段と栄養の数値であり，セル E4 から E7 は栄養の必要量または上限量である。

グラノーラと牛乳の使用量がセル B2 と C2 の値であるとき，セル D3 の計算式「＝$B3*$B$2+$C3*$C$2」は値段である $100y_1+30y_2$ の値であり，セル D3 に値段の合計が自動的に計算される。網掛けの部分のセル D4 から D7 にセル D3 の計算式をコピーしておくと，セル D4 から D7 にはそれぞれの栄養の摂取量が自動的に計算される。

制約条件は各栄養の摂取量が必要量以上または上限値以下と非負であるため，制約条件を満足するためには，D4 ≧ E4，D5 ≧ E5，D6 ≧ E6，D7 ≦ E7 でかつセル B2 と C2 の数値が非負となる必要がある。D3 は目的関数値であり，これを最小化することになる。

	A	B	C	D	E
1		y1	y2	栄養の合計	必要量
2	使用量				
3	値段	100	30	=$B3*$B$2+$C3*$C$2	最小化
4	カロリー	400	80		500
5	タンパク質	6	5		11
6	ビタミンA	140	80		240
7	脂質	16	4		35

図 4.12　朝食問題のシート

つぎに，朝食問題のグラフ表示ができるようにしよう。図 4.12 のセルの右側に図 4.13 のように F 列から H 列の内容を追加しておく。なお，セル G3 の計算式を網掛けの部分のセル H3 にコピーし，セル G4 の計算式をセル G5 から G7，および H4 から H7 にコピーしておく。セル G1 はグラフ上の変数 y_1 の最小

値である 0，セル H1 はグラフ上の変数 y_1 の最大値である 2 である．G 列の 4 から 7 行には $y_1=0$，H 列の 4 から 7 行には $y_1=2$ のときに各栄養の制約条件が等号で成り立つときの使用量 y_2 が入る．セル F1 から H7 までを選択し，グラフの挿入で散布図（直線）を選び，表示されたグラフを右クリック，「データの選択」「行／列の切り替え」を行い，軸の最大値と最小値を調整すれば，図 4.2 に示すようなグラフが表示される．

	A	B	C	D	E	F	G	H
1		y1	y2	栄養の合計	必要量	y1	0	2
2	使用量							
3	値段	100	30	0	最小化	値段	=($D3-$B3*G$1)/$C3	
4	カロリー	400	80	0	500	カロリー	=($E4-$B4*G$1)/$C4	
5	タンパク質	6	5	0	11	タンパク質		
6	ビタミン A	140	80	0	240	ビタミン A		
7	脂質	16	4	0	35	脂質		

図 4.13　朝食問題のグラフの表示

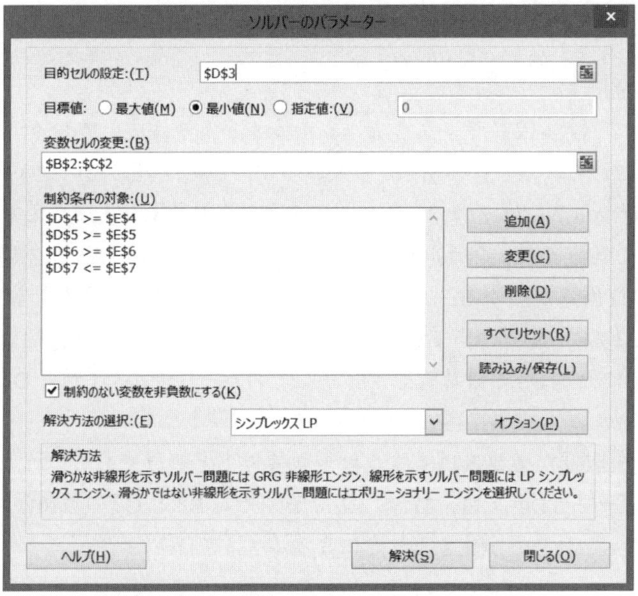

図 4.14　ソルバーのパラメータの設定

Excel のソルバーを起動すると，図 4.14 のようなパラメータの設定画面が表示されるので，以下のように設定する．

- 目的セルの設定：目的セルは目的関数値を表すセルであり，$D$3 とする．
- 目標値：最大化や最小化に対応している．朝食問題は最小化問題であるので，「最小値」を選ぶ．
- 変数セルの変更：変数を表すセルは B2 から C2 であるので，$B$2:$C$2 とする
- 制約条件の対象：「追加」をクリックし，材料使用量と使用可能量の関係式である「$D$4>=$E$4」，「$D$5>=$E$5」，「$D$6>=$E$6」，「$D$7<=$E$7」を入力する．
- 制約のない変数を非負数にする：変数の非負制約に対応するため，チェックを入れる．
- 解決方法の選択：線形計画法の解法である「シンプレックス LP」を選択する．

以上の設定が終わったら,「解決」をクリックして問題を解く. 図 4.15 に示すように, セル B2 と C2 に最適解 1 と 1.25 が表示され, グラノーラの使用量が 100g, 牛乳の使用量 125ml が最適解となる. また, セル D3 に朝食の値段の最適値 137.5 円が表示される. なお, カロリーとビタミン A は必要量に一致し, タンパク質は必要量を超えており, 脂質は上限値に達していない.

	A	B	C	D	E
1		y1	y2	栄養の合計	必要量
2	使用量	1	1.25		
3	値段	100	30	137.5	最小
4	カロリー	400	80	500	500
5	タンパク質	6	5	12.25	11
6	ビタミン A	140	80	240	240
7	脂質	16	4	21	35

図 4.15 朝食問題の最適解

4.4 AMPL を用いた解き方

数理モデリング言語である AMPL を用いて, 生産計画問題と朝食問題を解こう.

4.4.1 数理モデリング言語と数理計画ソルバー

数理計画ソルバーは線形計画問題などの数理計画問題を解くアルゴリズムが搭載されているソフトウエアーである. エクセルのソルバーを用いると線形計画問題を解くことができるが, 変数や制約条件の数が大きな線形計画問題を解く場合にはデータ入力や設定だけでも大きな手間がかかる. このため, 現実的な規模の問題を解くためには, 数理計画ソルバーを用いることが望ましい. 数理計画ソルバーで解くためには, 定式化に対応したデータを作成する必要があり, 大規模な問題のデータを作成することは容易ではない. 大規模な計画問題のためのデータを作成するときは, 集合, 変数の配列や繰り返し構造を利用して, 効率的に生成することが必要になる. **数理モデリング言語**を用いると, 定式化に対応したデータを生成し, 数理計画ソルバーとのデータのやり取りを行うことができる. このように数理モデリング言語と数理計画ソルバーを組み合わせることにより, 線形計画問題のデータ生成から求解までを効率的に行うことができる.

本書では, 数理モデリング言語として AMPL, 数理計画ソルバーとして MINOS および CPLEX を利用する. **AMPL**[5] (A Mathematical Programming Language) はベル研究所・AMPL Optimization INC が開発した数理モデリング言語であり, **MINOS** (Modular In-core Nonlinear Optimization System) はスタンフォード大学が開発した非線形計画のための数理計画ソルバー, **CPLEX**[6] は IBM ILOG 社が開発した線形計画および組合せ最適化問題のための数理計画ソルバーである.

数理モデリング言語では, 問題をモデルファイルとデータファイルに分離し, モデルファイルには一般化された数式モデル, データファイルには集合の要素や数値データを記述することにより, 大規模な問題を求解できるようになっている. 本節では, データファイルは使用せずに, 要素や数値データを組み込んだモデルファイルを利用している.

4.4.2 生産計画問題

メモ帳などのエディタを用いて，生産計画問題の定式化に対応してAMPLモデルのファイル（product.mod）を作成する。なお，ファイルproduct.modはample.exeと同じフォルダに保存しておく。

``` # 生産計画問題 product.mod var x1 >=0; var x2 >=0; maximize profit :7*x1+5*x2; subject to egg :10*x1+10*x2<=260; subject to sugar :10*x1+6*x2<=240; subject to flour :8*x1+16*x2<=320; end; ```	$x_1 \geqq 0$ $x_2 \geqq 0$ 最大化　$7x_1 + 5x_2$ 制約条件　$10x_1 + 10x_2 \leqq 260$ $10x_1 + 6x_2 \leqq 240$ $8x_1 + 16x_2 \leqq 320$

#で始まる行は説明文である。なお，説明文以外では，半角英数字を用いることに注意する。**var**は変数の定義であり，x_1とx_2に対応する変数x1とx2を使用することを示し，x1とx2は非負の変数であるので>=0と記述する。なお，1行の終わりにセミコロン（;）を付けることに注意する。**maximize**は目的関数を最大化することを表し，profitは目的関数に付けた名前である。また，7*x1+5*x2は目的関数である利益に対応する式である。**subject to**は制約条件であることを表し，egg，sugar，flourは制約条件を区別するために付けた名前である。なお，eggは卵の使用量の条件，sugarは砂糖の使用量の条件，flourは小麦粉の使用量の条件に対応している。なお，AMPLモデルでは，≦は半角で <= と記述する。

AMPLを用いて，生産計画問題を解こう。AMPL上での計算手順は次の通りである。下線部が入力する部分であり，下線がない部分は画面に表示される文字である。なお，右側は説明である。

``` ampl: model product.mod; ampl: solve; MINOS 5.5: optimal solution found. 2 iterations, objective 172 ampl: display profit; profit = 172 ampl: display x1; x1 = 21 ampl: display x2; x2 = 5 ampl: exit; ```	AMPLモデルproduct.modを読み込む。 モデルを解く。 MINOSによって，最適解が求められ，目的関数値は172である。 profitの最適値を表示する。 最適値は172である。 x1の最適解を表示する。 最適解はx1=21である。 x2の最適解を表示する。 最適解はx2=5である。 AMPLを終了する。

数理計画ソルバーMINOSにより，最適解が求められ，利益は172万円，生産量は製品1が21単位，製品2が5単位となる。

AMPLモデルを読み込んだ際にモデルに間違いがあった場合は，エラーが表示される。このような場合は，エディタ上でAMPLモデルを修正・保存し，AMPL上でreset命令を実行した後に，再度，AMPLモデルを読み込むことになる。

`ampl: model product.mod;`
`Product.mod, line 4 (offset 82);`
`    syntax error`
 	
`context:   >>> subject <<< to egg`
`          :10*x1+10*x2<=260;`
`ampl? ;`
 	
`ampl: reset;`
`ampl: model product.mod;`
	AMPL モデル product.mod を読み込む。
	4 行目前後に文法エラーがある。
	
	; を入力して復帰する。
	エディタで修正
	リセット命令を実行する。
	product.mod を再度読み込む。

計算結果をファイル（product.out）に保存する場合は，次のように実行する。画面に表示される内容が，ファイルに保存される。

`ampl: model product.mod;`
`ampl: solve;`
`MINOS 5.5: optimal solution found.`
`2 iterations, objective 172`
`ampl: display profit > product.out;`
`ampl: display x1 >> product.out;`
`ampl: display x2 >> product.out;`
`ampl: exit;`
	product.mod を読み込む。
	モデルを解く。
	MINOS により，最適解が求められ，目的関数値は 172 である。
	
	profit を product.out に出力する。
	x1 を product.out に追記する。
	x2 を product.out に追記する。
	AMPL を終了する。

なお，"> product.out" は結果を新規ファイル product.out に出力することを表し，">> product.out" は既存ファイル product.out に追記することを表している。

4.4.3 朝食問題

朝食問題の定式化に対応して，AMPL モデルのファイル（breakfast.mod）を作成する。なお，ファイル breakfast.mod は ample.exe と同じフォルダに保存しておく。

`#    朝食問題 breakfast.mod`
`var y1 >=0; var y2 >=0;`
`minimize price   :100*y1+30*y2;`
`subject to energy :400*y1+80*y2>=500;`
`subject to protein:6*y1+5*y2>=11;`
`subject to vitamin:140*y1+80*y2>=240;`
`subject to fat    :16*y1+4*y2<=35;`
`end;`
	$y_1 \geq 0, y_2 \geq 0$
	最小化　$100y_1 + 30y_2$
	制約条件　$400y_1 + 80y_2 \geq 500$
	$6y_1 + 5y_2 \geq 11$
	$140y_1 + 80y_2 \geq 240$
	$16y_1 + 4y_2 \leq 35$

このモデルでは変数として y_1 と y_2 に対応した y1 と y2 を使用し，これらは非負であるので >=0 と記述する。minimize は目的関数を最小化することを表し，price は目的関数に付けた名前である。また，100*y1+30*y2 は目的関数である値段に対応する式である。subject to は制約条件であることを表し，energy, protein, vitamin, fat は制約条件を区別するために付けた名前である。なお，energy はカロリーの

必要量の条件，proteinはタンパク質の必要量の条件，vitaminはビタミンAの必要量の条件，fatは脂質の摂取量の上限の条件に対応している．

AMPLを用いて，朝食問題を解こう．AMPL上での計算手順は次の通りである．なお，下線部が入力する部分であり，右側は説明である．

ampl: model breakfast.mod;	AMPLモデルbreakfast.modを読み込む．
ampl: solve;	モデルを解く．
MINOS 5.5: optimal solution found. 1 iterations, objective 137.5	MINOSによって，最適解が求められ，目的関数値は137.5である．
ampl: display price;	priceの最適値を表示する．
price = 137.5	最適値は137.5である．
ampl: display y1;	y1の最適解を表示する．
y1 = 1	最適解はy1=1である．
ampl: display y2;	y2の最適解を表示する．
y2 = 1.25	最適解はy2=1.25である．
ampl: exit;	AMPLを終了する．

MINOSにより，最適解が求められ，値段は137.5円，使用量はグラノーラが1単位で100g，牛乳が1.25単位で125mlとなる．

計算結果をファイルbreakfast.outに保存する場合は，次のように実行する．画面に表示される結果がファイルに保存される．

ampl: display price > breakfast.out;	priceをproduct.outに出力する．
ampl: display y1 >> breakfast.out;	y1をproduct.outに追記する．
ampl: display y2 >> breakfast.out;	y2をproduct.outに追記する．
ampl: exit;	AMPLを終了する．

【練習問題】

1．次のような生産計画問題について，問いに答えよ．

> **生産計画問題**
>
> ある工場で製品1，製品2と製品3の3種類の製品を生産している．製品の材料は鉄，木材，コンクリートである．この生産計画問題のデータは下の表で与えられている．このとき，利益が最大になるような製品1，製品2と製品3の生産量とそのときの利益を求める．

生産計画問題のデータ

	製品1	製品2	製品3	使用可能量
利益	10万円	12万円	5万円	—
鉄	100kg	80kg	40kg	800kg
木材	30kg	50kg	20kg	400kg
コンクリート	200kg	150kg	60kg	1400kg

（1）定式化を示せ．
（2）エクセルのシートを作成し，ソルバーを用いて最適解を求めよ．
（3）AMPL モデルを作成し，AMPL/MINOS を用いて最適解を求めよ．

（答）
（1）（2）　省略
（3）　AMPL モデル　省略　最適解　製品 1：1.8 単位，製品 2：3.6 単位，製品 3：8.2 単位，利益 102.7 万円

2．次のような朝食問題について，問いに答えよ．

> 朝食問題
> グラノーラに牛乳とキウイを加えたものを朝食とし，必要な栄養を摂りたい．この朝食問題のデータは下の表で与えられている．また，脂質は大量には摂りたくないため，摂取量の上限がある．このとき，決められた栄養を摂ることができ，最も値段が安くなるグラノーラ，牛乳とキウイの使用量とそのときの朝食にかかる値段を求める．

朝食問題のデータ

	グラノーラ（100g 当たり）	牛乳（100ml 当たり）	キウイ（100g 当たり）	必要量
値段	100 円	30 円	100 円	—
カロリー	400kcal	80kcal	50kcal	500kcal 以上
タンパク質	6g	5g	15g	11g 以上
ビタミン A	140μg	80μg	4μg	240μg 以上
ビタミン C	0mg	2mg	70mg	80mg 以上
脂質	16g	4g	1g	30g 以下

（1）定式化を示せ．
（2）エクセルのシートを作成し，ソルバーを用いて最適解を求めよ．
（3）AMPL モデルを作成し，AMPL/MINOS を用いて最適解を求めよ．

（答）
　（1）（2）　省略
　（3）　AMPL モデル　省略　最適解　グラノーラ：81g，牛乳：154ml，キウイ 110g，値段 237 円

注
（1）　厳密には関数 $f(x)$ において，$f(x+y)=f(x)+f(y)$，$f(\alpha x)=\alpha f(x)$ が成り立つことであり，具体的には 1 次式で表わされる．
（2）　ソルバーを使用するためには，アドインにてソルバーをインストールしておく必要がある．
（3）　「=」で始まる式は計算式であり，セル上には計算された結果の数値が表示される．$ は絶対参照である．
（4）　$ を用いた絶対参照を用いているが，$ のつかない相対参照でもよい．ただし，マウスで選択すると，自動的に絶対参照となる．

（5） AMPLはベル研究所が開発した数理モデリング言語である．AMPLの限定された学生版は，http://ampl.com/products/ampl/ampl-for-students/ から入手することができる．なお，実際に問題を解くのは，数理計画ソルバーとよばれるソフトウエアーである．AMPLをインストールすると，MINOSやCPLEXなどの数理計画ソルバーが同時にインストールされる．

（6） CPLEXは，IBM Corprationの登録商標である．

第5章 プロジェクト管理

【要旨】

配送センターや工場などのプラント建設，新製品の開発，情報システムの開発などといった目標を設定し，期限までに達成させる一連の活動を**プロジェクト**とよぶ。情報システムの開発を例にすると，プロジェクトには，要件定義，システム設計，プログラミング，テストなどといった様々な作業が含まれているため，作業の順序関係を考慮した適切な作業の実施計画を立てなければならない。さらには，プロジェクトを計画した期日までに完了するためには，様々な作業に対する適切な資源の割り当て，日程管理や進捗管理が必要となってくる。

本章では，**プロジェクト管理**における基本的な手法である PERT/CPM の概念とその手法を解説する。

5.1 PERT/CPM

プロジェクトにおける様々な作業の日程を計画することを**スケジューリング**とよぶ。情報システム開発のプロジェクトでは，システム設計を行うためには要件定義が終わっていなければならない，テストを行うためにはプログラミングが終わっていなければならないというように，プロジェクトを構成する作業には順序関係や前後関係が存在する。プロジェクト管理においては，作業の順序関係を考慮しながら，無駄な遅れが発生しないようなスケジューリングを行わなければならない。このようなプロジェクトのスケジューリングを行う手法の一つに **PERT** がある。PERT は Program Evaluation and Review Technique の略で，「計画の評価と検討の方法」という意味がある。PERT は，アローダイアグラムとよばれるネットワークを用いたものであり，ネットワークを解析することにより，スケジューリングを行う手法である。この手法は，1958 年にアメリカ海軍のポラリスミサイル開発プロジェクトのために開発され，数千人の要員と数千の作業からなる開発プロジェクトの短期間の完成に貢献している。その後，プラント建設やシステム開発のような様々なプロジェクトのスケジューリングに適用されている。

人員や設備などの資源を作業に投入することによって，作業に要する時間を短縮することが可能である。資源の投入には費用がかかるため，プロジェクトのどの作業に，どのくらいの資源を投入すれば適切なスケジューリングが行えるかを考えなければならない。費用を考慮したスケジュールの改善のための手法に **CPM** がある。CPM は Critical Path Method の略で，Critical には「重大な」や「臨界」，Path には「経路」という意味がある。CPM はクリティカルパスとよばれる重要作業に注目して，プロジェクト全体の完了時刻を効率的に短縮できるように，各作業を短縮していく方法である。また，この問題は，線形計画問題として定式化することができ，AMPL モデルを用いて解くことができる。

5.2 アローダイアグラム

5.2.1 作業順序とアローダイアグラム

プロジェクトに含まれる多くの**作業**には，たとえばプログラミングが完了した後にシステムテストを実

施するといった**順序関係**があり，先行する作業が終わらないと次の作業を始めることができない。このような先に完了していなければならない作業を**先行作業**とよぶ。またその作業が完了してから開始できる作業を**後続作業**とよぶ。

スケジューリングを行うときには，作業ごとの先行作業およびその作業を完了するために必要な**所要日数**または所要時間などのデータが必要である。プロジェクトにおける作業，先行作業および所要日数をまとめたものを**作業リスト**とよぶ。作業リストでは，各作業はその作業の先行作業の記載されている行よりも下の行に記載されるように，作業の記載順序を整理しておく。

表5.1に作業リストの例を示す。作業BとCの先行作業は作業Aであり，作業Aが完了しないと作業BとCは開始することができない。また，作業Fの先行作業は作業DとEであり，作業DとEの両方の作業が完了しないと作業Fは開始することができない。

表5.1　プロジェクトの作業リスト

作業	先行作業	所要日数（日）
A	なし	5
B	A	6
C	A	3
D	B	2
E	C（B, C）	4
F	D, E	8

はじめに，プロジェクトにおける作業の順序関係をネットワークで表現しよう。ネットワークで表現することにより，プロジェクトにおける全体的な作業の流れを把握することが可能となる。さらに，ネットワークを分析することにより，作業のスケジューリングを行うことができる。

プロジェクトに含まれる作業を向きをもつアークで表し，作業と作業のつながりをノードで表す。**PERT**ではノードを**結合点**とよぶ。結合点は，作業の順序関係を表すために用いられる。結合点で終わる作業の集まりが，その結合点から始まる作業の先行作業となる。また，結合点から始まる作業の集まりが，その結合点で終わる作業の後続作業となる。作業と結合点で表されたネットワーク図を**アローダイアグラム**とよぶ。図5.1は，表5.1のプロジェクトの作業リストに対応するアローダイアグラムであり，作業には所要日数を記述している。

アローダイアグラムを用いると，作業の順序関係を適切に表すことができる。図5.1において，作業Bは作業Aの後に位置していることから，作業Aは作業Bの先行作業となり，作業Bは作業Aが完了しないと開始できない。また，作業Dと作業Eの後に作業Fがあることから，作業Dと作業Eは作業Fの先行作業であり，これらの2つの作業が完了しないと作業Fは開始できない。また，作業Fは作業DとEの後続作業となる。

プロジェクトの開始に対応する結合点を**始点**とよぶ。始点は一つのプロジェクトで一つであり，その結合点で終わる作業がない結合点である。また，プロジェクトの完了に対応する結合点を**終点**とよぶ。終点は一つのプロジェクトで一つであり，その結合点から始まる作業のない結合点である。

表5.1の作業Eの先行作業が括弧内に示すBとCであるような場合，通常の作業と結合点だけでは作業の順序関係を満たすアローダイアグラムを作成できない。このような場合は，所要日数が0日である**ダミー作業**を用いて対処する。図5.2のように，結合点3から始まり，4で終わるダミー作業を作ると，作業Eの先行作業は作業Cに加え，ダミー作業を介して作業Bとなる。一方，作業Dの先行作業は作業Bの

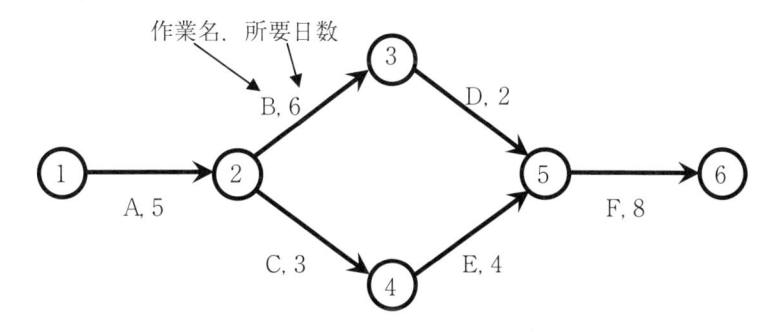

図 5.1 アローダイアグラム

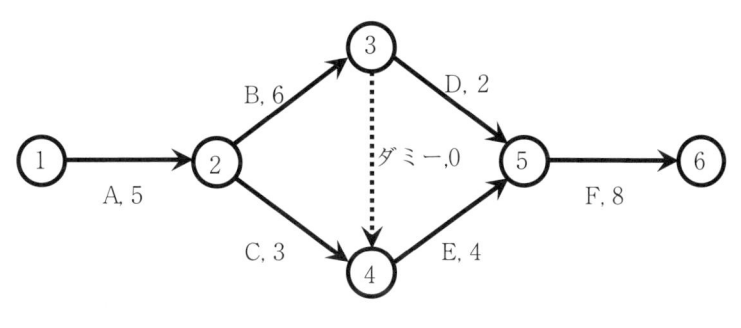

図 5.2 ダミー作業

みとなることから，作業の順序関係を正しく表現できている．ダミー作業は，所要日数が0日であることを除けは，通常の作業と同様に扱うことができる．

5.2.2 アローダイアグラムの作成手順

アローダイアグラムを作成するときの注意点をまとめておく．

- プロジェクトの開始を表す始点は一つとし，プロジェクトの完了を表す終点は一つとする．
- 閉路[1]は含まない．閉路がある場合は作業の順序関係が巡回することを表すので，プロジェクトを完了することができない．
- 同じ結合点から始まり，同じ結合点で終わる作業は一つとする．並列する作業がある場合は，ダミー作業を用いて並列作業を回避する．
- 通常の作業だけでは正確な順序関係が表現できない場合は，ダミー作業を用いる．
- 始点の番号を1とし，その他の結合点には，作業の進む方向に従って順次大きくなるように番号をつける．終点に最大の番号を付ける．

作業リストからアローダイアグラムを作成する手順をまとめておく．

> アローダイアグラムの作成手順
> [Step1] 作業リストを作成する。始点を一つ作る。作業リストから先行作業のない作業を取り出す。始点からこれらの作業を始め，作業の終わりに結合点を作る。
> [Step2] 作業リストから次の作業を取り出す。
>   先行作業が一つの場合，先行作業が終わる結合点から取り出した作業を始める。
>   先行作業が複数ある場合，それぞれ先行作業が終わる結合点から始まるダミー作業を作る。これらのダミー作業を一つの結合点につなぎ，その結合点から取り出した作業を始める。
>   作業の終わりに結合点を作る。
> [Step3] 作業リスト内に作業があれば，Step2 へ戻る。
> [Step4] 結合点から始まる作業のない結合点が一つであれば，その結合点を終点とし，Step5 へ行く。そうでなければ，プロジェクト完了を表す終点を作り，結合点から始まる作業のない結合点から終点へダミー作業をつなぐ。
> [Step5] 不要なダミー作業を削除する。
> [Step6] 始点の番号を1とし，その他の結合点には，作業の進む方向に従って順次大きくなるように番号をつける。

Step2 と Step4 で多くのダミー作業が使われる可能性があるので，Step5 で不要なダミー作業を削除する。なお，不要なダミー作業は削除した方が良いが，不要なダミー作業が存在してもスケジューリングには影響しない。

不要なダミー作業を削除する方法には，次のようなものがある。

① 直列接続ダミー作業の削除（図5.3）

ダミー作業と作業が直列し，これら以外の作業が中央の結合点につながっていない場合，ダミー作業と結合点を削除することができる。ただし，図5.4のように，ダミー作業を削除すると並列作業となる場合や中央の結合点につながる作業がある場合は，ダミー作業を削除することはできない。

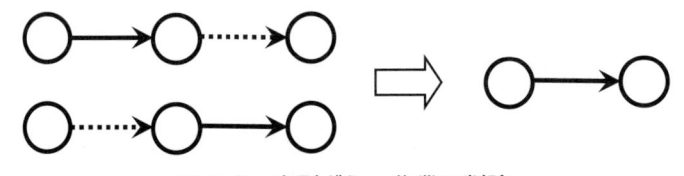

図5.3 直列ダミー作業の削除

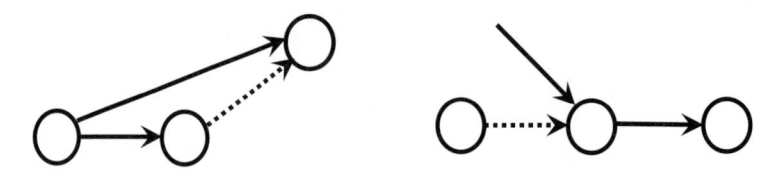

図5.4 直列ダミー作業が削除できない例

② 追い抜きダミー作業の削除（図5.5）

ダミー作業がなくても作業の順序関係が成り立つ場合は，ダミー作業を削除することができる。

第 5 章 プロジェクト管理　　69

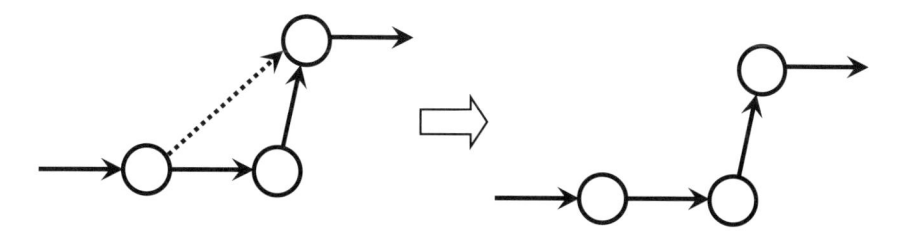

図 5.5　追い抜きダミー作業の削除

③　交差ダミー作業の削除（図 5.6）

ダミー作業が交錯する場合は，ダミー作業を削除し，関係する複数の結合点を一つの結合点に集約することができる。

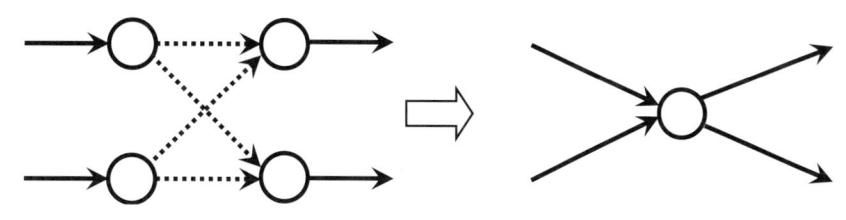

図 5.6　交錯ダミー作業の削除

表 5.1 の作業 E の先行作業が括弧内に示す B と C である場合のプロジェクトのアローダイアグラムを作成してみよう。

はじめに，始点となる結合点を作り，先行作業のない作業 A を始点から始め，作業 A の終わりに結合点を付ける。つづいて，作業リストの順に，先行作業が一つである作業 B，C，D を，それらの先行作業が終わる結合点から始め，それぞれの作業の終わりに結合点を作る。（図 5.7（a））

次の作業 E の先行作業は作業 B と C の二つあるので，作業 B と C にそれぞれ後続するダミー作業を一つの結合点につなぎ，その結合点から作業 E を始める。（図 5.7（b））

次の作業 F の先行作業は作業 D と E の二つあるので，これらの作業に後続するダミー作業を一つの結合点につなぎ，その結合点から作業 F を始める。（図 5.7（c））

結合点から始まる作業がない結合点が一つであるので，この結合点を終点とする。つづいて，不要なダ

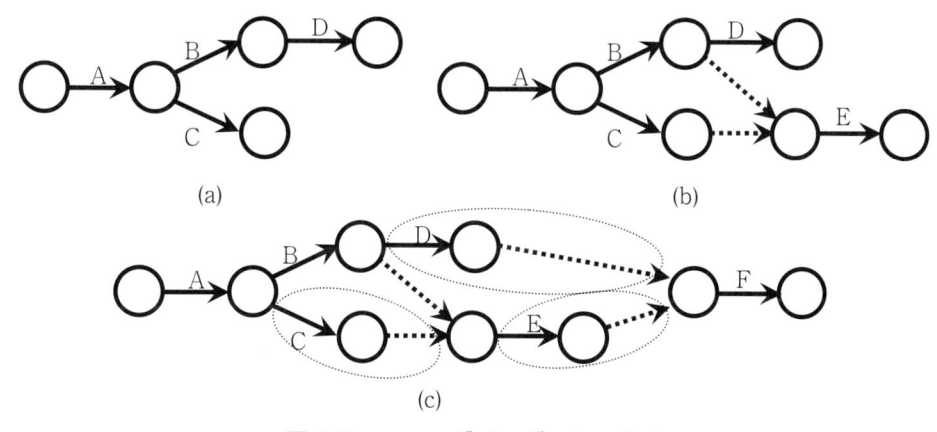

図 5.7　アローダイアグラムの作成

5.3 PERTによるスケジューリング

アローダイアグラムをもとに，プロジェクトに含まれる作業の開始時刻，完了時刻やプロジェクト全体の完了時刻などを求めるスケジューリングを行う。ここでは，多くの用語で時刻という表現を用いているが，対象によっては日や月が時刻の単位となる。

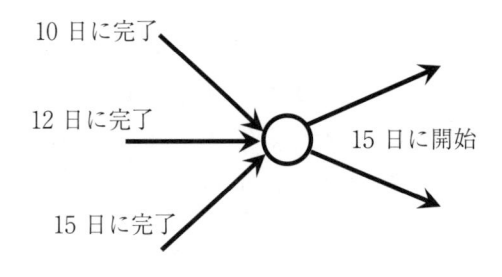

5.3.1 最早結合点時刻

最早結合点時刻は，その結合点から始まる作業が最も早く開始できる時刻である。最早結合点時刻は，すべての先行作業，すなわちその結合点で終わるすべての作業が完了する時刻の中で最も遅い時刻である。

図5.8のように，先行作業がそれぞれ10日，12日，15日に完了する場合，これらの三つの作業がすべて完了していないと後続作業が開始できない。このため，後続作業が開始できる最も早い時刻は，10日，12日，15日の中で最も遅い15日となる。

図5.9のアローダイアグラムで考える。なお，図5.9の結合点にある四角の上欄に最早結合点時刻を記述してある。始点1から始まる作業Aは，先行作業がなく0日目に開始することができるので，始点1の最早結合点時刻は0日である。結合点2から始まる作業BとCは，先行作業である作業Aが完了しないと

図5.8 最早結合点時刻

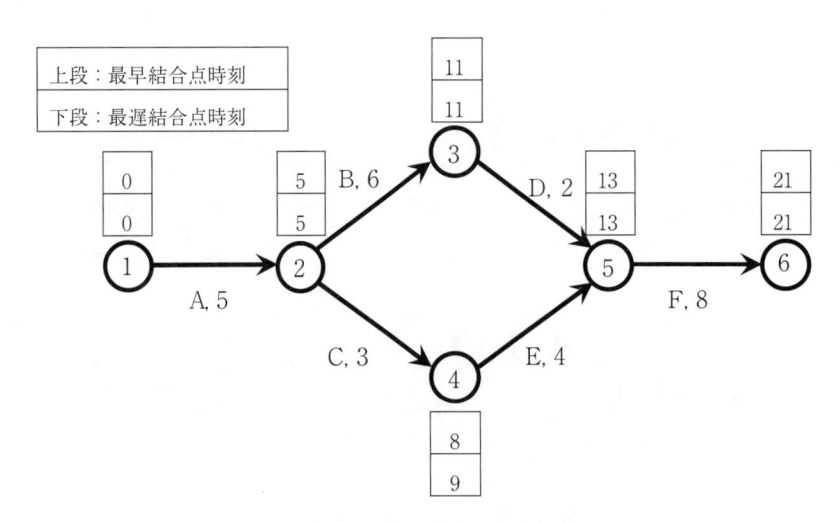

図5.9 最早結合点時刻と最遅結合点時刻

開始することができない．作業Aの所要日数は5日，始点1の最早結合点時刻は0日であるので，作業Aが完了するのは0+5=5日となる．したがって，作業BとCが開始できるのは5日となり，結合点2の最早結合点時刻は5日となる．なお，0日は作業の開始時点を表しており，5日とは5日目が終了した時点を表している．

結合点3から始まる作業は，作業Bが完了しないと開始することができない．結合点2の最早結合点時刻は5日であり，作業Bの所要日数は6日である．このため，作業Dが開始できるのは5+6=11日であり，結合点3の最早結合点時刻は11日となる．同様に，結合点4の最早結合点時刻は5+3=8日となる．

結合点5から始まる作業Fは，先行作業である作業Dと作業Eがともに完了しないと開始することができない．結合点3の最早結合点時刻は11日であり，作業Dの所要日数は2日であるので，作業Dは11+2=13日に完了する．一方，結合点4の最早結合点時刻は8日であり，作業Eの所要日数は4日であるので，作業Eは8+4=12日に完了する．作業Dと作業Eが両方ともに完了しないと作業Fを開始することができないため，作業Fを開始できる時刻は二つの完了時刻の遅い方，すなわち max{13, 12} = 13日となる．したがって，結合点5の最早結合点時刻は13日となる．このように，複数の作業が終わる結合点では，先行作業の完了時刻の中で最も遅い時刻，すなわち最大値を選ぶことになる．

終点6の最早結合点時刻は13+8=21日となる．終点6ではプロジェクトに含まれるすべての作業が完了しているため，終点6の最早結合点時刻はプロジェクトの完了時刻となり，プロジェクトの完了時刻は21日となる．

最早結合点時刻の求め方をまとめておく．

最早結合点時刻の求め方

[Step1] 始点1の最早結合点時刻を0とする．

[Step2] 結合点2から番号順に結合点を選ぶ．選んだ結合点で終わるすべての作業について，「作業が始まる結合点の最早結合点時刻＋作業の所要日数」を計算し，それらの最大値を求めて最早結合点時刻とする．

[Step3] 終点の最早結合点時刻をプロジェクトの完了時刻とする．

結合点の数をn，結合点の集合を $\{1, 2, \cdots, n\}$ とする．結合点jの最早結合点時刻e_jとし，結合点iから始まり結合点jで終わる作業を (i, j) とおき，この作業の所要日数をt_{ij}とおく．また，結合点jで終わる作業が始まる結合点の集合をP_jとする．このとき，結合点の最早結合点時刻は次のように表すことができる．

$$e_1 = 0$$
$$e_j = \max_{i \in P_j} \{e_i + t_{ij}\} \qquad j = 2, 3, \cdots, n$$

5.3.2 最遅結合点時刻

最遅結合点時刻は，最早結合点時刻から求めたプロジェクトの完了時刻を守るために，結合点で終わる作業が遅くとも完了していなければならない時刻である．最遅結合点時刻は，結合点から始まるすべての後続作業が開始できなければならない時刻に一致し，その結合点から始まるすべての作業が開始する作業の中で，開始時刻が最も早い時刻となる．

図5.10のように，後続作業がそれぞれ10日，12日，15日に開始しなければならない場合，これらの

三つの作業が開始しなければならない時刻には，先行作業が完了していなければならない．このため，先行作業が完了すべき最も遅い時刻は10日，12日，15日の中の最も早い10日となる．

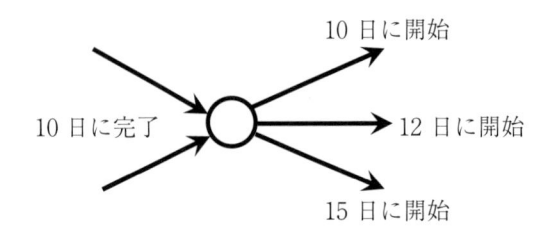

図5.10　最遅結合点時刻

図5.9のアローダイアグラムで考える．なお，図5.9の結合点にある四角の下欄に最遅結合点時刻を記述してある．終点6で終わる作業は作業Fである．プロジェクトの完了時刻21日を守るためには作業Fは遅くとも21日に完了していなければならないので，終点6の最遅結合点時刻は，最早結合点時刻と同じ21日となる．

つづいて，番号の大きい順に，最遅結合点時刻を計算する．結合点5で終わる作業は作業DとEである．終点6の最遅結合点時刻は21日，作業Fの所要日数は8日であるため，作業DとEは遅くとも21−8＝13日には完了していなければならない．このため，結合点5の最遅結合点時刻は13日となる．同様に，結合点4の最遅結合点時刻は13−4＝9日，結合点3の最遅結合点時刻は13−2＝11日となる．

つぎに，結合点2の最遅結合点時刻を求める．結合点2で終わる作業は作業Aである．また，結合点4の最遅結合点時刻は9日，作業Cの所要日数は3日であるため，作業Aは遅くとも9−3＝6日には完了していなければならない．一方，結合点3の最遅結合点時刻は11日であり，作業Bの所要日数は6日であるため，作業Aは遅くとも11−6＝5日には完了していなければならない．作業Aの完了時刻は，作業Cのためには6日，作業Bのためには5日であるので，二つともに満たすためには二つの時刻の早い方，すなわち min {6, 5} ＝5日には作業Aは完了していなければならない．したがって，結合点2の最遅結合点時刻は5日となる．このように，複数の作業が始まる結合点では，後続作業の開始時刻の中で最も早い時刻，すなわち最小値を選ぶことになる．

始点1の最遅結合点時刻は5−5＝0日となる．なお，どのようなアローダイアグラムでも，始点1の最遅結合点時刻は必ず0日となる．

最遅結合点時刻の求め方をまとめておく．

最遅結合点時刻の求め方

［Step1］終点 n の最遅結合点時刻を，終点の最早結合点時刻とする．

［Step2］結合点 $n-1$ から1の順に結合点を選ぶ．選んだ結合点から始まるすべての作業について，「作業が終わる結合点の最遅結合点時刻−作業の所要日数」を計算し，それらの最小値を求めて最遅結合点時刻とする．

結合点 i の最遅結合点時刻を l_i とし，結合点 i で始まる作業が終わる結合点の集合を S_i とする．このとき，結合点の最遅結合点時刻は次のように表すことができる．

$$l_n = e_n$$

$$l_i = \min_{j \in S_i} |l_j - t_{ij}| \qquad i = n-1, n-2, \cdots, 3, 2$$

$$l_1 = 0$$

5.3.3 作業の開始・完了時刻

最早結合点時刻や最遅結合点時刻は結合点に関する時刻であるが，スケジューリングで必要となるのは作業の開始時刻や完了時刻である．なお，あらかじめ表5.2に，PERTによるスケジューリングの計算結果をまとめておく．

(1) 最早開始時刻

最早開始時刻は，その作業が最も早く開始できる時刻である．すでに，最早結合点時刻が求められており，作業の最早開始時刻はその作業が始まる結合点の最早結合点時刻に一致する．

　　　　最早開始時刻＝作業が始まる結合点の最早結合点時刻

作業Cの最早開始時刻は，結合点2の最早結合点時刻の5日である．また，作業Dの最早開始時刻は，結合点3の最早結合点時刻の11日である．

(2) 最遅完了時刻

最遅完了時刻は，最早結合点時刻から求めたプロジェクトの完了時刻を守るために，作業が遅くとも完了していなければならない時刻である．すでに，最遅結合点時刻が求められており，最遅完了時刻は作業が終わる結合点の最遅結合点時刻に一致する

　　　　最遅完了時刻＝作業が終わる結合点の最遅結合点時刻

作業Cの最遅完了時刻は，結合点4の最遅結合点時刻の9日である．また，作業Dの最遅完了時刻は，結合点5の最遅結合点時刻の13日である．

(3) 最早完了時刻

最早完了時刻は，作業が最も早く完了できる時刻である．最早完了時刻は，最早開始時刻に作業の所要日数を加えたものとなる．

　　　　最早完了時刻＝最早開始時刻＋所要日数

作業Cの最早完了時刻は5＋3＝8日であり，作業Dの最早完了時刻は11＋2＝13日である．

(4) 最遅開始時刻

最遅開始時刻は，プロジェクトの完了時刻を守るために，作業が遅くとも開始していなければならない時刻である．最遅開始時刻は，最遅完了時刻から作業の所要日数を引いたものとなる．

　　　　最遅開始時刻＝最遅完了時刻－所要日数

作業Cの最遅開始時刻は9－3＝6日であり，作業Dの最遅開始時刻は13－2＝11日である．

表5.2　スケジューリングの計算結果

作業	所要日数	最早開始時刻	最遅完了時刻	最早完了時刻	最遅開始時刻	全余裕時間	自由余裕時間	干渉余裕時間	クリティカルパス
A	5	0	5	5	0	0	0	0	＊
B	6	5	11	11	5	0	0	0	＊
C	3	5	9	8	6	1	0	1	
D	2	11	13	13	11	0	0	0	＊
E	4	8	13	12	9	1	1	0	
F	8	13	21	21	13	0	0	0	＊

5.3.4 余裕時間

表5.2をみると，作業CとEの最早開始時刻と最遅開始時刻は異なっている．作業が最も早く開始できる時刻と，遅くとも始めなければならない時刻に差があるということは，作業の開始が遅れたり，作業自体が遅れたりしても，プロジェクト全体の完了時刻には影響がないことを意味している．このように，作業の開始や作業が遅れてもプロジェクトの完了時刻に影響がない時間を**余裕時間**とよぶ．条件によって，いくつかの種類の余裕時間に分類される．

（1）全余裕時間

最遅開始時刻と最早開始時刻の差だけ作業時間に余裕があり，この差を**全余裕時間**とよぶ．全余裕時間は，先行する作業が最早開始時刻に開始し，遅れなしで完了したときに，プロジェクトの完了時刻に影響を与えない範囲で遅れても良い時間となる．全余裕時間は，次のように求めることができる．

全余裕時間＝最遅開始時刻－最早開始時刻

また，最遅完了時刻と最早完了時刻の差でも表すことができる．

全余裕時間＝最遅完了時刻－最早完了時刻

作業Cの最遅開始時刻は6日，最早開始時刻は5日であるので，作業Cの全余裕時間は1日である．同様に，作業Eの全余裕時間も1日である．作業Cまたは作業Eの開始時刻や作業時間が1日遅れても，プロジェクトの完了時刻には影響がない．

作業Cと作業Eの全余裕時間はそれぞれ1日である．しかし，作業Cと作業Eがともに1日遅れると，プロジェクト全体の完了時刻は1日遅れてしまう．このように，全余裕時間は複数の作業が同時に遅れることが必ずしも許されない余裕時間である．

（2）自由余裕時間

自由余裕時間は，プロジェクト全体の完了時刻には影響はなく，かつ後続作業の最早開始時間にも影響がない余裕時間である．

自由余裕時間＝作業が終わる結合点の最早結合点時刻－最早完了時刻

作業Cが終わる結合点の最早結合点時刻は8日，作業Cの最早完了時刻は8日であるので，作業Cの自由余裕時間は8－8＝0日となる．これは，作業Cが遅れると後続する作業Eの最早開始時刻に影響があることを意味している．

一方，作業Eが終わる結合点の最早結合点時刻は13日，作業Eの最早完了時刻は12日であるので，作業Cの自由余裕時間は13－12＝1日となる．このため，作業Eが1日遅れても後続する作業Fの最早開始時間に影響はない．

（3）干渉余裕時間

干渉余裕時間は，プロジェクト全体の完了時刻には影響はないが，後続作業の最早開始時刻には影響がある余裕時間であり，全余裕時間と自由余裕時間の差で表される．

干渉余裕時間＝全余裕時間－自由余裕時間

作業Cの干渉余裕時間は1－0＝1日であるため，作業Cが1日遅れてもプロジェクト全体の完了時刻は21日のままであるが，後続作業Eの最早開始時刻が1日遅れることになる．

5.3.5 クリティカルパス

最早開始時刻と最遅開始時刻が一致するか最早完了時刻と最遅完了時刻が一致する，すなわち全余裕時間が0である作業は，遅れることが許されない作業である．これらの作業が遅れると，プロジェクト全体の完了時刻に直接影響が生じる．これらの作業は，作業の進捗状況を把握し，遅れが発生しないように重

点的に管理する必要がある。

全余裕時間が0日である作業は，アローダイアグラム上の始点から終点までの経路，すなわちパス上にあり，この作業の集まりを**クリティカルパス**とよぶ。

　　　　　クリティカルパスに含まれる作業＝全余裕時間が0日である作業

クリティカルパスに含まれる作業は，遅れることが許されない重要な作業である。また，クリティカルパスは，始点から終点までの**最長経路**でもあり，順序関係を考慮したときに最も時間のかかる作業の順序列とみることができる。

表5.2より，クリティカルパスに含まれる作業は，作業A，B，D，Fであり，図5.11に示すように，クリティカルパスをアローダイアグラムに表すと始点から終点までの最長経路となる。

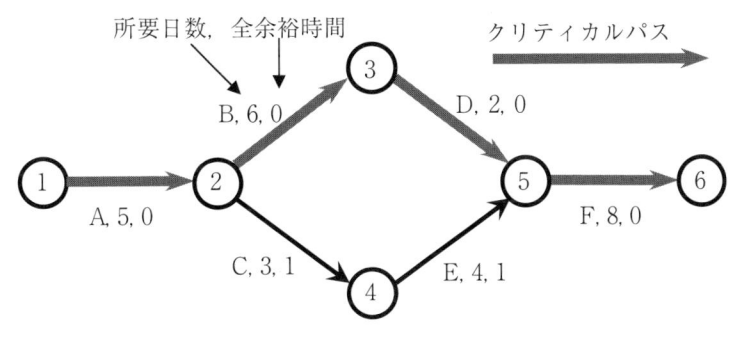

図5.11　クリティカルパス

5.3.6　ガントチャート

ガントチャートは，個々の作業の開始・終了時刻の把握や作業の**進捗管理**を行うために用いられる図である。ガントチャートは棒グラフの一種であり，横軸が時刻や日にち，縦軸が作業である。また，横棒は作業のスケジュールを表し，棒の左端は作業の開始時刻，右端は完了時刻，横棒の長さは作業の所要日数を表している。横軸の時刻をみると，それぞれの作業の開始・完了時刻を容易に把握することができる。また，現在の時点で実施予定の作業を把握することができ，現状との比較により作業の進捗を確認することができる。このように，ガントチャートを用いると各作業の進捗状況が把握できるため，プロジェクト管理の際に有用な管理図となる。

図5.12は，表5.2のスケジューリングの計算結果をガントチャートに表したものである。なお，作業の

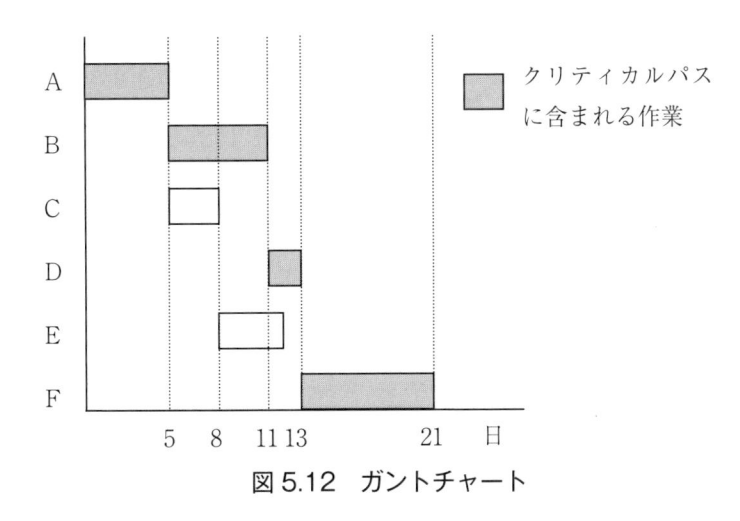

図5.12　ガントチャート

開始時刻は最早開始時刻としており，網掛けの作業はクリティカルパスに含まれる作業である。ガントチャートから，5日には作業Aが終了して作業BとCを開始する，10日には作業BとEが作業中である，作業EとFの間には1日の余裕時間があるなどが分かる。

5.4 CPM

5.4.1 CPMと線形計画問題

PERTを用いると，作業の開始・終了時刻やプロジェクトの完了時刻などのスケジュールを求めることができる。一方，人員や設備などの資源を投入することで作業の所要日数を短縮することができるものとする。このとき，資源の投入には追加的な増加費用がかかるものとし，増加費用が最小となるように資源を投入して，プロジェクトの完了時刻を短縮することを考えよう。

クリティカルパスに含まれる作業が，プロジェクトの完了時刻に影響を与えていることから，プロジェクトの完了時刻を短縮するためには，クリティカルパスに含まれる作業を短縮しなければならない。図5.9において，作業Aの所要日数が1日短縮できた場合，プロジェクトの完了時刻は1日短縮され20日となる。さらに作業Aが1日短縮できた場合には，プロジェクトの完了時刻は1日短縮され19日となる。

一方，作業Bの所要日数が1日短縮できた場合，作業Bの所要日数は5日となり，プロジェクトの完了時刻は1日短縮され20日となる。全余裕時間を再計算すると，図5.13に示すように，作業CとEの全余裕時間が0日となる。このため，クリティカルパスに含まれる作業は，作業A，B，D，Fに加え，作業C，Eとなる。つづいて，作業Bの所要日数をさらに1日短縮し4日とすると，作業Bはクリティカルパスに含まれなくなり，プロジェクトの完了時刻は20日のままで短縮することはできない。

このように，プロジェクトの完了時刻を短縮するためには，クリティカルパスに含まれる作業の所要日数を短縮すれば良いが，このような作業を短縮すると新たに別の作業がクリティカルパスに含まれることになる。さらにプロジェクトの完了時刻を短縮するためには，クリティカルパスに含まれる複数の作業の所要日数を同時に短縮しなければならない。

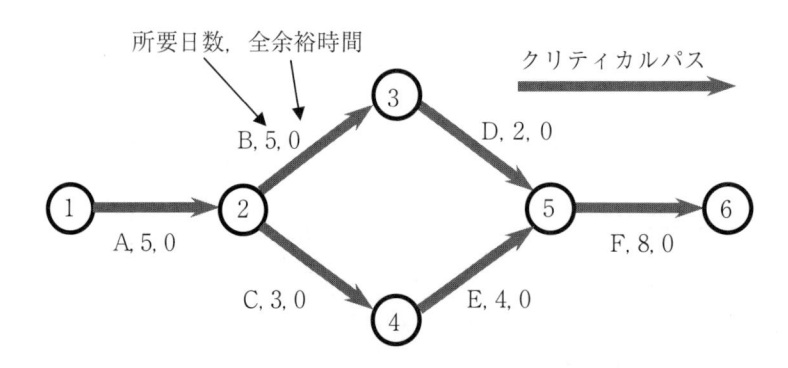

図5.13 作業Bの1日短縮時のクリティカルパス

プロジェクトの完了時刻をパラメータとして設定したときに，作業を短縮するための増加費用の合計が最小となるように，短縮すべき作業とその日数を求める問題を考えよう。このような問題は，**線形計画問題**として定式化することができる。

表5.3および図5.14に示すプロジェクトにおいて，プロジェクトの完了時刻を短縮しよう。ここでは，作業が始まる結合点と終わる結合点の対で作業を表現している。なお，作業CとFは作業日数が短縮でき

作業，所要日数，短縮可能日数，増加費用

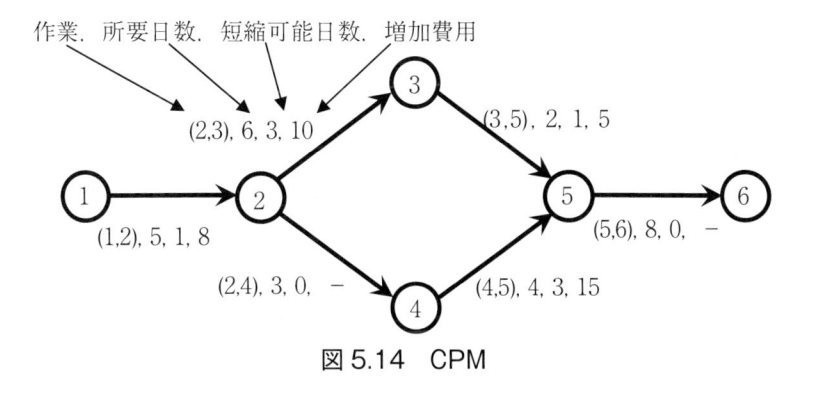

図 5.14 CPM

表 5.3 プロジェクトの CPM 用の作業リスト

作業	先行作業	所要日数（日）	短縮可能日数（日）	増加費用（万円／日）
A (1, 2)	なし	5	1	8
B (2, 3)	A	6	3	10
C (2, 4)	A	3	0	—
D (3, 5)	B	2	1	5
E (4, 5)	C	4	3	15
F (5, 6)	D, E	8	0	—

ない作業である．また，図表の作業には，所要日数，作業の短縮可能日数，および作業短縮時の 1 日当たりの増加費用を示している．

表 5.1 のプロジェクトと先行作業と所要日数は同一であるので，作業を短縮しないときのプロジェクトの完了時刻は 21 日である．ここで，プロジェクトの完了時刻を 4 日短縮し，17 日としたときの増加費用を求めてみる．

はじめに，各作業について，作業の前後の結合点の最早結合点時刻と短縮日数の関係を式で表す．結合点 i から始まり，結合点 j で終わる作業を (i, j) とする．結合点 j の最早結合点時刻を e_j，作業 (i, j) の短縮日数を表す変数を x_{ij} とおく．なお，ここでは，短縮が不可能な作業に関する変数を考慮しないものとする．

目的関数は増加費用の合計であり，これを最小化する．増加費用は次のようになる．

$$8x_{12} + 10x_{23} + 5x_{35} + 15x_{45}$$

始点 1 の最早結合点時刻は 0 日であり，終点 6 の最早結合点時刻はプロジェクトの完了時刻である 17 日である．

$$e_1 = 0$$
$$e_6 = 17$$

作業 (1, 2) の短縮日数は x_{12} であるので，作業 (1, 2) の所要日数は $5 - x_{12}$ となる．結合点 2 の最早結合点時刻は，始点 1 の最早結合点時刻に所要日数 $5 - x_{12}$ を加えたものとなるので，

$$e_2 \geq e_1 + (5 - x_{12})$$

と表すことができる．ここで，等号ではなく，不等号としているのは，後続する作業の開始時刻は，先行作業の完了時刻以降であれば良いためである．同様に，作業 (2, 3) について，次のように表すことができる．

$$e_3 \geq e_2 + (6 - x_{23})$$

作業 (2, 4) については短縮ができないため，次のようになる．

$e_4 \geq e_2 + 3$

結合点 5 の最早結合点時刻は，作業 (3, 5)，(4, 5) の完了時刻の遅い方であり，$e_5 = \max\{e_3 + (2 - x_{35}), e_4 + (4 - x_{45})\}$ となる。これを線形関数として表現すると，次の二つの式で表すことができる。

$e_5 \geq e_3 + (2 - x_{35})$
$e_5 \geq e_4 + (4 - x_{45})$

同様に，作業 (5, 6) については短縮が不可能であるので，次のようになる。

$e_6 \geq e_5 + 8$

一方，それぞれの作業の短縮日数を表す変数 x_{ij} は非負でかつ上限があるので，次のような条件を設定する。

$0 \leq x_{12} \leq 1,\ 0 \leq x_{23} \leq 3,\ 0 \leq x_{35} \leq 1,\ 0 \leq x_{45} \leq 3$

また，最早結合点時刻を表す変数には非負条件が必要となる。

$e_1 \geq 0,\ e_2 \geq 0,\ e_3 \geq 0,\ e_4 \geq 0,\ e_5 \geq 0,\ e_6 \geq 0$

CPM の定式化をまとめておく。なお，制約条件では，左辺に変数をまとめている。

CPM の定式化

最小化　　　$8x_{12} + 10x_{23} + 5x_{35} + 15x_{45}$　　　　　　　　　　　　　　（増加費用）

制約条件　　$e_1 = 0$　　　　　　　　　　　　　　　　　　　　　　　　　　（結合点 1）

　　　　　　$e_2 - e_1 + x_{12} \geq 5$　　　　　　　　　　　　　　　　　　　（結合点 2）

　　　　　　$e_3 - e_2 + x_{23} \geq 6$　　　　　　　　　　　　　　　　　　　（結合点 3）

　　　　　　$e_4 - e_2 \geq 3$　　　　　　　　　　　　　　　　　　　　　　　（結合点 4）

　　　　　　$e_5 - e_3 + x_{35} \geq 2$　　　　　　　　　　　　　　　　　　　（結合点 5）

　　　　　　$e_5 - e_4 + x_{45} \geq 4$　　　　　　　　　　　　　　　　　　　（結合点 5）

　　　　　　$e_6 - e_5 \geq 8$　　　　　　　　　　　　　　　　　　　　　　　（結合点 6）

　　　　　　$e_6 = 17$　　　　　　　　　　　　　　　　　　　　　　　　　　　（結合点 6）

　　　　　　$0 \leq x_{12} \leq 1, 0 \leq x_{23} \leq 3, 0 \leq x_{35} \leq 1, 0 \leq x_{45} \leq 3$　　　（非負と上限）

　　　　　　$e_1 \geq 0, e_2 \geq 0, e_3 \geq 0, e_4 \geq 0, e_5 \geq 0, e_6 \geq 0$　　　　　　　（非負）

つづいて，一般的な CPM の問題に対する定式化を示す。作業 (i, j) の 1 日当たりの増加費用を c_{ij}，所要日数を t_{ij} とし，短縮可能日数を s_{ij} とおく。ただし，短縮が不可能な作業では $s_{ij} = 0$ とする。また，作業の集合を J，結合点の集合を N，プロジェクトの完了時間を T とおく。このとき，CPM の定式化は次のようになる。

CPM の定式化

最小化　　　$\sum_{(i,j) \in J} c_{ij} x_{ij}$

制約条件　　$e_1 = 0$

　　　　　　$e_j - e_i + x_{ij} \geq t_{ij}$　　　　　　　$(i, j) \in J$

　　　　　　$e_n = T$

　　　　　　$0 \leq x_{ij} \leq s_{ij}$　　　　　　　　　　$(i, j) \in J$

　　　　　　$e_j \geq 0$　　　　　　　　　　　　　　　$j \in N$

5.4.2 AMPL を用いた解き方

数理モデリング言語 AMPL を用いて，表 5.3 の CPM の問題を解こう。CPM の定式化に対応して，左

列のような **AMPL** モデルのファイル（cpm.mod）を作成する。

| ```
#    CPM cpm.mod
var x12 >=0,<=1; var x23 >=0,<=3;
var x35 >=0,<=1; var x45 >=0,<=3;
var e1 >=0; var e2 >=0; var e3 >=0;
var e4 >=0; var e5 >=0; var e6 >=0;
param ctime =17;
minimize cost  :
8*x12+10*x23+5*x35+15*x45;
subject to e01 : e1=0;
subject to j12 : e2-e1+x12>=5;
subject to j23 : e3-e2+x23>=6;
subject to j24 : e4-e2>=3;
subject to j35 : e5-e3+x35>=2;
subject to j45 : e5-e4+x45>=4;
subject to j56 : e6-e5>=8;
subject to e06 : e6=ctime;
end;
``` | $0 \leq x_{12} \leq 1, 0 \leq x_{23} \leq 2,$<br>$0 \leq x_{35} \leq 1, 0 \leq x_{45} \leq 3$<br>$e_1 \geq 0, e_2 \geq 0, e_3 \geq 0$<br>$e_4 \geq 0, e_5 \geq 0, e_6 \geq 0$<br>パラメータ ctime：完了時刻 17<br>最小化<br><br>$8x_{12} + 10x_{23} + 5x_{35} + 15x_{45}$<br>制約条件 $e_1 = 0$<br>$e_2 - e_1 + x_{12} \geq 5$<br>$e_3 - e_2 + x_{23} \geq 6$<br>$e_4 - e_2 \geq 3$<br>$e_5 - e_3 + x_{35} \geq 2$<br>$e_5 - e_4 + x_{45} \geq 4$<br>$e_6 - e_5 \geq 8$<br>$e_6 = 17$ |

で始まる行は説明文である。var は変数の定義であり、上下限の制約を含んでいる。ctime はプロジェクトの完了時刻を表すパラメータで、ここでは 17 に設定している。minimize は目的関数である増加費用を最小化することを表し、cost は目的関数に付けた名前である。subject to は制約条件であることを表し、e01 などは制約条件を区別するために付けた名前である。

AMPL 上での計算手順は次の通りである。なお、下線部が入力する部分であり、下線がない部分は表示される文字である。なお、右側は説明である。

| ```
ampl: model cpm.mod;
ampl: solve;
MINOS 5.5: optimal solution found.
5 iterations, objective 63
ampl: display cost;
cost = 63
ampl: display x12;
x12 = 1
ampl: display x23;
x23 = 2
ampl: display x35;
x35 = 1
ampl: display x45;
x45 = 2
ampl: exit;
``` | AMPL モデル cpm.mod を読み込む。<br>モデルを解く。<br>MINOS によって、最適解が求められ、目的関数値は 63 である。<br><br>cost の最適値を表示する。<br>最適値は 63 である。<br>x12 の最適解を表示する。<br>最適解は x12=1 である。<br>x23 の最適解を表示する。<br>最適解は x23=2 である。<br>x35 の最適解を表示する。<br>最適解は x35=1 である。<br>x45 の最適解を表示する。<br>最適解は x45=2 である。<br>AMPL を終了する。 |

MINOS により最適解が求められ、最適解は作業 (1,2) を 1 日、作業 (2,3) を 2 日、作業 (3,5) を 1

日，作業 (4,5) を2日短縮するとなり，増加費用は63万円となった．短縮後のアローダイアグラムを図5.15に示す．

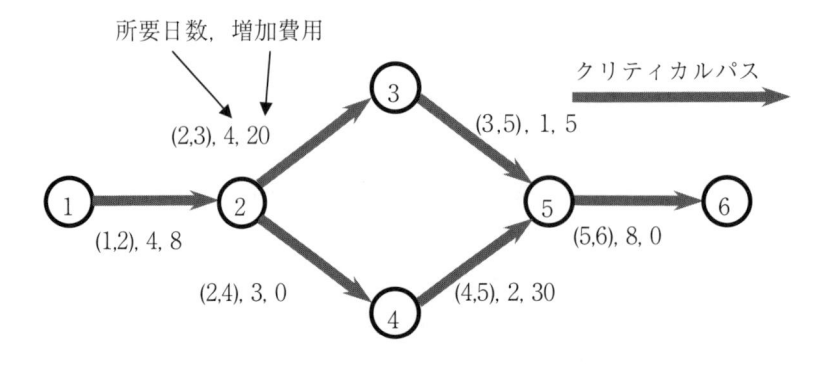

図5.15 短縮後のアローダイアグラム

【練習問題】

1．下記の作業リストからアローダイアグラムを作成せよ．

(a)

作業	先行作業
A	なし
B	なし
C	B
D	A, C

(b)

作業	先行作業
A	なし
B	A
C	A
D	C
E	B
F	D

(c)

作業	先行作業
A	なし
B	なし
C	A, B
D	B
E	C, D

(答) 省略

2．下記のアローダイアグラムで表されるプロジェクトについて，以下の問いに答えよ．
(1) 最早結合点時刻，最遅結合点時刻を求めよ．
(2) 最早開始時刻，最遅完了時刻，最遅開始時刻，全余裕時間を求めよ．
(3) クリティカルパスに含まれる作業を示せ．
(4) ガントチャートを示せ．

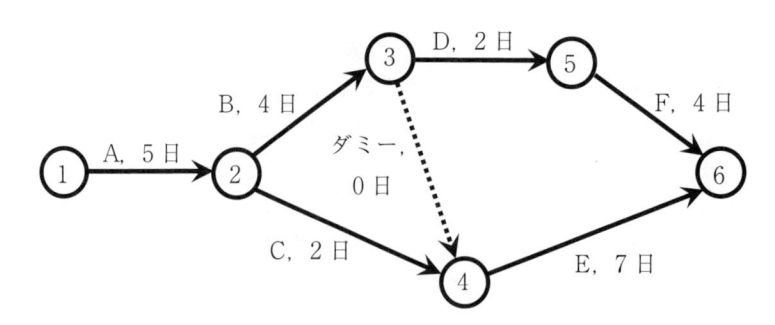

(答) (1)〜(4) 省略

3. 下の表の作業リストからなるプロジェクトについて，プロジェクトの完了時刻を5日短縮したい．このとき，次の問いに答えよ．

(1) 現在のプロジェクトの完了時刻を求めよ．
(2) CPM の定式化を示せ．
(3) AMPL モデルを示せ．
(4) 増加費用および短縮後の各作業の所要日数を求めよ．

プロジェクトの作業リスト

作業	所要日数（日）	短縮可能日数（日）	増加費用（万円／日）
A (1,2)	5	2	10
B (2,3)	4	2	6
C (2,4)	2	1	5
ダミー (3,4)	0	0	―
D (3,5)	2	0	―
E (4,6)	7	3	3
F (5,6)	4	2	2

(答)

(1)～(3) 省略

(4) 増加費用 25 万円，各作業の所要日数　省略

注

(1) 閉路の定義については，第9章の9.1を参照のこと．

第6章 待ち行列とシミュレーション

【要旨】

　我々の身の回りのどこにでも見られる「行列に並んで待つ」という現象に注目し，それを解析する問題を紹介する。評判の店や，スーパーのレジに並んだりするとき，一体，何分くらい待たねばならないかは気にかかるところである。また，配送センターでは，トラックがバース（荷物の積み下ろし場）に入るため，路上に並ぶなどという現象が起きる。このような待ち現象を，数理的なモデルを用いて解析するのが待ち行列理論である。また，客の到着の仕方や，窓口でのサービスの状況を様々に設定し，シミュレーションを行ってその結果を分析することも重要なことであろう。この章では，待ち行列を分析する際に必要な基本的指標，その指標を用いた待ち時間や待ち行列の長さ，窓口が空いている確率などに関する公式を紹介する。また，様々な状況をExcelにより再現させ，シミュレーションを行う。

6.1 待ち行列現象と基本的指標

　スーパーのレジやトラックターミナルのバース，高速道路の料金所などで，行列に並んで待たねばならないことは一般的によくあることである。この場合，窓口の数が増えれば行列の長さは減ることが予想できるが，たとえば，いくつの窓口があれば，待たねばならない時間はどの程度減少するかがわかれば，窓口を設置する事業者にとっても，利用者にとっても便利である。

　このような，客（人や車などの利用者）が窓口（レジ，バース，料金所など）にやってきて，そこでサービス（料金の支払い，荷物の積み卸し作業など）を受けて立ち去るという現象は，我々のまわりのどこにでも見つけることができる。また，病院で診察を待つ患者や自動車修理工場で修理を待っている自動車，空港上空での着陸待ちの飛行機のように，実際に行列を作っていなくとも待ち行列とみなすことができる場合も多い。

（待ち現象の例）
- 高速道路の料金所，配送センターのトラックバース
- 食堂，切符売り場，エレベータ，病院の待合室，店のレジ
- 工場での修理待ちの機械，空港上空での着陸待ちの飛行機

　これらの待ち現象に共通していえることは，客が窓口にやってきて，そこでサービスを受け，用事を済ませて立ち去るという現象である（図6.1参照）。

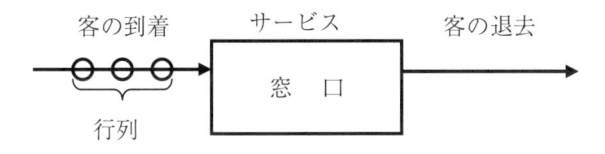

図6.1　待ち行列の概念

　このような際に問題となるのは，客がこの窓口にやってきたとき，

- 平均すると何分くらい待たなくてはならないか？
- 平均すると何人（台）くらい待っているか？
- 窓口の数を増やしたら，待ち現象はどのくらい変化するか？
- 窓口の数を何個設置したらいいか？

などであろう。たとえば，窓口の数についていえば，利用者からみれば，窓口が多ければ待つことがなくなるのでそれに越したことはないが，窓口を設置する事業者の立場からすると，設置にかかるコストを考えるとそうもいかない。利用者に対するサービスの程度（許容される範囲）を考えてその数を決めねばならないだろう。

待ち行列問題を調べようとする場合，考慮しなくてはならないことは次の点である。

- 客の到着の様子・到着頻度（一定間隔，ランダム）
- サービス時間の状態（一定時間，ランダム）
- 窓口の数
- サービスを受ける順番（先着順，優先権）
- 行列の長さの制限の有無

これらを解析する理論として，**待ち行列理論**（Queueing theory）がある。もともとは，20世紀初頭に，デンマークの数学者 A.K.Erlang によって電話交換機の回線数を決定するための理論の開発を契機に生まれたものであるが，現在ではそのような情報通信に関する問題のほか，生産・流通システムの設計や輸送・交通問題の解析など広い分野に応用されている。

さてたとえば，駅の切符販売窓口に客が来る場合，個々の客の到着間隔や到着頻度は一定とはいえず，規則性がなく，でたらめに窓口に到着しているようにみえる。ここで，でたらめに到着するとは，「客の到着する確率は，一人（ひとり）前の客がいつ到着したかに無関係である」と定義する。このような到着の仕方をランダム到着と呼んでいる。もちろん，でたらめな到着といっても，頻繁に到着する場合とそうでない場合とは，区別して表現しなければならない。そこで，ある一定時間内の到着件数を与え，これを**平均到着率**で表す。数学的には，ある時間間隔における客の到着件数はポアソン分布，到着間隔は指数分布という確率分布に従うという言い方ができる。

窓口でのサービスについてみても，販売窓口で釣りなしでぴったり支払う人，1万円札で釣りをもらう人，クレジットカードで支払う人など，客によって様々なので，それに伴い，サービス時間も様々といえる。このように，到着の仕方と同様，サービス時間も客によって異なり，客のサービスが終了する確率は，前の客に対して今までどのようなサービスが行われていたかには無関係であるとすると，ある時間内の到着件数の場合と同様，一定時間内にサービスが終了する件数（**平均サービス率**という）は，ポアソン分布に従うことになる。また，サービス時間は，到着における到着間隔に対応させることができ，指数分布に従うことが分かっている。

待ち行列を分析する際に，把握しておかねばならない基本的な指標としては，次のようなものがある。

（待ち行列を分析する際の基本的な指標）
- 平均到着率（単位時間内に何人の客が窓口にくるか）　　　　λ（ラムダ・ギリシャ文字）
  （例）1時間に平均20台の自動車がやってくる　　　　　　　$\lambda = 20$（台／時間）
- 平均到着間隔（客がやってくる到着時間の間隔）　　　　　　$1/\lambda$
  自動車のやってくる時間間隔は平均3分（$=1/20$時間）　　 $1/\lambda = 1/20$（時間）
- 平均サービス率（単位時間に何人の処理が可能か）　　　　　μ（ミュー・ギリシャ文字）
  窓口では1時間に30台の処理が可能　　　　　　　　　　　　$\mu = 30$（台／時間）

- 平均サービス時間（一人当たりのサービス（処理）時間）　　$1/\mu$
    - 窓口でのサービス時間は2分（=1/30時間）　　　　$1/\mu = 1/30$ 時間
- 窓口の利用率（窓口が利用されている割合）　　　　ρ（ロー・ギリシャ文字）
    - $\rho = \lambda / \mu = 20/30 = 2/3$

　これらの指標と数値例を見ると，1時間に20台の自動車がやってきて，窓口での処理能力はそれより多い1時間30台，客の到着台数より処理能力の方が大きいので，直感的には，客は窓口にやってきてすぐにサービスを受けられると思うかもしれないが，到着間隔とサービス時間がランダム性をもつため，実際はそうにはならない。

　到着台数より処理能力の方が大きい場合，**窓口の利用率**は1以下となるが，窓口を開けた当初はともかく，時間が経過するに従って，待ち行列の長さや待ち時間は均衡してくる結果，その平均的な大きさを求めることができるようになる。このような状態を**平衡状態**と呼ぶ。

　一方，平均到着台数が処理能力を上まわると（窓口の利用率>1），窓口での作業をいくらがんばっても客を処理しきれず，時間の経過とともにサービスを待つ行列の長さや時間は増え続けてしまう。このような状態を発散と呼ぶ。

　今，窓口が一つで，客が到着した順にサービス（先着順サービス）を行うものとし，また，客はランダムに到着（ポアソン分布に従う到着），それに応じて客のサービス状況もランダムである場合，待ち行列理論では，次節に示すような公式が用意されている。

6.2　待ち行列理論（待ち行列に関する様々な公式）

　客の到着がランダムで，サービス時間もランダム，行列の長さの制限は無く，窓口の数がs個の場合の待ち行列に関する問題は，$M/M/s$型の問題といわれる。これは待ち行列問題を分類整理する際に使用されている記号で，**ケンドール記号**と呼ばれており，到着やサービスに関する確率分布などによって，様々なケースがあるが（章末の図6.4参照），ここではそれらのもっとも基本である$M/M/s$型を扱う。

　ちなみに，ケンドール記号で使われるMという文字は，「ある事象が将来に発生する確率は，現在の状態だけに依存し，過去の経歴にはよらない」という性質をマルコフ性と呼ぶが，このマルコフ（Markov）のMを用いてランダムな事象を表現している。従って，最初のMは到着状況がランダム，二番目のMはサービス時間がランダム，三番目のsは窓口の数を示し，窓口が1個の場合，$M/M/1$となる。また，四番目に行列の長さの制限がない場合，∞を付加し，$M/M/s(\infty)$のように表示することもある。

　$M/M/1$型の待ち行列理論では，平均到着率をμ，平均サービス率をλ，利用率をρとすると，次のような公式が導かれている。なお，これらの公式は，利用率が1以下の平衡状態であることを前提としている。

① 窓口に0人居る確率（窓口に誰も居ない確率）P_0
　=客が窓口にやって来た時，待たされずにサービスを受けられる確率

$$P_0 = 1 - \frac{\lambda}{\mu} = 1 - \rho \quad (6.1)$$

② 客が窓口にやって来た時，待たされる確率（窓口に誰か居る確率）P_q

$$P_q = 1 - P_0 = \frac{\lambda}{\mu} = \rho \qquad (6.2)$$

③ 窓口にn人いる確率 P_n

$$P_n = \left(\frac{\lambda}{\mu}\right)^n (1-\rho) = \rho^n (1-\rho) \qquad (6.3)$$

④ 系内に居る平均客数（待っている客とサービスを受けている客の合計）L

（系とは，図6.1に示される範囲のこと）

$$L = \frac{\rho}{1-\rho} = \frac{\lambda}{\mu - \lambda} \qquad (6.4)$$

⑤ 待ち行列の平均の長さ（待っている客の人数）L_q

$$L_q = \frac{\rho^2}{1-\rho} = \frac{\lambda^2}{\mu(\mu-\lambda)} \qquad (6.5)$$

⑥ 系内に居る平均時間 W

＝一人の客が系内で過ごす時間

＝待っている時間とサービスを受けている時間の合計

$$W = \frac{1}{\mu - \lambda} = \frac{1}{\mu(1-\rho)} \qquad (6.6)$$

⑦ 平均待ち時間（純粋に待っている時間）W_q

$$W_q = \frac{\lambda}{\mu(\mu - \lambda)} = \frac{\rho}{\mu(1-\rho)} \qquad (6.7)$$

たとえば，次のような問題を考えながら，上の公式を理解しよう。これらのうち，①から③は確率，④⑤は人数，⑥⑦は時間に関する式であることに注意すればわかりやすい。

（例題）

ある歯科医院にはだいたい12分間隔で患者がやってくる。医者は1人で，患者を到着順に診ているが，診察時間は患者によってランダムであり，平均すると10分かかる。

待ち行列の公式を用いて，以下の問いに答えよ。

1）患者がこの医院にやって来た時，待つことなくすぐに診察を受けられる確率は？
2）待合室には平均何人の患者が待っているか？
3）患者が診察を受けるまでに待たねばならない時間の平均値は？
4）患者がこの医院で費やす時間は？
5）もし，診察時間の平均が半分になったら，患者が待たねばならない時間はどのくらい短縮するだろうか？

このような問題を解決しようとする場合，まず考えなければならないのは，6.1で示した待ち行列の基本的指標である平均到着率λと平均サービス率μである。

この問題では，患者が12分間隔でやってくると書かれているので，1時間当たりで考えると5人やってくることになる。すなわち，平均到着率は$\lambda = 5$となる。また，診察時間が一人平均10分なので，医者は患者を1時間に何人診察することができるかを考えれば，平均サービス率が求められる。すなわち，$\mu = 6$（60/10）である。従って，利用率は$\rho = \lambda / \mu = 5/6$である。利用率が1以下であるので，これらの数値を用いて，上の①から⑦の公式のいずれかをあてはめれば，解は容易に得られるだろう。

6.3 待ち行列のシミュレーション

6.3.1 モンテカルロ・シミュレーション

　待ち行列理論を用いて様々な待ち現象を解析しようとする場合，まず基本的な指標を把握しておくことが必要となる。それが，既に述べた平均到着率や平均サービス率，窓口の利用率などであるが，現実の窓口では客の到着の仕方や窓口でのサービスの方法など様々であり，平均何分くらい待たねばならないかとか，窓口の数を増やしたら待ち時間がどうなるかなど，数学的に解析し求めることは容易でないことも多い。ある条件を満たすという前提のもとでの待ち現象に関する公式は理論的に研究され，いくつか提示されているが，条件や前提が変われば，そのような公式をあてはめることは困難となる。

　ではたとえば，トラックターミナルのバースをいくつ設置したら渋滞がどのくらい減少するか，また，エレベータを何機設置すれば利用者は待ち時間に対して不満がなくなるか，などという状況に対してどのように対処していけばいいであろうか。

　あらかじめ，ターミナルや建物にバースやエレベータを設置し，実験してみることができればよいのであるが，社会現象の解析のように現実に実験装置を作って試すことができない場合には，かわりにコンピュータ上にそのような状況を再現させ，実験が行なわれる。これがシミュレーションであり，模擬実験と呼ばれるゆえんである。

　また，シミュレーションは，現実の多くの現象のように，多くの要因が複雑に絡み合い，かつ多くの不確実な要素を含んでいるために，数学的な解析が困難な場合に対処するために用いられることも多い。

　それでは，コンピュータ上（たとえば Excel 上）で，トラックが配送センターのバースにやってきたり，エレベータに利用者がやってくるなどをどのように扱ったらよいであろうか。「トラックがやってくる」，「利用者がやってくる」というような，何かが発生する（起きる）という出現事象は，乱数を利用することによって表現できる。このように，**乱数**（規則性がなくランダムに並んだ数の列）をそれぞれの出現事象に割り当て，乱数の発生をその事象の出現に対応させて現実の様々な現象を再現する方法を，**モンテカルロ・シミュレーション**と呼んでいる。ちなみに，モンテカルロは地中海沿岸のモナコ公国のカジノで有名な街の名前であるが，カジノが賭けという確率事象に基づくことから，乱数を使ったシミュレーションのことをいうようになった。

　たとえば，一様乱数を利用した硬貨投げ実験や，ある製品の毎日の需要の平均とバラツキを与え，正規乱数を利用して1ヶ月間の製品需要を発生させるなどは，モンテカルロ・シミュレーションのもっとも初歩的な事例である。

6.3.2 Excel によるシミュレーション

　ここでは，Excel を使用したモンテカルロ・シミュレーションについて説明する。

　Excel で発生される乱数は，基本的には0以上1未満の値であるが，一桁の数字（0から9）が必要な場合には，それを10倍して整数化（INT関数を使用）すればよいし，二桁の数字（00から99）の場合には，100倍して整数化すればよい。

　発生した乱数を出現事象に割り当てるには，たとえば，硬貨投げのように各事象が起きる確率が1/2のような実験を再現する場合，一桁の乱数を使用するなら，IF関数を用いて，もし0から4が出れば表，それ以外（5から9）だったら裏，のように記述する。

　　　　＝IF（乱数値の入っているセル番地＜＝4,"表","裏"）

　出現事象がたくさんある場合には，IF関数を多重に用いる以外に，別の関数（VLOOKUP関数）が用

意されている。

　以下に，事象がいくつかのケースに分かれる例について考えてみよう。

　今，あるグローバル企業の社員の国別構成比率を調べた結果，表6.1の2列目のような割合（発生確率）であったとする。この企業に属する3人の社員が窓口にやってきたときの状況を再現してみよう。このとき，表6.1の3列目のように累積確率を計算して割り当てるべき乱数の範囲を決定し（4列目），これに[0,1]の一様乱数を対応させればよい。すなわち，3個の一様乱数xを順次発生させ，乱数がたとえば，0.8654，0.2439，0.6325となったならば，乱数割当ての範囲を調べることにより，その3人の国籍は，1人目から順にアメリカ，日本，中国となる。

表6.1　グローバル企業の国別構成比率と乱数の割当て

国	発生確率	累積確率	乱数割当て
日本	0.25	0.25	$0.00 \leq x < 0.25$
韓国	0.20	0.45	$0.25 \leq x < 0.45$
中国	0.20	0.65	$0.45 \leq x < 0.65$
インド	0.15	0.80	$0.65 \leq x < 0.80$
アメリカ	0.15	0.95	$0.80 \leq x < 0.95$
イギリス	0.05	1.00	$0.95 \leq x < 1.00$

　Excelでこの状況を表すには，硬貨投げの場合のようにIF関数を使用すると，次のように記述することができる。いま，乱数の入っているセル番地をE1とすると，

　　＝IF（E1＜0.25,"日本",IF（E1＜0.45,"韓国",IF（E1＜0.65,"中国",IF（E1＜0.80,"インド",IF（E1＜0.95,"アメリカ","イギリス"）))))

という式で表現され，IF関数を五重に使うことになり，複雑なものとなる。

　このように，場合分けが多くなるときには，VLOOKUP関数を用いると便利である。これは，調べたい値（検索値，ここでは乱数値）が指定された範囲にある表内の最初の列のどこに含まれているかを調べ，その結果検索された値と同じ行にある任意のセルを，目的のデータとして返す関数である。いま，表6.1に基づいて，以下に示すような表6.2をワークシート上に作成する。

表6.2　Excelワークシート上の照合表

	A列	B列	C列
1行目	乱数の境界	社員の国籍	発生確率
2行目	0.00	日本	0.25
3行目	0.25	韓国	0.20
4行目	0.45	中国	0.20
5行目	0.65	インド	0.15
6行目	0.80	アメリカ	0.15
7行目	0.95	イギリス	0.05

　この企業の社員が窓口にやってくる状況を再現するには，乱数値（この場合は[0, 1]の一様乱数）を1つずつ発生させ，値によってその客がどこの国の人かを調べていく。

　A列の乱数の境界は，検索する乱数値がこの列のどこの箇所に該当するかを決めるためのものである。VLOOKUP関数ではこれを行うために，以下のように記述する。

=VLOOKUP（乱数値の入っているセル番地,$A$2:$C$7,2,TRUE）

$A$2:$C$7 は表中のデータの記述範囲（コピーをしても変わらないよう絶対参照にしてある），右から2番目の2という数字は，表の第2列目（B列）を表している。

TRUE を指定するか（1という数字を入れても同じ）省略すると，乱数値（検索値）と一致する値，またはその近似値が返される。一致する値が見つからない場合は，検索値未満の最大値が使用される。完全に一致する値のみを見つける場合には，TRUE の代わりに FALSE（または0という数字）を入れておく。

これを実行すると，たとえば，乱数が0.2641の場合，表6.2のA列をみるとこの数字と一致する値はないが，その値未満の最大値は3行目の0.25であるから，それに対応する行の韓国が国籍として選ばれる。0.8888の場合には，この数字未満の最大値0.80の行のアメリカということになる。

6.3.3 事例1（自動車修理工場の修理待ち現象）

自動車修理工場を例として考えよう。修理のために少ないときで1日に3台，多いときで8台の自動車がやってくる。工場の修理能力（処理能力）は現在，1日5台である。従って，多くの自動車が修理にやってくるときには，待ち現象が生ずるが，処理能力を大きくすればコストがかかる。修理工場にとっては，コストと利用者（客）へのサービスの関係から処理能力を適正化しなければならない。このような中で，処理能力と待ち現象についてシミュレーションにより分析してみよう。

修理にやってくる1日の自動車台数は平均5.4台であるが，表6.3に示すように，日によって，3台から8台まで様々である。この1日あたりの到着台数を乱数によって発生させ，現状の処理能力でどのくらいの待ち現象が発生するかシミュレーションによって求める。また，処理能力を変えた場合，待ち現象はどのように変化するか調べてみよう。表6.3の一番右の列は，到着台数に対応する乱数の割当てを示している。

表6.3 修理工場にやってくる自動車台数の割合

修理にやってくる1日の自動車到着台数	発生確率	乱数の割当て
3	0.05	0〜0.05
4	0.20	0.05〜0.25
5	0.30	0.25〜0.55
6	0.25	0.55〜0.8
7	0.15	0.8〜0.95
8	0.05	0.95〜1
計	1.00	

上の表をもとにして乱数を発生させて，修理を受けるためにやってくる自動車の到着，および処理状況を30日間にわたってシミュレーションを行う。

また，1日の処理能力を3台から7台まで変化させ，それぞれの場合の平均待ち台数や工場の稼働率，利用率を求めてみる。

稼働率 = 1ヶ月の処理台数合計／1ヶ月の処理能力（1日の処理能力×30）

工場の利用率　ρ（$\rho = \lambda / \mu$）

平均到着率（1日に平均何台の自動車が窓口にくるか）λ

平均サービス率（1日に平均何台の処理が可能か）　μ

まず，一様乱数を発生させ VLOOKUP 関数を使用して1日の到着台数を求めるが，それと処理能力との関係から待ちが生じるか否かが決まることになる。すなわち，次のように考えていけばよい。

- 処理台数は，前日の待ち台数に当日の到着台数を足したものが処理能力を超えているかを，IF関数で確かめ，超えていれば処理台数は処理能力台数，超えていなければ前日の待ち台数に到着台数を足したものとなる．
- 待ち行列は，前日の待ち台数に当日の到着台数を足したものが処理能力を超えているかを，IF関数で確かめ，超えていればその差の台数，超えていなければ0とすればよい．

表6.4 自動車修理工場の処理状況シミュレーション

日	乱数	到着台数	処理台数	待ち行列 処理能力=5
				0
1	0.200476	4	4	0
2	0.266243	5	5	0
3	0.990661	8	5	3
4	0.782495	6	5	4
5	0.821924	7	5	6
6	0.028596	3	5	4
7	0.224219	4	5	3
8	0.318583	5	5	3
9	0.106418	4	5	2
10	0.685965	6	5	3
11	0.151158	4	5	2
12	0.545976	5	5	2
13	0.284616	5	5	2
14	0.916196	7	5	4
15	0.128849	4	5	3
16	0.718955	6	5	4
17	0.113376	4	5	3
18	0.388562	5	5	3
19	0.829707	7	5	5
20	0.279916	5	5	5
21	0.38728	5	5	5
22	0.854732	7	5	7
23	0.093173	4	5	6
24	0.927671	7	5	8
25	0.858119	7	5	10
26	0.014801	3	5	8
27	0.451949	5	5	8
28	0.664357	6	5	9
29	0.218818	4	5	8
30	0.19071	4	5	7
	平均到着台数=	5.2	平均待ち台数=	4.566667
			稼働率=	0.993333

表6.4に，処理能力が現行の5台の場合の30日分の結果を示している．また，処理能力を3台から7

台まで変化させてシミュレーションを行った結果をまとめたものが表6.5と図6.2である。

表6.5　処理能力を変化させた場合のシミュレーション結果

処理能力 μ	利用率（ρ）	平均待ち台数	稼働率
3	1.800	34.5667	1.0000
4	1.350	19.0667	1.0000
5	1.080	4.5667	0.9933
6	0.900	0.4333	0.8667
7	0.771	0.0333	0.7429

（平均到着率 $\lambda = 5.4$）

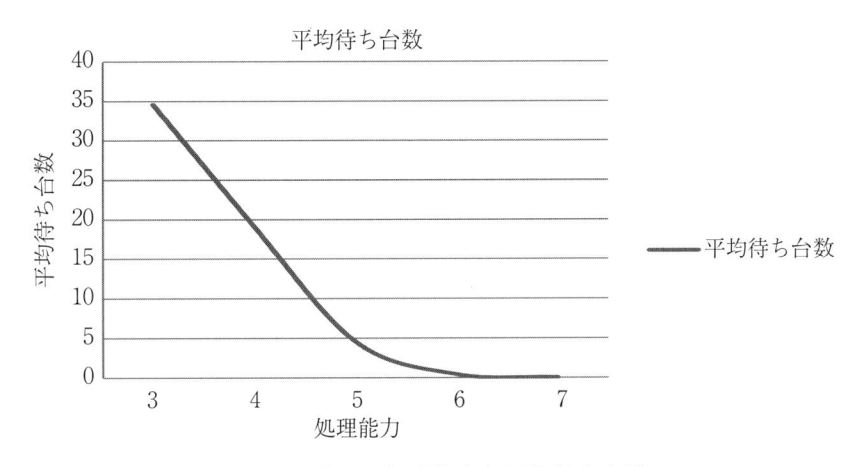

図6.2　窓口の処理能力と平均待ち台数

　これらの結果を見ると，処理能力が5台以下の場合，利用率が1以上となり，待ち行列の長さ（待ち台数）は，時間が経過するとともに大きくなることが予想できる。処理能力を6台，7台に向上させれば平均待ち台数は1台以下と飛躍的に減少でき，コストについての考慮は必要であるが，客へのサービス面から見ると6台あたりが適正な能力といえる。

6.3.4　事例2（食堂の利用客と窓口の対応）

　自動車修理工場の事例では，どんな修理でも故障の程度差を考慮することなく，同じように処理できること，また修理にやってくる自動車の到着間隔は問題としないなどを前提としていたが，現実には，故障の程度によって修理時間（サービス時間）に差が生じてくるし，自動車が短時間に集中してやってくることも考えられる。このような，より現実的な状況を考慮した場合を，食堂の窓口の例で再現してみよう。

　食堂のレジに客が食券を買いにやってくる。窓口の対応が遅れると客は行列を作ることになる。たとえば，1万円札でお釣りをもらう客が続けば，その処理に時間がかかって行列ができるであろうし，あらかじめ持っている回数券を利用する客が続けば，行列はできないかもしれない。窓口にとってみれば，どんな客が続くのか，あるいはどのような間隔で客がやってくるかなども予想できないのが現実である。

　このように，食堂の窓口を考える場合，客の到着の仕方の不確実性，客の種類（どのような支払い方をするか）の不確実性，それに伴うサービス時間（お金を受け取って食券とお釣りを渡す時間）の不確実性などがあるのが現実であり，シミュレーションではこれらを考慮しなければならない。

これらの不確実性を，乱数を用いて表現し，客が窓口にやってきてサービスを受ける（食券を買うために支払う）状況をシミュレーションしてみよう。

簡単のために，客は4とおりの時間間隔でやってくるが，いずれの時間間隔で到着するかは不確実であるとし，また，客は1万円札でお釣りをもらうか，千円札でお釣りをもらうか，釣り銭無しでぴったり支払うか，あらかじめ持っている回数券を示すかのいずれかであるとする。また，それに伴うサービス時間は調査によって把握できている。

今，窓口の数は1つで，客の到着状況と支払い方法を調べた結果は，表6.6のようであった。

表6.6 客の到着間隔・客の種別とその割合

到着間隔	割合
5秒	0.4
10秒	0.3
15秒	0.2
20秒	0.1

客の種別	窓口処理時間	割合
1万円の客	30秒	0.1
千円の客	20秒	0.15
釣銭無し	10秒	0.45
回数券	5秒	0.3

客の数を30人として，この食堂の窓口での待ち行列の状況を，VLOOKUP関数を使用してシミュレーションにより再現してみよう。客が窓口にやってくる到着間隔は様々であり，その客がどのような支払い方をするかについてもランダムといえる。そこで，客一人について，到着間隔を決めるために1回，客の種別を決めるために1回の計2回乱数を発生させ，それに対応する到着間隔，客の種別とそれに伴うサービス時間をVLOOKUP関数により求める。

また，客の到着間隔の割合や客の種別の割合を変化させると，結果にどのような影響を及ぼすか，数字を変えて実験を行ってみよう。

[シミュレーション手順]

① 到着間隔とサービス時間の設定（一様乱数を利用）

乱数を発生させ，客の到着間隔をこの乱数値により決定する。そのためにVLOOKUP関数を用いることになるが，表6.6左表をもとに乱数値を到着間隔に対応させるための表を作成する。それが表6.7のワークシート下部にある照合表1である。たとえば，ワークシート7行目・客2の場合，乱数値は0.563585，照合表1をみるとこの値未満の最大値は0.4であり，到着間隔は10秒となる。すなわち，C7のセルには以下の式を入れておけばよい。

　　　　=VLOOKUP（B7,$C$40:$D$43,2,TRUE）（TRUEは省略可）

到着間隔はランダムであり，2人目以降の客の到着時刻（経過時刻）は，1人前の客の到着時刻（経過時刻）に，発生させた乱数の示す時間（到着間隔）を加えた時刻となる。

n人目の到着時刻（経過時刻）

　　　　＝（n－1）人目の到着時刻（経過時刻）＋n人目の到着間隔

次に，サービス時間を決定するために，客ごとに乱数を発生させ，客の種別（支払方法）とサービス時間を決定する。ここでもVLOOKUP関数が使用されることになる。たとえば，客2の場合，セルE7の乱数値は0.891629，表6.7下部の照合表2をみるとこの値未満の最大値は0.7であり，客の種別は回数券，サービス時間は5秒となる。すなわち，F7, G7のセルには，それぞれ以下の式を入れておけばよい。

　　　　=VLOOKUP（E7,$F$40:$H$43,2,TRUE）（TRUEは省略可）
　　　　=VLOOKUP（E7,$F$40:$H$43,3,TRUE）（TRUEは省略可）

② 客の到着とサービスの開始・終了

①で発生した乱数により1人目の客の到着間隔が決まり，到着時刻（経過時刻）が記録される。1人目

の場合には，到着間隔がそのまま到着時刻となる。

1人目の客のサービス時間を乱数により決定し，サービス開始時刻，サービス終了時が求められる。当然，1人目では待ち時間は発生しない。

2人目の客の到着間隔を乱数により決め，2人目の到着時刻（経過時刻）が記録される（1人目の到着時刻に2人目の到着間隔を加えればよい）。このときすぐにサービスを受けられかどうかは，2人目の到着時刻と1人目のサービス終了時刻を比較することにより判断される。

2人目の到着時刻が，1人目のサービス終了時刻より遅ければ（1人目が終わっている），2人目のサービス開始時刻は到着時刻と同時になるが（待ち時間0），早い場合には（1人目はまだ窓口にいる），1人目のサービスが終了するまで待たねばならず，その差が待ち時間となり，2人目のサービス開始時刻は，1人目のサービス終了時刻と同時になる。IF関数では，以下のように示される。

- 2人目の開始時刻
    = IF（2人目の経過時刻＞1人目の終了時刻，2人目の経過時刻，1人目の終了時刻）
- 2人目の待ち時間
    = IF（2人目の経過時刻＞1人目の終了時刻，0，1人目の終了時刻－2人目の経過時刻）

③ シミュレーションの実行

①と②を人数分繰り返し，到着時刻，サービス開始時刻，サービス終了時刻，待ち時間などが記録される。一定期間終了したら，平均待ち時間や窓口の遊休時間（窓口に誰も居ない時間）などを調べ，待ち現象を分析する。その結果が表6.7である。これを基本パターンとし，客の到着の仕方が変わった場合や，支払い方法が変わった場合，結果にどのような影響を及ぼすか，様々な実験を行うことができよう。

表6.7 食堂の窓口のシミュレーション

行＼列	A	B	C	D	E	F	G	H	I	J	K
4	客	乱数1	到着間隔	経過時刻	乱数2	客種別	サービス時間	開始時刻	終了時刻	待ち時間	窓口遊休時間
5			VLOOKUP			VLOOKUP	VLOOKUP		0		
6	1	0.001251	5	5	0.001373	1万円の客	30	5	35	0	5
7	2	0.563585	10	15	0.891629	回数券	5	35	40	20	0
8	3	0.193304	5	20	0.738487	回数券	5	40	45	20	0
9	4	0.808741	15	35	0.543077	釣銭無し	10	45	55	10	0
10	5	0.585009	10	45	0.899808	回数券	5	55	60	10	0
11	6	0.479873	10	55	0.599689	釣銭無し	10	60	70	5	0
12	7	0.350291	5	60	0.445265	釣銭無し	10	70	80	10	0
13	8	0.895962	15	75	0.806635	回数券	5	80	85	5	0
14	9	0.82284	15	90	0.326701	釣銭無し	10	90	100	0	5
15	10	0.746605	15	105	0.558977	釣銭無し	10	105	115	0	5
16	11	0.174108	5	110	0.169591	千円の客	20	115	135	5	0
17	12	0.858943	15	125	0.860286	回数券	5	135	140	10	0
18	13	0.710501	15	140	0.38612	釣銭無し	10	140	150	0	0
19	14	0.513535	10	150	0.018494	1万円の客	30	150	180	0	0
20	15	0.303995	5	155	0.981262	回数券	5	180	185	25	0
21	16	0.014985	5	160	0.544115	釣銭無し	10	185	195	25	0
22	17	0.091403	5	165	0.909848	回数券	5	195	200	30	0

23	18	0.364452	5	no	0.926756	回数券	5	200	205	30	0
24	19	0.147313	5	175	0.203192	千円の客	20	205	225	30	0
25	20	0.165899	5	180	0.883847	回数券	5	225	230	45	0
26	21	0.988525	20	200	0.336894	釣銭無し	10	230	240	30	0
27	22	0.445692	10	210	0.918149	回数券	5	240	245	30	0
28	23	0.119083	5	215	0.577319	釣銭無し	10	245	255	30	0
29	24	0.004669	5	220	0.218726	千円の客	20	255	275	35	0
30	25	0.008911	5	225	0.454573	釣銭無し	10	275	285	50	0
31	26	0.37788	5	230	0.715354	回数券	5	285	290	55	0
32	27	0.531663	10	240	0.181951	千円の客	20	290	310	50	0
33	28	0.571184	10	250	0.073977	1万円の客	30	310	340	60	0
34	29	0.601764	10	260	0.906735	回数券	5	340	345	80	0
35	30	0.607166	10	270	0.229255	千円の客	20	345	365	75	0
36								平均待ち時間⇒		25.83333	

VLOOKUP関数のための照合表1

累積乱数	到着間隔
0	5
0.4	10
0.7	15
0.9	20

VLOOKUP関数のための照合表2

累積乱数	客の種別	サービス時間
0.00	1万円の客	30
0.10	千円の客	20
0.25	釣銭無し	10
0.70	回数券	5

6.4 複数窓口の待ち行列理論

窓口の数が1か所だけでは，客が到着してからサービスを受けて終了するまでの時間がかかりすぎる場合を考えよう．この場合，窓口の数を2ヶ所，3ヶ所と増やすと，到着してからサービスが終了するまでの時間はどうなるであろうか．

図6.3に示すように，窓口が複数の場合には，客は一列の行列を作り，先着順に窓口でサービスを受けるものとする（**フォーク並び型**）．

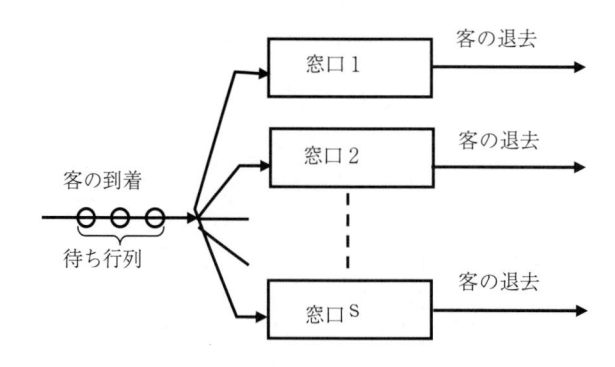

図6.3 複数窓口の待ち行列

この問題は，複数窓口の待ち行列モデルとして考えることができる．窓口数をs，平均サービス率をμ，

客の平均到着率を λ とする．窓口が一つの場合と同様，利用率 ρ が

$$\rho = \frac{\lambda}{s\mu} < 1$$

のときには待ち行列は平衡状態に達し，$\rho \geq 1$ のときには発散する．従って，以下に示すのは窓口が一つの場合と同様に，平衡状態での場合の解析である．

どの窓口にも客が居ない確率 P_0 は，

$$P_0 = \frac{1}{\sum_{n=0}^{S-1} \frac{(s\rho)^n}{n!} + \frac{(s\rho)^s}{s!(1-\rho)}} \tag{6.8}$$

となる．また，窓口も含めた待ち行列に客が n 人居る確率 P_n は，

$$P_n = P_0 \frac{(s\rho)^n}{n!} \quad (n<s), \quad P_n = P_0 \frac{s^s \rho^n}{s!} \quad (n \geq s) \tag{6.9}$$

と表される．

また，客が到着してから，サービスにとりかかるまでの平均純待ち時間 W_q は，

$$W_q = \frac{\rho(s\rho)^s}{\lambda(s!)(1-\rho)^2} P_0 \tag{6.10}$$

となり，純待ち行列の長さの平均 L_q は，

$$L_q = \sum_{n=s+1}^{\infty} (n-s)P_n = \frac{\rho(s\rho)^s}{s!(1-\rho)^2} P_0 = \lambda W_q \tag{6.11}$$

である．サービスを受けている平均人数は，

$$L_s = \sum_{n=0}^{s} nP_n + \sum_{n=s+1}^{\infty} sP_n = \frac{\lambda}{\mu} \tag{6.12}$$

となり，待ち行列の平均数，すなわちサービス中の客も含めた待ち人数の平均 L は，

$$L = L_q + L_s = \lambda(W_q + \frac{1}{\mu}) \tag{6.13}$$

となる．さらに，客が到着してからサービスを終了するまでの平均待ち時間 W は，

$$W = \frac{\rho(s\rho)^s}{\lambda(s!)(1-\rho)^2} P_0 + \frac{1}{\mu} \tag{6.14}$$

となる．たとえば，1 時間当たり平均 5 台のトラックがトラックターミナルにランダムに到着し，トラックの荷卸作業は平均 10 分，すなわちサービス率は 6 台 / 時間（= 60/10）で作業が行われるものとする．このとき，バースの数を増やすと，トラックの平均滞在時間（待ち時間＋サービス時間）はどうなるかを解析しよう．

①バースが 1 ヶ所のとき

$$\lambda = 5, \quad \mu = 6, \quad \rho = \frac{\lambda}{\mu} = \frac{5}{6}, \quad W = \frac{1}{\mu - \lambda} = \frac{1}{6-5} = 1 \text{（時間）}$$

②バースが 2 ヶ所のとき

$$\rho = \frac{\lambda}{s\mu} = \frac{5}{2 \times 6} = \frac{5}{12}$$

$$P_0 \frac{1}{\sum_{n=0}^{1}\frac{(5/6)^n}{n!}+\frac{(5/6)^2}{2!(1-5/12)}} = \frac{1}{\frac{(5/6)^0}{0!}+\frac{(5/6)^1}{1!}+\frac{(5/6)^2}{2\times 7/12}} = \frac{7}{17}$$

$$W = \frac{(5/12)(5/6)^2}{5(2!)(1-5/12)^2}\times\frac{7}{17}+\frac{1}{6} = \frac{72}{357} = 0.20 \quad (\text{時間}) \to 12\text{ 分}$$

③バースが3ヶ所のとき

$$\rho = \frac{\lambda}{s\mu} = \frac{5}{3\times 6} = \frac{5}{18}, \quad P_0 = \frac{936}{2166}, \quad W = 0.17 \ (\text{時間}) \to 10.2\text{ 分} \to 10\text{ 分}12\text{ 秒}$$

バースの数が1から2ヶ所に増えると，急激に平均待ち時間が減少するが，3ヶ所になってもそれほど減少しないことが分かる。待ち時間の減少分とバースの増設・維持費用とのバランスを考慮することにより，適当なバースの数を決定することができる。

6.5　待ち行列理論の周辺

本章では，待ち行列理論の中でも，客の到着間隔やサービス時間がランダムという $M/M/S$ 型のモデルについて紹介した。そこでは，行列の長さや待ち時間を求める上で，いくつかの前提がなされている。これらをまとめてみると，以下のようになる。

①客の到着　　　：客の到着率は平均 λ のポアソン分布に従う．
②サービス時間　：サービス時間は平均 $1/\mu$ の指数分布に従う．
③窓口の数　　　：窓口は s 個である．
④サービス順序　：サービスを受ける順序は先着順である．
⑤行列の制限　　：到着した客は，いくら長い時間でもサービスを受けるのを待つ．
　　　　　　　　　すなわち，待ち時間にも行列の長さにも制限はない．

さて，一般に客の到着の仕方やサービス時間には，種々のものがあろう。また，サービスを受ける順序も様々である。これらの種々の要素の組合せで，多くの待ち行列理論の型があり，それぞれについて，待ち時間や行列の長さなどの解析が行われている（図6.4）。

また本章では，現実の待ち行列が生じる過程をシミュレーションにより再現した。待ちが起きる様々な現象は，あらかじめ装置を作って実験することが不可能なので，それをコンピュータ上で再現し，待ち現象を解析することは重要なことである。

ここでは Excel を利用したシミュレーションを例示したが，他にも，シミュレーション専用のソフトウエアが提供されるようになった。主なシミュレーション・ソフトウエアとして，GPSS，SIMUL8，Visual SLAM などがあり，生産・物流・交通など広い分野で利用されている。

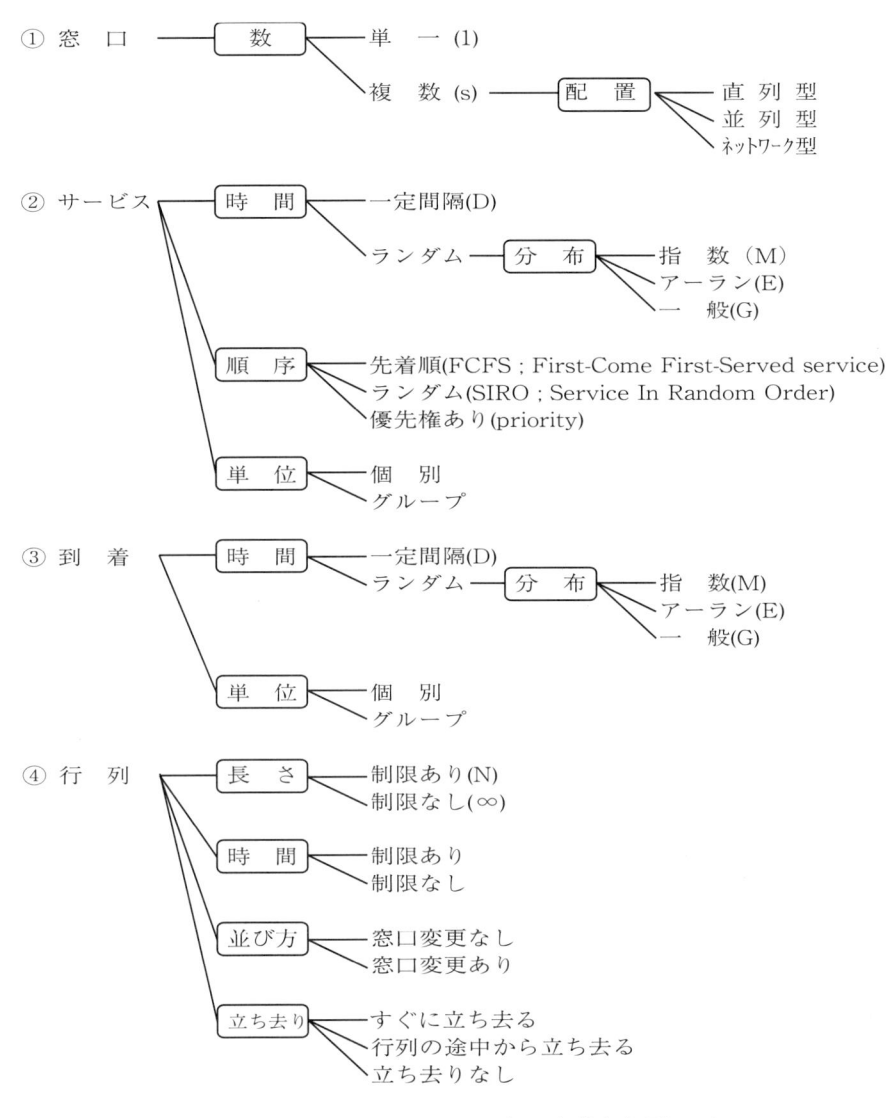

① 窓　口 ── 数 ┬─ 単　一 (1)
　　　　　　　└─ 複　数 (s) ── 配　置 ┬─ 直 列 型
　　　　　　　　　　　　　　　　　　 ├─ 並 列 型
　　　　　　　　　　　　　　　　　　 └─ ネットワーク型

② サービス ┬─ 時　間 ┬─ 一定間隔(D)
　　　　　　│　　　　　└─ ランダム ── 分　布 ┬─ 指　数（M）
　　　　　　│　　　　　　　　　　　　　　　　├─ アーラン(E)
　　　　　　│　　　　　　　　　　　　　　　　└─ 一　般(G)
　　　　　　├─ 順　序 ┬─ 先着順(FCFS ; First-Come First-Served service)
　　　　　　│　　　　　├─ ランダム(SIRO ; Service In Random Order)
　　　　　　│　　　　　└─ 優先権あり(priority)
　　　　　　└─ 単　位 ┬─ 個　別
　　　　　　　　　　　└─ グループ

③ 到　着 ┬─ 時　間 ┬─ 一定間隔(D)
　　　　　│　　　　　└─ ランダム ── 分　布 ┬─ 指　数(M)
　　　　　│　　　　　　　　　　　　　　　　├─ アーラン(E)
　　　　　│　　　　　　　　　　　　　　　　└─ 一　般(G)
　　　　　└─ 単　位 ┬─ 個　別
　　　　　　　　　　 └─ グループ

④ 行　列 ┬─ 長　さ ┬─ 制限あり(N)
　　　　　│　　　　　└─ 制限なし(∞)
　　　　　├─ 時　間 ┬─ 制限あり
　　　　　│　　　　　└─ 制限なし
　　　　　├─ 並び方 ┬─ 窓口変更なし
　　　　　│　　　　　└─ 窓口変更あり
　　　　　└─ 立ち去り ┬─ すぐに立ち去る
　　　　　　　　　　　 ├─ 行列の途中から立ち去る
　　　　　　　　　　　 └─ 立ち去りなし

図 6.4　色々な待ち行列モデル
（括弧内はケンドール記号で使用する主なもの）

【演習問題】

1．ある窓口には平均 20 分間隔で客がやってくる。この窓口でのサービス時間は平均 10 分である。

① 平均サービス率は？
② 平均到着率は？
③ 客が窓口にやってきたとき，窓口に誰かいる確率は？
④ 客は平均何人待っているか？
⑤ 客が来てから立ち去るまでの平均時間は？

(答) 平均サービス率，平均到着率は単位時間あたり何人かを調べればよい。あとはどの公式を適用すればよいかを考える。

① $\mu = 6$ 人/時　② $\lambda = 3$ 人/時　③ $\lambda/\mu = 1/2$　④ $Lq = 9/(6\cdot(6-3)) = 1/2$ 人
⑤ $W = 1/(6-3) = 1/3$ 時間　⇒　20分

2．食堂の窓口のシミュレーションで，たとえば，1万円札の扱いを禁止した場合の状況を再現し，待ち行列がどの程度減少するか実験せよ。

第Ⅱ部

ロジスティクス拠点とフローに関わる技法

第7章　施設立地計画

【要旨】

　本章では，施設立地計画について，理論の変遷と課題を示したあと，輸送費用（総距離）を最小にする立地点を求めるという基本的な立地問題について述べる。座標平面上の立地問題では，重心法とウェーバーの問題を，ネットワーク上の立地問題については，メディアン，センター法などを取り上げる。また，輸送費用と施設費用を最小化するような施設の立地を求める問題は，施設配置問題と呼ばれ，容量制約のない問題（単純施設配置問題）や，施設容量を制約条件として考慮に入れた問題がある。これら二つの問題については，まず問題の定式化を行い，モデリング言語と数理計画ソルバーを用いた解き方を解説する。

7.1　立地理論の変遷と課題

　ロジスティクスの拠点となる様々な施設をどこに立地させるかによってネットワークの形状は変化し，それに伴い輸送費用なども変化する。また，これらの施設に必要な土地の取得や建設には莫大な投資を伴い，立地選択の失敗はロジスティクス戦略に大きな影響を及ぼす。

　施設の立地を考える場合，まず，立地に影響を及ぼす要因の分析を行わなければならない。一般的な立地要因としては，土地（面積，地価，地耐力）や輸送・交通条件（道路の整備状況，高速道路への近接性）などの立地環境のほか，取引企業との位置関係（需要地・工場への近接性や輸送費用）など諸々の要因が考えられる。また，地域による条例や，立地および物流関連法規，住民感情なども考慮に入れる必要がある。

　これらの立地要因は，対象となる施設の特性によっても重要視される程度が異なってくる。たとえば，配送センターや倉庫などロジスティクス関連施設の立地では，輸送費用・輸送距離や拠点施設費用などが主要な要因となるし，小売業やショッピングセンターなどでは，人口（需要）や交通の便（距離）などが，また，学校・消防署・役所などの公共施設では，住民の公平性を考慮に入れ，移動距離がなるべく短くなることが重要である。このように立地の対象によって考慮すべき要因は異なるが，いずれも，輸送費用や距離が関係していることについては共通している。

　そこでここでは，多くの要因の中で，あらゆる施設の立地に共通し，歴史的にも最も古くから取り上げられてきた輸送費用，距離に焦点を当ててみよう[1]。すなわち，配送センターなどの施設とそこから，あるいはそこへ輸送する際の費用や距離が最も小さくなるような立地を探索するという問題を考える。立地問題のもっている空間的な性質が，輸送費用や輸送距離の存在にかかわっており，ウェーバー（A. Weber）に代表される伝統的な立地論においても，輸送費用は最も基本的な要因として扱われている。

　ウェーバーの立地論をそのままの形で，現実の問題に対して応用できるというものではないが，施設立地問題を考える場合の歴史的文献として，古典的な意義をもっている。ウェーバーの立地論では，いくつかの前提のもとに，輸送費用を最小にする工場の立地点を決定する。これに，輸送費用以外の要因，すなわち，労働費用と集積要因などを考慮し，輸送費最小立地を移動していくというものである。ウェーバーは，需要地1ヵ所，原料供給地2ヵ所の場合の輸送費最小立地を**立地三角形**という図形を用いて解いてい

る。需要地は製品の重量をもって，また原料供給地は原料の重量をもって立地を牽引すると考え，その3つの力の均衡点が立地点になると考える。

この問題を，需要・供給地点を3カ所に限定することなく，座標平面上に置かれた各地点に需要量などの重量を与えて一般化し，それらの地点との輸送費用（距離）と重量の積和が最小になる立地点を探索する問題は，**一般化ウェーバー問題**（generalized Weber problem）と呼ばれ，数値的な解法が用意されている。

このように，座標平面上において立地を求める場合，計算の結果得られた立地点が，山や湖の中，あるいは都市計画上認められない地域になることもあるという問題が残る。

これに対し，あらかじめ立地候補地をいくつか定めておき，それに主要な地点を加えてネットワークを形成し最適な立地点を決定するアプローチが考えられ，現在，立地問題の多くがこれに属している。候補地は定性的にある程度絞ることが可能であるし，ネットワーク上の立地の場合，ヒューリスティックな方法[2]や数理計画法の適用が比較的容易になる。また，ネットワークが対象となるので，輸送・配送計画の問題とも関係が深く，立地と配送問題を同時に考えることも可能となる。

いくつかの地点を結んでネットワークを形成する場合，地点をノード，結ばれた線をリンクといい，このネットワークはグラフとも呼ばれている。先の一般化したウェーバーの総輸送費（距離）最小化問題をネットワーク上で考えると，それはメディアン，あるいはマルチメディアンを求める問題に相当することになる。

メディアンとは，ネットワーク上において他のすべてのノードとの最短距離の和が最小になるノードを指す。立地点が複数の場合の**マルチメディアン**では，どの立地点からどのノードに輸送すればよいかというテリトリーを決める問題が付随してくる（立地－配分問題）。また，立地点での生産能力や施設費用，建設費用，施設の収容量の制約などを考慮に入れることもできる。

7.2節では，輸送費用（総距離）を最小にする立地点を求めるという基本的な問題について説明する。座標平面上の立地問題では，最も簡便な重心法とウェーバーの問題を，ネットワーク上の立地問題については，メディアン，センター法などを取り上げる。さらに7.3節では，輸送費用と施設費用を最小化するような立地を求める容量制約のない施設立地問題（容量制約なし施設配置問題），および，施設容量を制約条件として考慮に入れ，より現実的な形にした施設立地問題（容量制約をもつ施設配置問題）について述べ，それらの解法として，モデリング言語AMPLと数理計画ソルバーCPLEXを用いた方法について解説する。

7.2 立地問題の基本（輸送費最小立地）

7.2.1 重心法

ここではまず，座標平面上の立地問題で最も単純かつ基本的な重心法について説明する。

（1）単純重心法

平面上に地点が分布している場合は，各地点の中心に位置する点に施設を立地すれば，輸送費用（距離）が少なくなることが予想される。**単純重心**は，各地点の人口や需要量が同じと仮定したとき（あるいは，それらをまったく考慮しないとき）の中心地である。各地点の (x, y) 座標が与えられたときに，単純重心は次のように算出できる。

単純重心の x 座標＝各地点の x 座標の平均値（＝各地点の x 座標の和／地点数） (7.1)

単純重心の y 座標＝各地点の y 座標の平均値（＝各地点の y 座標の和／地点数） (7.2)

図7.1左図に，単純重心の簡単な例を示す。

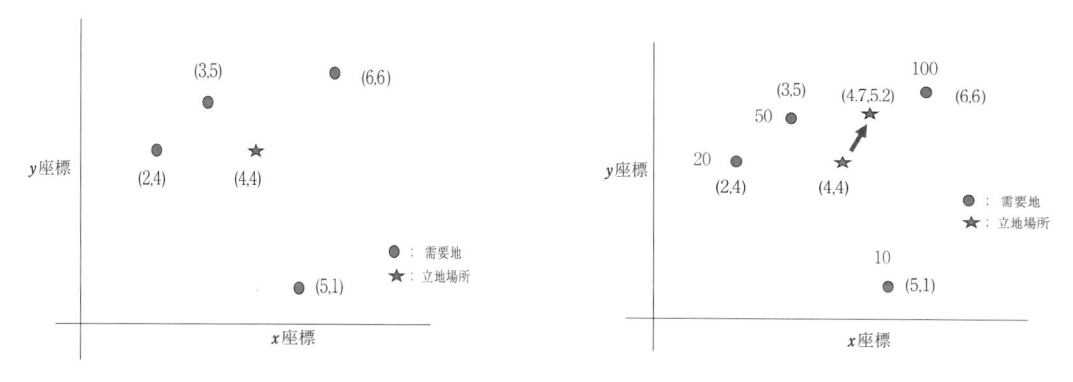

図7.1　平面上の立地（単純重心（左図）と重量重心（右図））

4つの需要地があり，それらの地点の座標中心（x座標，y座標の平均値）である地点（4, 4）が立地点となる。

（2）重量重心法

単純重心法では，立地点が各地点の位置のみに依存して決定される。しかし現実には，地点ごとに需要量（人口，輸送量など）が異なるため，なるべく施設は需要の多い地点に近接した所に立地する方が便利であろう。そこで，各地点の座標と需要量の積をもとに重心を求めたものが，需要量を考慮した重心である**重量重心**（人口を重量とした場合は特に人口重心とも呼ぶ）である。

重量重心のx座標＝（各地点のx座標×需要量）の和／（各地点の需要量合計）　　　（7.3）
重量重心のy座標＝（各地点のy座標×需要量）の和／（各地点の需要量合計）　　　（7.4）

図7.1右図に重量重心法による立地点の例を示す。各地点の座標のそばに書かれている数字が需要量であるとすると，その重みによって，単純重心法による立地点が需要量の大きい右上の地点の方向に牽引されていることがわかる。その結果，立地点は，単純重心の地点（4, 4）から地点（4.7, 5.2）に移動する。このことは，人口の大きさに引かれて，大都市に数多くの施設が集中するという現象を表してもいる。

7.2.2　ウェーバーの問題とその一般化

ウェーバーは，2種類の原料の産出地（A_1, A_2），および，製品の需要地（A_3）が与えられたとき，工場をどこにつくれば総輸送費用が最小になるかを考え，立地三角形を用いてこれを解いた。これは，ウェーバーの立地論の中でも，**輸送費指向論**といわれるものである。

いま，製品1トンを生産するのに地点A_1の原料1をw_1トン，A_2の原料2をw_2トン用いる必要があり，それらを使って生産された製品は需要地A_3へ供給されるとする。この場合，総輸送費Tは次のように表される。

$$T = c(w_1 d_1 + w_2 d_2 + w_3 d_3) \tag{7.5}$$

ここで，$w_3 = 1$，また，d_1, d_2は原料産出地点A_1, A_2から工場立地点までの距離，d_3は立地点から需要地A_3までの距離，cは原料あるいは製品トン・キロ当りの輸送費（賃率）で，一定であると仮定されている。このとき，工場の立地点pから，A_1, A_2, A_3に直線をひき，その方向に一致させ，長さがw_1：w_2：1に比例するベクトルが閉じた三角形（重量三角形）を作るような地点にpを定めれば，輸送費最小地点が得られる（図7.2参照）。また，一頂点の重量w_kが他の二頂点における重量の和をこえると重量三角形は形成されず，必然的に立地はその頂点に定まることになる。

ウェーバーの立地三角形を解く方法としては，他にVarignonの物理的アナログモデル，等費用線の利用，

また，頂点の数が4以上（立地多角形）の一般化された問題（一般化ウェーバー問題）に対しては，立地点 p の数値解を求める Kuhn-Kuenne のモデルなどがある。

Kuhn-Kuenne のモデルは，上述した重量重心の考え方を利用し，この問題を繰り返し計算によって解くもので，以下にその概略を示す[3]。

今，需要地など各地点の座標を (x_k, y_k)，立地点を (x_p, y_p) とすると，一般化ウェーバー問題は，次の (7.6) 式の最小化問題となる。

$$\Phi = \sum_k (w_k d_{pk}) \to \min \tag{7.6}$$

ただし，d_{pk} は次のような立地点 p から各地点 k までの距離（ユークリッド距離）である。

$$d_{pk} = [(x_k - x_p)^2 + (y_k - y_p)^2]^{1/2} \tag{7.7}$$

(7.6) 式は，各地点の重量と立地点までの距離の積（トン・キロ）の合計を意味している。これを最小化する立地点の座標 (x_p, y_p) を求めればいいのであるが，偏微分などの方法では直接，解を求めることができない。そこで，(7.6) 式の代わりに，近似的に解を得るため，次式の最小化を考える。

$$\Phi' = \sum_k (w_k d_{pk}^{*2}) = \sum_k (w_k [(x_k - x_p^*)^2 + (y_k - y_p^*)^2]) \tag{7.8}$$

(7.8) 式を最小化する (x_p^*, y_p^*) は次の (7.9), (7.10) 式のようになり，これらは前項の (7.3), (7.4) 式と同様であるので，容易に求めることができる。

$$x_p^* = \sum_k (w_k x_k) / \sum_k w_k \tag{7.9}$$

$$y_p^* = \sum_k (w_k y_k) / \sum_k w_k \tag{7.10}$$

すなわち，上の2式で表わされる点 (x_p^*, y_p^*) は重量重心のことであり，それが重量と距離の2乗の積和 (7.8) 式を最小にする解となっていることがわかる。この重量重心を第一次近似解とする所からはじめ，繰返し計算の方法により，(7.6) 式を最小化する最適解の近似解を見出していくのである。

なお，立地点が複数ある場合にも，単一立地点の場合と同様に定式化することができる。

$$\Psi = \sum_p \sum_k \alpha_{pk} w_k [(x_k - x_p)^2 + (y_k - y_p)^2]^{1/2} \tag{7.11}$$

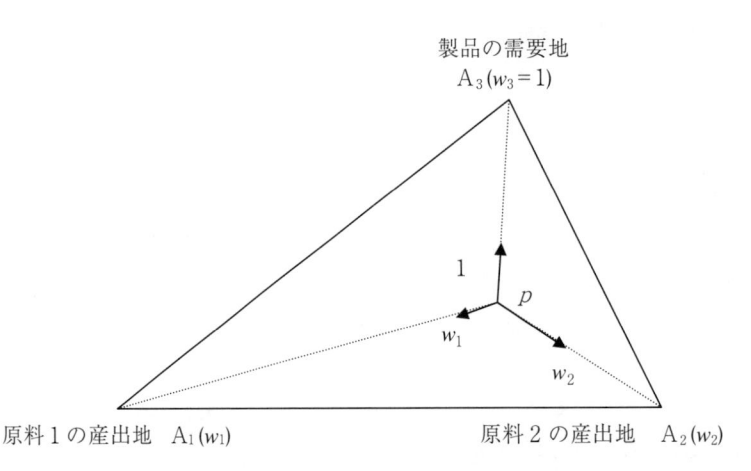

図 7.2 ウェーバーの立地三角形

ここで，α_{pk}は，p番目の立地点からk番目の需要地に財が供給されるときには1，そうでないときは0をとる0-1変数である。この場合，複数の立地点探索とともに，どの立地点からどの需要地に財を供給するかという配分の問題が生じ，物流システムの分析において重要な問題として扱われている。

7.2.3 ネットワーク上での立地問題

ネットワーク上の立地問題では，ネットワークを形成するノードをあらかじめ施設の立地候補地点として定めておき，この候補地点の中から立地点を探索する。

（1）最大需要地法

先の重量重心法では，単純重心法での立地点が，重量の大きい地点に引っ張られて移動したが，その考えを突き詰めていくと，それならば最大需要地を立地点にすればよいのではということになる。**最大需要地法**では，この考え方から，すべての地点（ノード）の中で，最大の需要量をもつ地点に施設を立地するというものである。東京や大阪のような，その地域の最も大きな都市に様々な施設が集まるのはこの理由からでもある。

（2）メディアン法

メディアンは，立地候補地点と各地点との距離の合計が最小となる地点である。メディアン上に施設を立地すれば，移動費用や輸送費用を少なくできることが期待できる。今，図7.3のような8つの地点（ノード）からなるネットワークがあるとする。ネットワークのリンク上の数字が地点間距離を表している。また，この地点間距離（最短距離）を表形式にしたものが表7.1である。地点間距離の各行の和（各地点とその他のすべての地点の距離の合計）を求め，その最小になる地点がメディアンとなる。表7.1では，メディアンは行の合計が24の地点3である。メディアンは他のすべての地点からのアクセスのしやすさ（近接性）を表しているといえる。

ウェーバーの問題と同様に，各ノードに原料供給量，需要量などの重量をウェイトとして付加する場合には，表7.1の距離行列にウェイトをかけて新たな行列をつくればよい。

各ノードのウェイトをw_k，最短距離行列の要素をg_{pk}とすると，平面上における立地の場合の（7.6）式と同様に，次の式を最小にするノードが，重量を付加した総距離（トン・キロ）最小立地となる。

$$\Phi = \sum_k w_k g_{pk} \rightarrow \min \qquad (7.12)$$

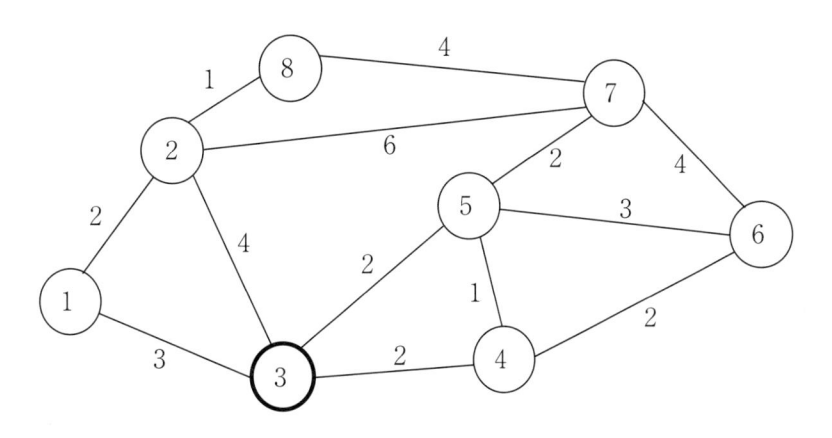

図7.3 ネットワークの例（メディアン……ノード3）

表7.1　図7.3の最短距離行列

ノード	1	2	3	4	5	6	7	8	行和	最大値
1	0	2	3	5	5	7	7	3	32	7
2	2	0	4	6	6	8	5	1	32	8
3	3	4	0	2	2	4	4	5	24	5
4	5	6	2	0	1	2	3	7	26	7
5	5	6	2	1	0	3	2	6	25	6
6	7	8	4	2	3	0	4	8	36	8
7	7	5	4	3	2	4	0	4	29	7
8	3	1	5	7	6	8	4	0	34	8

　メディアンは，総距離最小の単一立地点を示すものであるが，ネットワーク上で，各地点から最寄りの立地点までの距離の合計が最小になるような複数の立地点を選ぶとき，それらの立地点を**マルチメディアン**，また p 個の立地点を選ぶ問題（p 個の施設を配置する問題）を p メディアン問題と呼んでいる。

　数多くの地点の中から複数の立地点を選ぶ組合せの数は膨大なものになり，また，立地点を含む地域の分割という領域の問題も絡むため，マルチメディアンを求めることは容易ではない。そこで，多くの地点のうち立地点として可能性のある地点をあらかじめ定性的に候補地としてしぼり，その中からいくつかの立地点を選びだすことを考える。各地点について，最も近い立地候補地までの距離が定まるので，それをすべての地点について加えれば総距離が得られる。その中から総距離の最も小さい候補地群を選べばよい。

　たとえば，図7.3のネットワークで，2個の立地点を候補地2，3，5，7のなかから選ぶことを考えよう。各候補地群について総距離を求めると，地点2と5を立地点とした場合が最も小さく，これがマルチメディアンになる（図7.4）。

　立地点のテリトリー（領域）は線で分割されている。このときの総距離は11で，立地点が一つのとき（総距離24，表7.1参照）に比べ半分以下になっている。このように，立地点の数が増えればそれに伴って，総距離が減少することがわかる。このことは，たとえば，配送センターのような施設の場合，その数を増せば増やすほど，総輸送費用が減少することが予想できる。ただ，施設の数を増やせばそれだけ建設・運用などの施設費用がかかり，結局，総輸送費用と施設費用のトレードオフの関係から，それらの合計費用がもっとも小さくなるような最適な施設の数と場所が求められることになる。

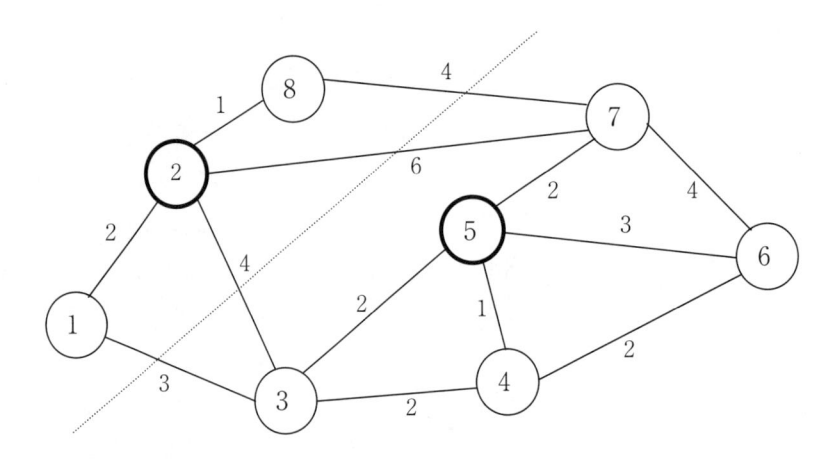

図7.4　マルチメディアン（ノード2, 5）

（3）センター法

施設から最も遠く離れた地点までの距離を考えよう。この距離が最も小さな地点に立地すると，地域全体からみた公平性が確保できる。このような地点は**センター**と呼ばれる。すなわち，各地点について，他の地点までの距離の最大値を求めた中で，最大値が最小の地点（ミニマックス点）である。メディアンと同様，施設の候補地をすべての地点とすると，表7.1の各行について，地点間距離の最大値を求め，この値が最小である地点がセンターとなる。表7.1では，センターは行の最大値が5の地点3である。この場合の距離5を半径という。

各地点にとっての公平性が保てることから，センターは役所や消防署，救急病院など，その施設の利用が定常的でない公共的な施設の立地問題に応用されている。また，もっとも遠い地点からの距離を最小にするp個の立地点を求める問題を，pセンター問題という。

ネットワーク上の立地問題では，立地点をあらかじめ候補とした地点上に絞って考えてきたが，ミニマックス点は必ずしも地点上にくるとは限らず，むしろ，地点と地点を結ぶリンク上にくることの方が多い。このように，ネットワーク上の本来のミニマックス点を**アブソリュートセンター**（absolute center）と呼んでいる。

7.3 施設配置問題

施設立地問題の中で，いくつかの条件を考慮しながら費用が最小となるような施設の配置を求める問題を**施設配置問題**とよぶ。ここでは，基本的な容量制約のない施設配置問題と施設の容量を考慮した容量をもつ施設配置問題を取り上げ，これらの問題の解説とAMPL/CPLEXを用いた解き方を解説する。

7.3.1 容量制約のない施設配置問題

容量制約のない施設配置問題は，施設の容量に制限をもたない，すなわち必要な量を必要なだけ供給できるという単純化された施設配置問題である。施設から需要地へ必要な量だけ供給できるため，一つの施設からいくつもの需要地へ制限なく輸送できることになる。このため，輸送量自体を考慮する必要がなく，どの施設を配置し，どの配置した施設から需要地へ輸送するかを決める問題となる。

問題の**前提条件**は，次のようになる。

容量制約のない施設配置問題の前提条件
① 需要地と施設候補が与えられる。
② それぞれの施設からは，需要地へ製品を十分に供給できる。
③ 施設候補と需要地間の輸送費用が与えられる。これは，需要地の需要量を輸送したときの**輸送費用**である。
④ 施設を配置するときに必要な**施設費用**が与えられる。
⑤ 施設と需要地間の輸送費用と施設費用の和が最小となるような配置する施設を選択し，配置した施設から輸送する需要地を求める。

このような問題を解くためには，定式化を示すことが重要である。定式化とは，数式などを用いて問題を表現することである。定式化により，問題を厳密に定義できるとともに，数理計画ソルバーや種々の解法を適用することができる。

つぎに，言葉による定式化を示そう．

容量制約のない施設配置問題の定式化

目的関数　最小化　輸送費用の合計＋施設費用の合計

制約条件
① **輸送制約**：いずれかの施設から需要地へ輸送する．
② **施設制約**：施設が配置される場合にのみ，この施設から需要地へ輸送できる．
③ **０－１制約**：配置・輸送をするしないを表わす．

容量制約のない施設配置問題では，輸送費用と施設費用の和である全体の費用を目的関数とし，これを最小化する．また，制約条件は三種類あり，これらの条件を満たす中で目的関数である総費用を最小にするような解，すなわち配置する施設を選択し，施設から需要地への輸送を求める．

図7.5に示すような3ヶ所の施設候補と4ヶ所の需要地を対象とする問題を考えよう．施設と需要地間の輸送費用を表7.2に，施設費用を表7.3に示す．

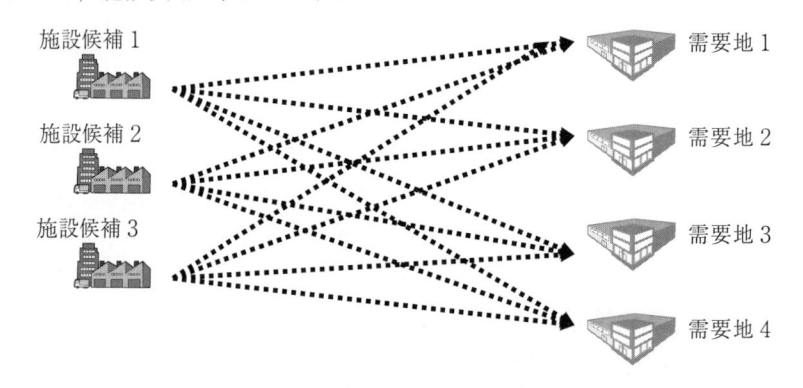

図7.5　容量制約のない施設配置問題

表7.2　輸送費用（単位：万円／月）

	需要地1	需要地2	需要地3	需要地4
施設候補1	30	50	70	80
施設候補2	40	20	60	80
施設候補3	120	100	80	60

表7.3　施設費用（単位：万円／月）

	施設候補1	施設候補2	施設候補3
施設費用	80	120	130

つづいて，この問題に対する数式による定式化を示そう．はじめに，定式化で用いる**変数**を定義しておく．施設候補を配置するか否かを表す変数と，施設候補から需要地へ輸送するか否かを表す変数を用いる．前者について，施設候補 i を配置する場合に1，しない場合に0を表す変数を y_i とする．施設候補2を配置する場合は $y_2=1$ となる．また，後者について，施設候補 i から需要地 j へ輸送すれば1，輸送しなければ0を表す変数を x_{ij} とする．施設候補2から需要地3へ輸送すれば $x_{23}=1$ となる．

目的関数は輸送費用の合計と施設費用の合計の和であり，これを最小化する．

$$30x_{11} + 50x_{12} + 70x_{13} + 80x_{14} + 40x_{21} + 20x_{22} + 60x_{23} + 80x_{24} + 120x_{31} + 100x_{32} + 80x_{33}$$
$$+ 60x_{34} + 80y_1 + 120y_2 + 130y_3$$

$30x_{11}$ は施設候補1から需要地1へ輸送するとき,すなわち $x_{11}=1$ のときに輸送費用30万円がかかり,輸送しないとき,すなわち $x_{11}=0$ のときには輸送費用が生じないことを意味する.また,$120y_2$ は施設候補2を配置するとき,すなわち $y_2=1$ のときに施設費用120万円がかかり,配置しないとき,すなわち $y_2=0$ のときには施設費用が生じないことを意味する.

つぎに,制約条件を考えよう.一番目の制約条件は輸送制約であり,「いずれかの施設から需要地へ輸送する」である.需要地1を例にすると,需要地1へはいずれかの施設から輸送することになる.これは,x_{11}, x_{21}, x_{31} のいずれか一つが1,それ以外が0となることであり,この制約条件は $x_{11}+x_{21}+x_{31}=1$ と表すことができる.したがって,輸送制約は,次のように表すことができる.

$$x_{11}+x_{21}+x_{31}=1,\ x_{12}+x_{22}+x_{32}=1,\ x_{13}+x_{23}+x_{33}=1,\ x_{14}+x_{24}+x_{34}=1$$

二番目の制約条件は施設制約であり,「施設が配置される場合にのみ,この施設から需要地へ輸送できる」である.施設候補1を例にして,変数 x と y の関係を考えよう.ここで $x_{11}+x_{12}+x_{13}+x_{14} \leq 4y_1$ という式を考える.なお,4は施設候補数である.施設候補1を配置する場合($y_1=1$)は $x_{11}+x_{12}+x_{13}+x_{14} \leq 4$ となり,$x_{11}, x_{12}, x_{13}, x_{14}$ は同時に1を取り得るので,施設候補1からすべての需要地に輸送ができる.また,配置しない場合($y_1=0$)は $x_{11}+x_{12}+x_{13}+x_{14} \leq 0$ となり,施設候補1からはいずれの需要地へも輸送できないことになる.したがって,施設制約[4]は,次のように表すことができる.

$$x_{11}+x_{12}+x_{13}+x_{14} \leq 4y_1,\ x_{21}+x_{22}+x_{23}+x_{24} \leq 4y_2,\ x_{31}+x_{32}+x_{33}+x_{34} \leq 4y_3$$

この他に0-1制約として,y_j の**0-1条件**と x_{ij} の0-1条件が必要となる.なお,x_{ij} の0-1条件は非負制約でも構わない.

容量制約のない施設配置問題の**定式化**をまとめておく.

容量制約のない施設配置問題の定式化

最小化

$$30x_{11} + 50x_{12} + 70x_{13} + 80x_{14} + 40x_{21} + 20x_{22} + 60x_{23} + 80x_{24}$$
$$+ 120x_{31} + 100x_{32} + 80x_{33} + 60x_{34} + 80y_1 + 120y_2 + 130y_3 \quad \text{(総費用)}$$

制約条件

$x_{11} + x_{21} + x_{31} = 1$	(輸送制約:需要地1)
$x_{12} + x_{22} + x_{32} = 1$	(需要地2)
$x_{13} + x_{23} + x_{33} = 1$	(需要地3)
$x_{14} + x_{24} + x_{34} = 1$	(需要地4)
$x_{11} + x_{12} + x_{13} + x_{14} \leq 4y_1$	(施設制約:施設1)
$x_{21} + x_{22} + x_{23} + x_{24} \leq 4y_2$	(施設2)
$x_{31} + x_{32} + x_{33} + x_{34} \leq 4y_3$	(施設3)
$x_{ij} \in \{0,1\}\ \ i=1,\cdots,3,\ \ j=1,\cdots,4$	(0-1条件)
$y_j \in \{0,1\}\ \ j=1,\cdots,4$	(0-1条件)

このように制約条件のもとで,目的関数を最小化(または最大化)する問題を最適化問題とよぶ.特に,変数に0-1条件を含む最適化問題を**組合せ最適化問題**とよぶ.容量制約のない施設配置問題は最適化問題であり,組合せ最適化問題でもある.

7.3.2 容量制約をもつ施設配置問題

容量制約をもつ施設配置問題は,施設の生産能力や供給能力である容量に制限がある,すなわち一つの

施設から需要地へ輸送できる量に限りがあるという施設配置問題である．実際に工場や配送センターなどの施設で扱える量には限界があるので，この問題は容量制約のない施設配置問題よりも現実的な問題である．容量制約のない施設配置問題とは異なり，輸送量を考慮する必要があるため，施設配置に加え，施設の容量の範囲内で配置した施設から需要地へ輸送する量を決める問題となる．

問題の**前提条件**は，次のようになる．

容量制約をもつ施設配置問題の前提条件
① 需要地と施設候補が与えられる．
② 需要地における**需要量**が与えられる．
③ 施設候補から輸送できる量の上限値である容量が与えられる．
④ 施設候補と需要地間の単位当りの輸送費用が与えられる．
⑤ 施設を配置するときに必要な施設費用が与えられる．
⑥ 施設と需要地の間の輸送費用と施設費用の和が最小となるような配置する施設を選択し，施設の容量の範囲内で配置する施設から需要地への輸送量を求める．

つぎに，言葉による定式化を示そう．

容量制約をもつ施設配置問題の定式化
目的関数　最小化　輸送費用の合計＋施設費用の合計
制約条件
① **輸送制約**：需要地へは，いずれかの施設からその需要量を輸送する．
② **容量制約**：施設が配置される場合にのみ，この施設から輸送できる．また，輸送量の合計は施設の容量以下である．
③ **非負制約**：輸送量は非負である．

容量制約をもつ施設配置問題では，輸送費用と施設費用の和である全体の費用を目的関数とし，これを最小化する．三種類の制約条件を満たす中で，目的関数である全体の費用が最小となるような解，すなわち配置する施設を選択し，施設から需要地への輸送量を求める．

表7.4　輸送費用（単位：万円／トン）

	需要地1	需要地2	需要地3	需要地4
施設候補1	3	5	7	8
施設候補2	4	2	6	8
施設候補3	12	10	8	6

表7.5　需要地の需要量（単位：トン／月）

	需要地1	需要地2	需要地3	需要地4
需要量	30	20	10	40

表7.6　施設の容量（単位：トン／月）

	施設候補1	施設候補2	施設候補3
容量	40	60	70

3ヶ所の施設候補と4ヶ所の需要地を対象とした問題を考えよう．施設と需要地の関係は図7.5と，施設費用は表7.3と同じとする．施設と需要地間の1トン当りの輸送費用を表7.4に，需要地の需要量を表7.5に，施設の容量を表7.6に示す．

この問題に対する定式化を示そう．はじめに，定式化で用いる変数を定義しておく．容量制約をもつ施設配置問題では，施設候補を選択し，この施設を配置するか否かを表す変数と，施設候補から需要地へ輸送する輸送量を表す変数を用いる．前者について，施設候補iを配置する場合に1，しない場合に0を表す変数をy_iとする．また，後者について，施設候補iから需要地jへの輸送量を表す変数をz_{ij}とする．施設候補2から需要地3への輸送量を表す変数はz_{23}となる．

目的関数は輸送費用の合計と施設費用の合計の和であり，これを最小化する．

$$3z_{11} + 5z_{12} + 7z_{13} + 8z_{14} + 4z_{21} + 2z_{22} + 6z_{23} + 8z_{24} + 12z_{31} + 10z_{32} + 8z_{33} + 6z_{34} + 80y_1 + 120y_2 + 130y_3$$

$5z_{12}$は施設候補1から需要地2へz_{12}トンを輸送するとき，輸送費用$5 \times z_{12}$万円がかかることを意味する．また，$130y_3$は施設候補3を配置するときに施設費用130万円がかかり，配置しないときには施設費用が生じないことを意味する．

つぎに，制約条件を考えよう．一番目の制約条件は輸送制約であり，「需要地へは，いずれかの施設からその需要量を輸送する」である．需要地2を例にすると，需要地2へは施設1から施設3のいずれかから輸送することになる．このため，需要地2へ輸送する量の合計は$z_{12} + z_{22} + z_{32}$となり，これが需要地2の需要量20に一致する．すなわち，条件式は$z_{12} + z_{22} + z_{32} = 20$となる．したがって，輸送制約は次のように表すことができる．

$$z_{11} + z_{21} + z_{31} = 30, \quad z_{12} + z_{22} + z_{32} = 20, \quad z_{13} + z_{23} + z_{33} = 10, \quad z_{14} + z_{24} + z_{34} = 40$$

二番目の制約条件は容量制約であり，「施設が配置される場合にのみ，この施設から輸送できる量は施設の容量以下である」である．施設候補1を例にして考えよう．施設候補1から需要地へ輸送する量の合計は$z_{11} + z_{12} + z_{13} + z_{14}$となる．施設候補1が配置されると，輸送量の合計は容量の40以下となる．また，施設候補1が配置されないと施設候補1は存在しないので輸送量の合計は0なる．このため，これらの関係は$z_{11} + z_{12} + z_{13} + z_{14} \leq 40y_1$と表すことができる．したがって，容量制約[5]は次のように表すことができる．

$$z_{11} + z_{12} + z_{13} + z_{14} \leq 40y_1, \quad z_{21} + z_{22} + z_{23} + z_{24} \leq 60y_2, \quad z_{31} + z_{32} + z_{33} + z_{34} \leq 70y_3$$

この他に，z_{ij}の非負制約とy_iの0-1条件が必要となる．

容量制約をもつ施設配置問題の定式化をまとめておく．

容量制約をもつ施設配置問題の定式化

最小化
$$3z_{11} + 5z_{12} + 7z_{13} + 8z_{14} + 4z_{21} + 2z_{22} + 6z_{23} + 8z_{24}$$
$$+ 12z_{31} + 10z_{32} + 8z_{33} + 6z_{34} + 80y_1 + 120y_2 + 130y_3 \quad \text{(総費用)}$$

制約条件
$z_{11} + z_{21} + z_{31} = 30$ （輸送制約：需要地1）
$z_{12} + z_{22} + z_{32} = 20$ （需要地2）
$z_{13} + z_{23} + z_{33} = 10$ （需要地3）
$z_{14} + z_{24} + z_{34} = 40$ （需要地4）
$z_{11} + z_{12} + z_{13} + z_{14} \leq 40y_1$ （容量制約：施設1）
$z_{21} + z_{22} + z_{23} + z_{24} \leq 60y_2$ （施設2）
$z_{31} + z_{32} + z_{33} + z_{34} \leq 70y_3$ （施設3）
$z_{ij} \geq 0 \quad i = 1, \cdots, 3, \quad j = 1, \cdots, 4$ （非負制約）
$y_j \in \{0, 1\} \quad j = 1, \cdots, 4$ （0-1条件）

7.3.3 AMPL を用いた解き方

モデリング言語の AMPL と数理計画ソルバーの CPLEX を用いて，容量制約のない施設配置問題と容量制約をもつ施設配置問題を解いてみよう．なお，CPLEX は組合せ最適化問題に対応した数理計画ソルバーである．はじめに，容量制約のない施設配置問題で示した例題を解くために，次のような AMPL モデル（ファイル名 shisetu.mod）を作成する．なお，AMPL モデルファイルは ample.exe と同じフォルダに保存しておく．

``
# 容量制約のない施設配置問題 shisetu.mod 	
var x{1..3,1..4} binary; var y{1..3} binary;
minimize souhiyou:
 30*x[1,1]+50*x[1,2]+70*x[1,3]+80*x[1,4]
+40*x[2,1]+20*x[2,2]+60*x[2,3]+80*x[2,4]
+120*x[3,1]+100*x[3,2]+80*x[3,3]+60*x[3,4]
+80*y[1]+120*y[2]+130*y[3];
subject to yusou1 : x[1,1]+x[2,1]+x[3,1]=1;
subject to yusou2 : x[1,2]+x[2,2]+x[3,2]=1;
subject to yusou3 : x[1,3]+x[2,3]+x[3,3]=1;
subject to yusou4 : x[1,4]+x[2,4]+x[3,4]=1;
subject to shisetu1: x[1,1]+x[1,2]+x[1,3]+x[1,4]-4*y[1]<=0;
subject to shisetu2: x[2,1]+x[2,2]+x[2,3]+x[2,4]-4*y[2]<=0;
subject to shisetu3: x[3,1]+x[3,2]+x[3,3]+x[3,4]-4*y[3]<=0;
end;
``
	$x_{ij} \in \{0,1\}$, $y_j \in \{0,1\}$
	最小化
	$30x_{11} + 50x_{12} + 70x_{13} + 80x_{14}$
	$+ 40x_{21} + 20x_{22} + 60x_{23} + 80x_{24}$
	$+ 120x_{31} + 100x_{32} + 80x_{33} + 60x_{34}$
	$+ 80y_1 + 120y_2 + 130y_3$
	$x_{11} + x_{21} + x_{31} = 1$
	$x_{12} + x_{22} + x_{32} = 1$
	$x_{13} + x_{23} + x_{33} = 1$
	$x_{14} + x_{24} + x_{34} = 1$
	$x_{11} + x_{12} + x_{13} + x_{14} \leq 4y_1$
	$x_{21} + x_{22} + x_{23} + x_{24} \leq 4y_2$
	$x_{31} + x_{32} + x_{33} + x_{34} \leq 4y_3$

で始まる行は説明文である．var は変数の定義である．x{1..3, 1..4} は配列 x[1, 1] ～ x[3, 4], y{1..3} は配列 y[1] から y[3] を AMPL モデルで使うことを表し，binary は変数が 0 か 1 のどちらかをとることを表す．たとえば，定式化における変数 y_1 は y[1], x_{13} は x[1, 3] と表現する．

minimize は目的関数を最小化することを表し，souhiyou は目的関数に付けた名前である．また，30 * x[1, 1] + ・・+ 130 * y[3] は目的関数に対応する式である．subject to は制約条件の式であることを表し，yusou1 や shisetu1 は式を区別するために付けた名前である．yusou1 から yusou4 は需要地への輸送制約に，shisetu1 から shisetu3 は各施設の施設制約に対応する式である．なお，AMPL モデルでは，≦ は半角で <= と記述する．左辺に変数，右辺に定数をおくために，$x_{11} + x_{12} + x_{13} + x_{14} \leq 4y_1$ は x[1, 1] + x[1,2] + x[1,3]

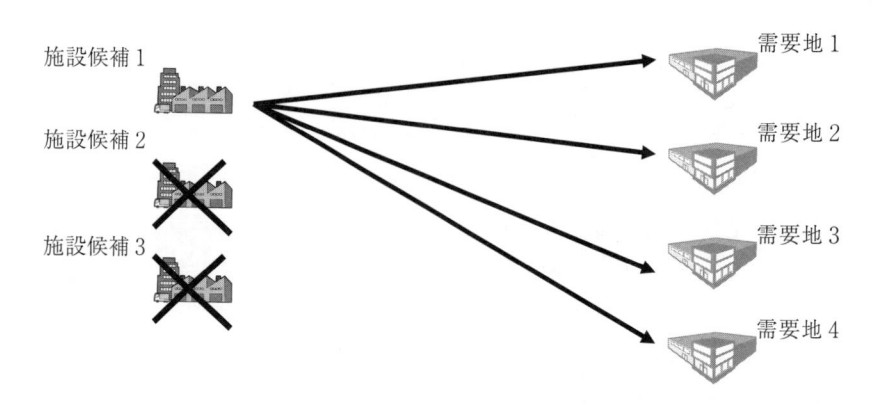

図 7.6 容量制約のない施設配置問題の最適解

+x[1,4]−4y[1]<=0 のように移項している．また，end はモデルの記述の終りを表す．

AMPL/CPLEX を用いて，容量制約のない施設配置問題の AMPL モデルを解こう．計算手順は次の通りである．なお，下線部が入力する部分であり，右側は説明である．

ampl: `option solver cplex;`	ソルバーを CPLEX に設定する．
ampl: `model shisetu.mod;`	shisetu.mod を読み込む．
ampl: `solve;`	shisetu.mod を解く．
CPLEX 12.0: optimal integer solution; objective 310	最適解が求められ，目的関数値は310である．
ampl: `display y;`	y の最適解を表示する．
y [*] := 1 1 2 0 3 0;	最適解は y[1]=1，y[2]=0，y[3]=0
ampl: `display x;`	x の最適解を表示する．
x:= 1 1 1 1 2 1 1 3 1 1 4 1;	最適解は x[1,1]=1，x[1,2]=1，x[1,3]=1， x[1,4]=1，その他が0
ampl: `exit;`	AMPL を終了する．

CPLEX を用いて解いた結果，最適な総費用は310万円となった．図7.6に示すように，この問題の最適解は，配置する施設が施設候補1であり，施設候補1から需要地1～4に輸送するとなる．

つぎに，容量制約をもつ施設配置問題で示した例題を解くために，次のような AMPL モデル（ファイル名 youryou.mod）を作成する．なお，AMPL モデルファイルは ample.exe と同じフォルダに保存しておく．

# 容量制約をもつ配置問題 youryou.mod var z{1..3,1..4} >=0; var y{1..3} binary;	$z_{ij} \geq 0$，$y_j \in \{0,1\}$
minimize souhiyou:	最小化
3*z[1,1]+5*z[1,2]+7*z[1,3]+8*z[1,4]	$3z_{11} + 5z_{12} + 7z_{13} + 8z_{14}$
+4*z[2,1]+2*z[2,2]+6*z[2,3]+8*z[2,4]	$+ 4z_{21} + 2z_{22} + 6z_{23} + 8z_{24}$
+12*z[3,1]+10*z[3,2]+8*z[3,3]+6*z[3,4]	$+ 12z_{31} + 10z_{32} + 8z_{33} + 6z_{34}$
+80*y[1]+120*y[2]+130*y[3];	$+ 80y_1 + 120y_2 + 130y_3$
subject to yusou1: sum{i in 1..3} z[i,1] =30;	$z_{11} + z_{21} + z_{31} = 30$
subject to yusou2: sum{i in 1..3} z[i,2] =20;	$z_{12} + z_{22} + z_{32} = 20$
subject to yusou3: sum{i in 1..3} z[i,3] =10;	$z_{13} + z_{23} + z_{33} = 10$
subject to yusou4: sum{i in 1..3} z[i,4] =40;	$z_{14} + z_{24} + z_{34} = 40$
subject to shisetu1: sum{j in 1..4} z[1,j] -40*y[1]<=0;	$z_{11} + z_{12} + z_{13} + z_{14} \leq 40y_1$
subject to shisetu2: sum{j in 1..4} z[2,j] -60*y[2]<=0;	$z_{21} + z_{22} + z_{23} + z_{24} \leq 60y_2$
subject to shisetu3: sum{j in 1..4} z[3,j] -70*y[3]<=0;	$z_{31} + z_{32} + z_{33} + z_{34} \leq 70y_3$
end;	

z{1..3, 1..4} は z[1, 1]から z[3, 4]の定義であり，>= は変数が非負であることを表す．3*z[1, 1]+‥+130*y[3]は目的関数に対応する式である．yusou1から yusou4は需要地への輸送制約に，shisetu1から shisetu3は各施設の容量制約に対応する式である．なお，sum{i in 1..3} z[i, 1]=30 は z[1,1]+z[2,1]+z[3,1]=30 をまとめた表現であり，sum{j in 1..4} z[1, j]−40*y[1]<=0 は z[1,1]+z[1,2]+z[1,3]+z[1,4]−40*y[1]<=0 をまとめた表現である．

容量制約をもつ配置問題の AMPL モデルを解こう．計算手順は次の通りである．なお，下線部が入力する部分であり，右側は説明である．

ampl: option solver cplex;	ソルバーを CPLEX に設定する．
ampl: model youryou.mod;	youryou.mod を読み込む．
ampl: solve;	shisetu.mod を解く．
CPLEX 16.0: optimal integer solution; objective 710	CPLEX で最適解が求められ，目的関数値は 710 である．
ampl: display y;	y の最適解を表示する．
y [*] := 1 0 2 1 3 1;	最適解は y[1]=0, y[2]=1, y[3]=1 である．
ampl: display z;	z の最適解を表示する．
z := 2 1 30 2 2 20 2 3 10 3 4 40;	最適解は z[2,1]=30, z[2,2]=20, z[2,3]=10, z[3,4]=40, その他が 0
ampl: exit;	AMPL を終了する．

CPLEX を用いて解いた結果，最適な目的関数値である総費用は 710 万円となった．図 7.7 に示すように，最適解は，配置する施設が施設候補 2 と 3 であり，施設候補 2 から需要地 1 に 30 トン，需要地 2 に 20 トン，需要地 3 に 10 トンを輸送し，施設候補 3 から需要地 4 に 40 トンを輸送するとなる．

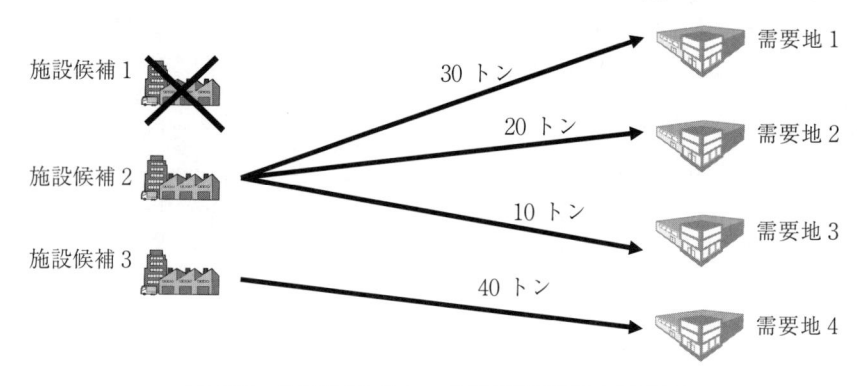

図 7.7　容量制約をもつ施設配置問題の最適解

【演習問題】

1．5つの地点の (x, y) 座標と需要量（人口）が次のように与えられている．単純重心と重量重心の座標を求めよ．

地点	x 座標	y 座標	需要量
1	10	20	50
2	20	40	30
3	50	120	20
4	80	150	10
5	40	70	30

（答）単純重心は (40,80) の地点，重量重心は (29.3,58.6) の地点（小数点第 2 位を四捨五入）

2．次のネットワークで表わされる地点がある。
（1）最短距離行列を作成せよ。
（2）メディアンとノードはどの地点かを示せ。

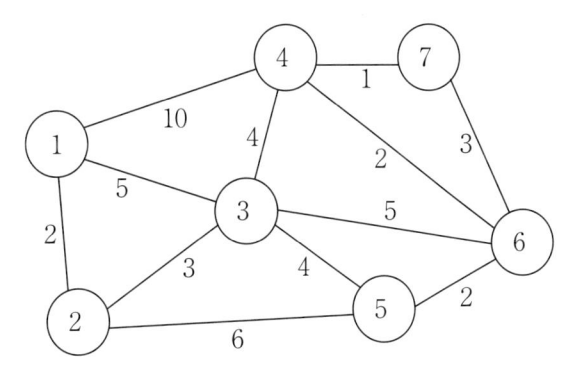

（答）
（1）最短距離行列

地点	1	2	3	4	5	6	7	行和	minimax
1	0	2	5	9	8	10	10	44	10
2	2	0	3	7	6	8	8	34	8
3	5	3	0	4	4	5	5	26	5
4	9	7	4	0	4	2	1	27	9
5	8	6	4	4	0	2	5	29	8
6	10	8	5	2	2	0	3	30	10
7	10	8	5	1	5	3	0	32	10

（2）上表から，メディアン，センターはともに地点3

3．容量制約のない施設配置問題において，下の表に示すような輸送費用と施設費用が与えられている。このとき，次の問いに答えよ。
（1）定式化を示せ。
（2）AMPL モデルを示せ。
（3）最適解を求めよ。

輸送費用（単位：万円／月）

	需要地1	需要地2	需要地3	需要地4	需要地5
施設候補1	150	180	180	130	140
施設候補2	210	230	150	240	150
施設候補3	180	190	200	195	120
施設候補4	210	190	150	180	100

施設費用（単位：万円／月）

	施設候補1	施設候補2	施設候補3	施設候補4
施設費用	180	120	90	150

(答) （1） 省略 （2） 省略 （3） 施設1を配置, 費用合計960万円

4. 容量制約をもつ施設配置問題において, 問3の表と同じ輸送費用, 施設費用が与えられ, また下の表に示すような需要量および施設の容量が与えられている. このとき, 次の問いに答えよ.
（1） 定式化を示せ.
（2） AMPLモデルを示せ.
（3） 最適解を求めよ.

需要地の需要量（単位：トン／月）

	需要地1	需要地2	需要地3	需要地4	需要地5
需要地	3	2	4	1	2

施設の容量（単位：トン／月）

	施設候補1	施設候補2	施設候補3	施設候補4
容量	7	6	5	6

(答) （1） 省略 （2） 省略 （3） 施設候補1と施設候補4を配置, 費用合計2070万円

5. 6ケ所の施設候補があり, 各都道府県庁所在地の47ケ所の需要地にトラックで輸送する施設配置問題を作り, 施設費用と輸送費用の和が最小となる計画を立てよ. なお, 次のデータを用いること.
  ・ トラックの輸送費用（1km・1トン当たり）：Web上で検索
  ・ 6ケ所の施設候補地：宮城県, 埼玉県, 愛知県, 大阪府, 広島県, 福岡県の県庁所在地
  ・ 施設容量：各施設400トン
  ・ 施設費用：各施設1千万円
  ・ 需要：都道府県の人口10万人当たり1トン, 合計1278トン, 都道府県の人口はWeb上で検索

(答) 省略

注
（1） 3章では, 多様な要因を考慮に入れたロジスティクス拠点の立地選択を意思決定問題として扱っている.
（2） ヒューリスティックな方法とは, 試行錯誤的にあるいは経験的に問題解決を図る方法. 発見的方法ともいう.
（3） ここでの説明は [11] に基づいているが, H.W.Kuhn & R.E.Kuenne の方法よりかなり前の1937年, E.Weiszfeldによる反復解法のアルゴリズムが東北大学の東北数学雑誌 (Tohoku Mathematical Journal First series Vol.43) に発表されている.
（4） 効率よく最適解を求めるためには, $x_{11} \leq y_1$, $x_{12} \leq y_1$ などのような非集約化制約が有効である.
（5） 効率よく最適解を求めるためには, $z_{11} \leq 30y_1$, $z_{12} \leq 20y_1$ などのような非集約化制約が有効である.

第8章　在庫管理

【要旨】

　本章ではまず，在庫とは何か，またそれに伴う費用にはどのようなものがあるかなどを説明し，近年，注目されているキャッシュフローと在庫の関係について述べる。次に，ABC分析とその方法について解説し，どのような品目をいつ，どれだけ調達すべきか，すなわち在庫品目の特性に見合った発注方法について述べる。そして，発注やそれに伴う在庫の動きを，実際にパソコン上で再現するシミュレーションについて説明する。乱数によって模擬的に発生させた需要量に対して，代表的な発注方式を適用し，Excelを用いてシミュレーションを行ってみる。それによって時間の経過に伴う在庫の動きや品切れの発生，またその時にかかる費用などを把握することができる。

8.1　在庫管理の考え方

　企業では，多くの品目に対して，何を，いつ，どれだけ調達すべきかが重要な課題である。たとえば，製造業では，工場でものを生産するために必要な部品や原料を，いつどれだけ調達すべきか考えねばならないし，小売業では，商品の仕入れに関して同様の問題が発生する。調達量や仕入れ量が多すぎると過剰在庫や売れ残りが発生する。それは，資金の固定化や在庫品の劣化，陳腐化（型が古くなる）につながることになる。また，売れ残り品を損失覚悟で廉価販売せざるをえない場合もでてくる。反対に，調達や仕入れ量が少なすぎると，必要な時に品切れが生じ，生産がストップしてしまったり，売れる機会を逃してしまうこともある。これらはいずれも，生産・販売活動を混乱させ，品切れによる機会損失や顧客への信用失墜につながる。その結果，原価を高くすることになり，利益を低下させることになる。

　このような調達や仕入れから始まる一連のものの流れの各拠点では（工場，倉庫，配送センター，小売店等々），必ず何らかの在庫が存在し，ものの流れを円滑化し，需要に対して柔軟かつ迅速なサービスを提供する役割を果たしている。近年よく話題になる**ジャストインタイム**（JIT）物流といっても，理論的にはともかく，まったく在庫をもたないわけではない。

　需要の多様化に伴って製品の多品種化が進んでいる今日，取り扱う部品，仕掛品，製品の種類は飛躍的に増加しており，これらの多くの品目を適正に調達，管理していくことは企業にとって大きな課題となっている。

　このように取扱品目数が多くなると，それらの品目についてすべて同じような精度で管理することは現実的でない。何らかの方法で在庫品を分類し，それに見合った方式で調達を行い管理すべきであろう。このような在庫の分類の方法にABC分析がある。

　この章ではまず，8.2節で在庫とは何か，またそれに伴う費用にはどのようなものがあるかなどを説明し，さらに，近年，注目されているキャッシュフローと在庫の関係について述べる。8.3節では，ABC分析とその方法について解説する。また，8.4節では，どのような品目をいつ，どれだけ調達すべきか，すなわち在庫品の発注の方法について述べる。代表的な方法には，定期発注方式，発注点方式（定量発注方式）などがあり，品目特性に見合った適用がなされている。8.5節では，発注やそれに伴う在庫の動きを，

実際にパソコン上で再現するシミュレーションについて説明する。乱数によって模擬的に発生させた需要量に対して，代表的な発注方式を適用し，Excel を用いてシミュレーションを行ってみる。これによって時間の経過に伴う在庫の動きや品切れの発生，またその時にかかる費用などを把握することができる。

最後に 8.6 節では，在庫管理理論のうち紙面の関係で説明することのできなかったいくつかの事項や在庫管理を取り巻く諸問題について述べる。

8.2 在庫とキャッシュフロー

8.2.1 在庫とは

在庫は販売面では品切れ防止の役割，また生産管理上は生産を円滑に行うための様々なバッファ（緩衝）の役割をもっているが，会計学上でみると，棚卸資産のことで，商品，製品，半製品（中間製品），仕掛品，部品・原材料などを指す。商品は，販売目的のために仕入れた製品のことをいう。また，半製品とは製造途中の中間的な製品でそのままの状態でも販売可能なもので，製造工程のなかばで販売できる状態にはなっていないものが仕掛品である。ただし，現実にはこれらを区別することが難しい場合もある。

もともと棚卸しとは，資産評価や原価の確定などのため，倉庫の棚から物品を降ろして数量や中身を確認し，帳簿と照合する所からきており，棚卸資産は現金化が可能な流動資産でもある。事業形態により差はあるが，資産総額のかなりの部分が在庫に投資されているといわれ，これが回転しないと資金の固定化につながり，金利負担が大きくなったり，活動資金が不足してしまうことになる。

棚卸しにより在庫数量が確認され金額に換算されるが，その評価方法の一つに**先入れ先出し法**（FIFO, First In First Out）がある。たとえば同じ商品でも，仕入れ時期によって単価が異なることがあるので，先に仕入れた商品から先に売れたものとみなして計算する方法である。その他の評価法として，後入れ先出し法（LIFO, Last In First Out）や，仕入れ時期を平均的にとらえる平均法（総平均法，移動平均法など），最終仕入原価法などがある。

さて，在庫の動きからみた分類に次のようなものがある。

- ランニングストック
- スリーピングストック
- デッドストック

ランニングストック（running stock）とは，まさに走っている在庫のことで，正常な使い方をして回転している在庫を指す。これには，回転率の高い運転在庫（回転在庫ともいう）や，短期的で不規則な需要の変動に対応するための安全在庫，生産の平準化のために季節変動などを見越してあらかじめ保有する在庫（見越し在庫，計画在庫などともいう）などが含まれる。企業にとっては，在庫の回転率を高めることが重要であり，企業の健全性や効率性を示す指標ともなっている。**在庫回転率**（Inventory Turnover Rate）は，会計年度期間中の売上高（売上原価を用いることもある）を年度末の在庫金額（棚卸資産額）で割ることにより求められ，在庫が 1 年に何回入れ替るかを示している。回転率が高いほど，入庫から出庫（販売）までの期間が短く効率的といえる。

スリーピングストック（sleeping stock）とは，長期間保有されている在庫，売れ残り在庫などを指す。デッドストック（dead stock）とは，そのことばどおり，死蔵在庫，すなわち，陳腐化，劣化した在庫を指す。これらの在庫は，生産計画と実際に行われた生産量とのずれ，需要の思わぬ減少，新製品・新設備導入，設計変更など様々な理由によって発生するが，企業にとっては資金を圧迫するばかりでほとんど価値を生むことはないので，これを減らすことが企業にとっては重要な課題になる。また，スリーピングス

トックや陳腐化しただけのデッドストックなどで商品化可能な一部については，アウトレット商品として販売されることもある。

また，在庫を保有するためには，次のような費用が生じる。
- 保管費用
- 品切れ費用
- 発注費用

保管費用は，在庫する場所に関する費用（倉庫や配送センターなどにおける保管費用），管理費用，物品を買うために調達した資金の金利，在庫品の劣化や陳腐化による損失，保険料などの費用のことをいう。

需要があるにもかかわらず，物品がない（在庫がない）場合には，売り逃し（機会損失）や顧客への信用失墜につながり，また緊急発注が必要になる。工場などでは，部品の在庫がなくなり，生産が止まってしまうこともある。このような品切れに伴う諸々の損失を費用として換算したものが品切れ費用（欠品費用ともいう）である。ただ，品切れによる損失は概念としては把握できても，正確にその数字を求めることは難しい。

発注費用は物品を注文し，入庫するためにかかる費用である。輸送費用，連絡のための通信費用，入庫のための検査・検収費用などである。検査は，ある基準に照らして適正かどうかを調べること，また検収とは，数量・種類などを点検して受領することを意味する。

8.2.2 在庫とキャッシュフロー計算

前項では，在庫とはどのようなものか，棚卸しとその評価，在庫の動きから見た分類，費用などについて述べてきたが，ここでは，在庫とキャッシュフローの関係について説明しておこう。

キャッシュフローとは，資金の流れすなわち現金収支のことで，経営指標や業績評価指標としては，従来「利益」が用いられてきたが，それと同様に，あるいはそれに代わるものとして使われるようになっている。

前述したように，在庫は資産の一種（棚卸資産）であるが，それをいかにたくさん保有しようとも，現金化されない限り，企業にとっては活動の継続が不可能になる。企業は赤字が増えても倒産するとは限らないが，資金（キャッシュ）がなくなって支払いができなくなれば，簡単に倒産してしまうことがある。それゆえ，在庫が効率的に回転しているか否か，すなわち在庫回転率が重要な指標といえるのである。

日本でも欧米に10年以上遅れて，2000年3月期より上場企業に対しては，**貸借対照表**（Balance Sheet; B/S），**損益計算書**（Profit and Loss statement; P/L）に続く第3の財務諸表として，資金の流れを記述した**キャッシュフロー計算書**（Cash Flow statement, C/F）の作成が義務付けられるようになった。これにより，損益計算書などとは別の面から，企業の資金状況や支払い能力を評価する情報が把握できることになる。キャッシュフローは，ある期間（たとえば1年間）に流入された資金（キャッシュイン）から，流出された資金（キャッシュアウト）の差として求められる資金の増減を表わしており，それを記述したものがキャッシュフロー計算書である。この計算書では，資金の流入出を，営業キャッシュフロー，投資キャッシュフロー，財務キャッシュフローの三つに分類して資金繰りを表示する。

企業間では，代金の支払いや販売した売上の回収が購入時や販売時点で伴わない掛取引が通常よく行われている。その場合，たとえば販売時点で現金が回収されることはないが，損益計算書上では売り上げとなって収益となる。とはいえ，実際に売掛金が回収されなければ，キャッシュインはゼロとなり活動資金が得られない。その結果，損益計算書上は利益が上がっているのに倒産するようなことも起こりうるのである（黒字倒産と呼ばれる）。これがキャッシュフローの考え方の重要な点である。

さて，この考え方からすると，在庫はそれが使用されたり，販売されて現金化されない限り，資産ではあってもキャッシュの滞りに過ぎず，キャッシュフローの観点からは在庫が増えることはリスクも増すといえる。そこで，キャッシュを増やすには在庫を減らさなくてはならないという考えが出てくるのである。売れ残りその他の原因で，現金化されるとは限らない在庫も，貸借対照表上では資産であり，また，損益計算書ではキャッシュとしての収益は把握できない。

簡単な数値例を示そう。

仕入単価100円で1000個仕入れた商品が，販売単価120円で600個売れた場合，

(損益計算の観点)
 売上高　　　　　　　　72,000円（120円×600個）
 売上原価（費用）　　　-60,000円（100円×600個）
 粗利益（売上総利益）　=12,000円

(キャッシュフローの観点)
 粗利益（売上総利益）　12,000円
 在庫（売れ残り分）　　-40,000円（100円×(1000個-600個)）
 売れ残りのままの場合＝△28,000円（損失）
 損失をゼロにするには
 　⇒　売れ残った在庫400個を，仕入単価を下回る70円で売ることが必要となる

損益計算上では，商品の仕入れが費用として計上されるのは，売上があった時，その数量分だけということになるので，売れ残った400個分の在庫は認識されない。今，この売れ残った在庫をそのまま売り損じてしまえば，仕入れた分40,000円が損失となり，粗利益がマイナスとなってしまう。損失を被らないようにするためには，売れ残った400個分の在庫を，仕入単価を下回る70円（＝(40,000-12,000)/400）で完売しなければならない。この結果，ようやく損失はゼロとなる。このように，在庫が現金化されないと，損益計算上は粗利益が計上されたとしても損失を被ることになるのである。

多くの企業では，このようなキャッシュフローの観点から在庫削減を進めている。ただ，在庫はそれ自身，役割や機能があることから，完全に在庫ゼロを実現することは不可能であり，在庫削減を考えながらも適正な在庫量の把握，そのための発注方式の検討などが必要になってくる。以下に続く節では，現実に存在する在庫に対する考え方やその分類，在庫品目別の発注管理，発注方式などについて述べることにしよう。

8.3　重点管理による在庫の分類－ABC分析

工場などで取り扱う部品や資材の数は，組立系の製品の場合，時には1万点や2万点以上にもなることも多い。これらの数多い品目のすべてを綿密に計画，管理するにこしたことはないが，そうすると費用が多くかかり，また，管理力も分散し，どれも中途半端な管理となってしまう。そこで，品目を分類して重点的に計画，管理する品目を決め，比較的単価の高いものについては，所要量計算をそのつど慎重に行い，在庫の過不足が極力避けられるような調達方法をとる必要がある。また，共通性が高く，需要の変動が少なく，使用量（払出数量）が比較的安定していて単価の安いものについては，あらかじめ，ある期間の使用量を見積もっておき，手持在庫がある程度の量になった時に定められた量だけ発注する方式により，管

理の省力化を図る方法がとられることが多い。

ここでは，部品や資材を分類する代表的な方法である**ABC分析**について説明する。これによって在庫の重点管理が可能となる。これは次の手順に従って進められる。

① ある期間（たとえば1年間）の各品目の払出金額（使用金額）を求める。

　　　払出金額＝単価×払出数量

② 払出金額を合計し，総払出金額を求める。

　　　総払出金額＝Σ（品目毎の払出金額）

③ 各品目の総払出金額に対する割合を求める

$$品目別払出金額比率 = \frac{ある品目の払出金額}{総払出金額}$$

④ 払出金額比率の大きい順に品目を並べる。
⑤ これを順次累積していき，累積払出金額比率を求める。
⑥ 総品目数を求め，品目数累積比率を求める。
⑦ 横軸に，品目数累積％，縦軸に払出金額累積％をとり，グラフを描く。

このようにして描いた図を**パレート図**，あるいはパレート曲線という。一般に，図8.1のように立ち上がりの急なカーブが描かれることが多い。たとえば，図のような場合には，総品目数の20％を重点的に管理すれば，総払出金額の80％をも管理できることになる。そこで，これらの品目をA品目として，管理努力を集中することにすればよい。そして，次の30％をB品目，残りの品目をC品目とし，順次，管理を簡単なものにしていくわけである。C品目は，品目数は多いものの，払出金額の点からみれば，わずかな部分を占めるにすぎない。このようにして品目を分類し，それぞれに適した管理を行っていく。すなわち，A品目に対しては品切れを起こさないよう，また在庫過剰にならないよう，慎重に必要量を予測・計算して発注する定期発注方式，C品目に対しては，多少在庫が多くなっても，できるだけ管理の手間を省くために，比較的簡単な発注点方式がよく用いられ，B品目は，それぞれの特性を考慮した発注方式がとられる。

また，A品目のように重点管理の必要なものについては，出荷頻度や棚卸しのしやすさなどを考慮し，意図的に保管場所を考えておくこともよく行われている。このように倉庫などで保管場所を工夫して，在庫の効率的な管理や入出庫を容易かつ確実にするよう運用していくことを**ロケーション管理**という。

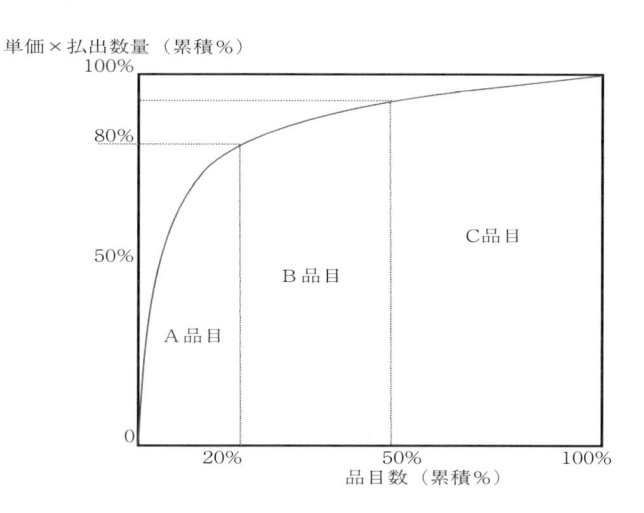

図8.1　ABC分析（パレート図）

なお，パレート図はもともと国民経済における所得格差の分析に用いられてきたもので，その他，品質管理の七つ道具の一つとして，不良の発生原因を多い順に横軸，その件数や損失金額などを縦軸としてグラフに描くことにより，不良原因の分析などに利用されている。

8.4 代表的な発注方式

在庫管理の鍵となるのは，必要な物品をいつ，どのくらい調達し仕入れるべきか，その量とタイミングである。この発注の方式には種々のものがあるが，以下に代表的な方式について記す。

8.4.1 定期発注方式

ABC分析によりA品目に分類された材料，部品に対しては，管理を十分に行い，品切れや過剰在庫を防がねばならない。このような重要な資材を管理する代表的方法に，**定期発注方式**がある。

これは，在庫量をあらかじめ定めた間隔で調査し，発注量はその都度予測して求めるものである。発注を行う間隔（発注サイクル）は一定であるが，発注量はその都度変化することになる（図8.2）。需要の伸びが予測されれば発注量は大きくなるが，それを計算する際には，既に発注済みの量や手持ち在庫量を考慮に入れなければならない。

すなわち，発注量は，次式で求められる。

$$\text{発注量} = \{(\text{調達期間} + \text{発注間隔})\text{中の需要予測量}\} - \text{発注残} - \text{期末在庫量} + \text{安全在庫} \quad (8.1)$$

ここで発注残とは，すでに発注してあるが，未入庫のものをいう。また，**安全在庫**（余裕）は，需要が予測したものより急激に大きくなったような場合に対処するために持つもので，これにより予期せぬ変動に対応し，予測誤差を吸収することができる。

たとえば，発注間隔を3期とし，即納で（調達期間0），発注残は0，安全在庫量を今は考えないとする。発注間隔が3期であるから，第1期目に発注すると，次には4期，以下7期，10期と発注することになる。今，次期以降の需要量が470個，530個，500個と予測され，今期末の在庫量を150個とすると，発注間隔中の需要予測量は470+530+500となる。この場合，今期の発注量は以下のように計算できる。

$$\text{今期の発注量} = 470 + 530 + 500 - 150 = 1350 \text{ 個}$$

定期発注方式における発注間隔は，発注元や発注先の事務手続き条件を考慮して決定したり，経済的発注量（次項参照）に基づいて決められることもある。

このように定期発注方式では，定期的（発注間隔一定）に，必要な発注量を(8.1)式により計算して求め，発注を行う。

8.4.2 発注点方式（定量発注方式）

発注点方式は，ABC分析におけるC品目のように単価が安く，共通性の高いものに対してよく用いられる。在庫量があらかじめ定めておいた量（発注点）にまで減少した時に，あらかじめ定めておいた発注量を発注する方式である（図8.3）。したがって，発注量は一定であるが，在庫の減少の仕方によって発注間隔は不定期となる。以下に，発注量と発注点の定め方について述べよう。

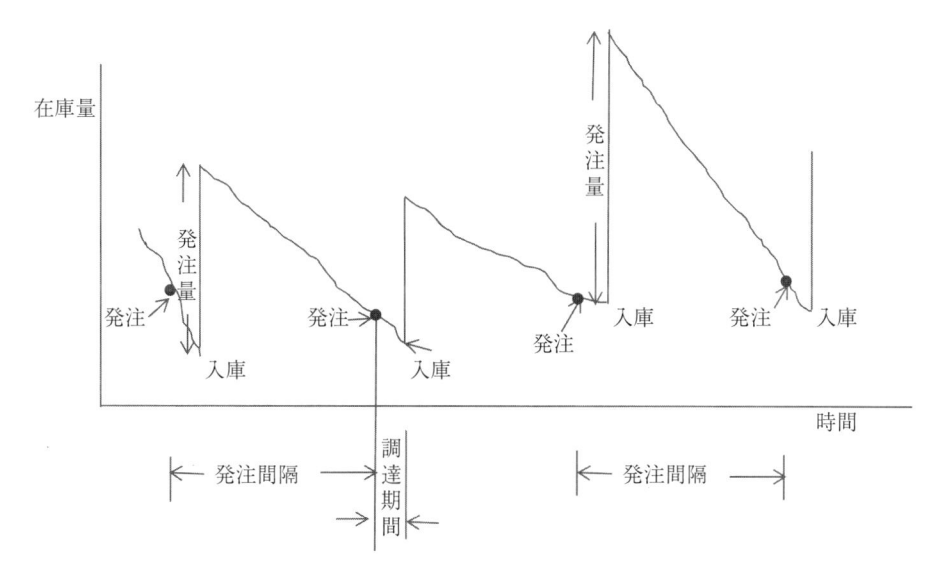

図 8.2　定期発注方式における在庫の動き（発注間隔一定）

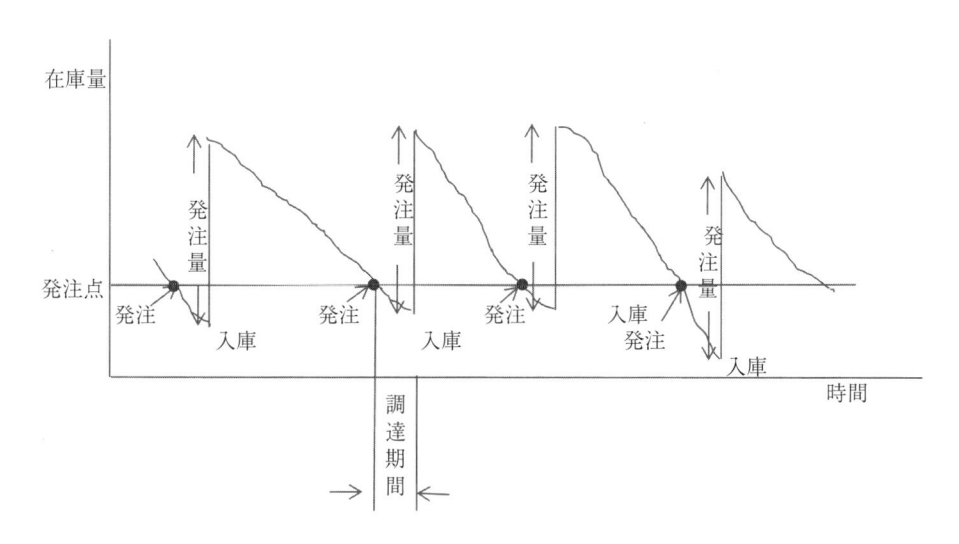

図 8.3　発注点方式における在庫の動き（発注量一定）

（1）　経済的発注量

まず簡単な例で，発注量と在庫量の考え方を示す。

今，年間で 1200 個の需要が予想される部品があるとし，この部品をいつどれだけ発注すればよいかという問題を考える。これを 1 月の初めに 1 年分まとめて発注した場合，即時納入されるものとすると，その時点で在庫が 1200 個発生する。これが需要に応じて払出しが行われ，在庫は徐々に減少し，1 年を経過した年末にはちょうど 0 個となる。この場合，発注費用は年初めに 1 回分かかるだけですむ。一方，在庫を保管するための費用は年初で 1200 個，年末に 0 個になるから，年平均で考えると，1200 個の半分である 600 個を 1 年間保管していたのと同じと考えられる。

次に，1 回あたりの発注量を少なくし，たとえば毎月，月初めに発注するとした場合を考え，比較してみよう。毎月発注の場合には，発注回数は年間 12 回で，1 回に一ヶ月分の需要量の 100 個ずつを発注す

ればよいことになる。発注費用は年1回の発注と比較すると12回分かかるが、在庫保管費用は毎月平均50個分ですむ。(図8.4)。

このように、年1回発注という方式と、月1回発注という方式を比較し、どちらの方式が良いかを考えるには、それぞれ1年間に必要な費用（発注費と在庫保管費用の合計）を計算し、安い方を採用すれば良いことになる。すなわちこの場合、年間にかかる合計費用は、以下のようになる。

　　　　年1回発注（発注量1200個）　　1回分の発注費用＋平均600個分の保管費用
　　　　月1回発注（発注量100個）　　12回分の発注費用＋平均50個分の保管費用

年間レベルでみた場合、1回の発注量が増えれば、保管費用は増加する一方で発注費用は減少する。また、発注量を減らして発注回数を増やせば保管費用は減少するが、発注費用は増加することがわかる（図8.5）。このような、一方を良くしようとすれば他方は悪くなるような、同時に満たすことの難しい経済上の二律背反関係を**トレードオフ**の関係と呼んでいる。

さて、在庫にかかる費用を保管費用と発注費用の合計とすると、このトレードオフ関係を考慮に入れた上で、合計費用がもっとも小さくなるような発注量を求めることが課題となる。今の例では、年1回発注と月1回発注の二つを比較してみたが、さらに良い（費用の安い）発注の方法があるかを見つければよい

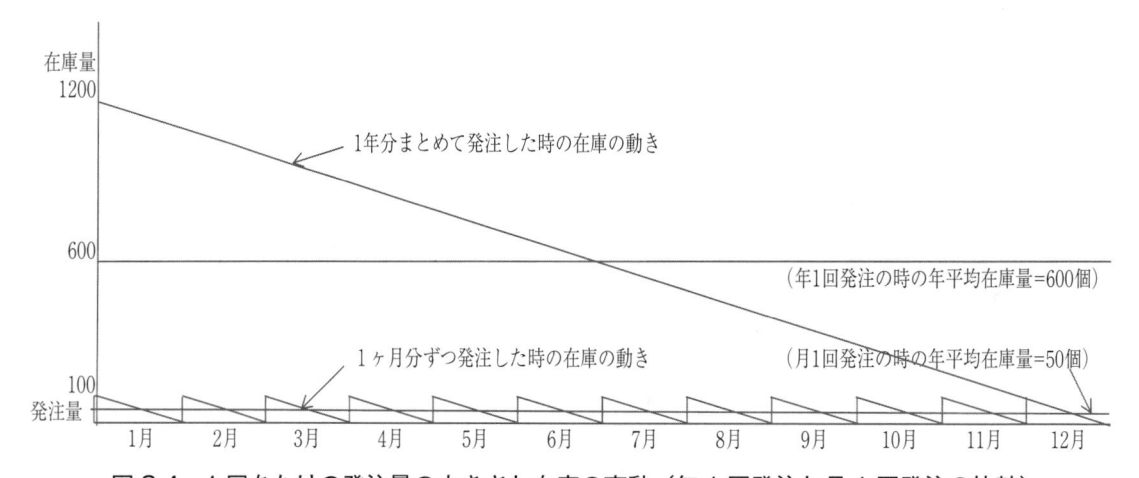

図8.4　1回あたりの発注量の大きさと在庫の変動（年1回発注と月1回発注の比較）

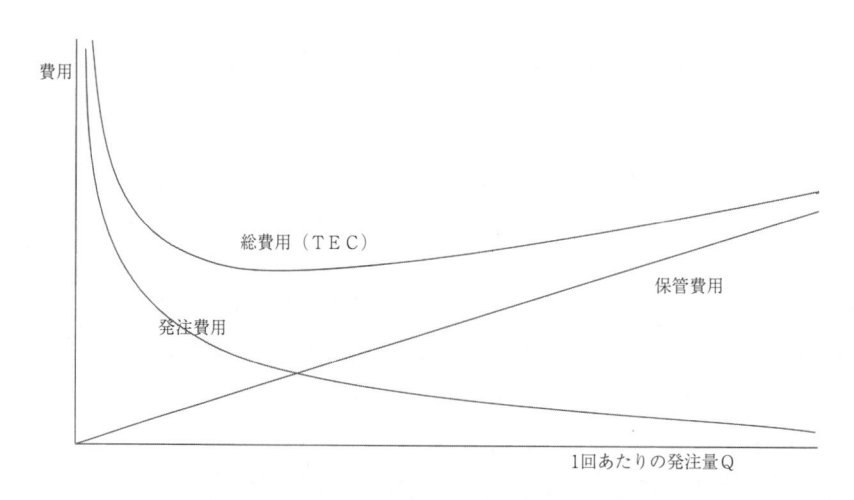

図8.5　1回あたりの発注量の大きさと費用

ことになる。

　ちなみに，トヨタのジャストインタイム方式（JIT，かんばん方式という運用媒体にちなんだ呼び方もある）では，生産単位の小ロット化を図り，多頻度納入などで発注回数を増やすことにより，在庫を削減し在庫費用を減少させることをねらっている。そのためには，発注回数が増えることによって必要な発注費用をいかに小さくできるかがポイントとなる[1]。

　さて，発注量を求める問題を一般化して考えてみることにしよう。1 年間に R 個使用する部品があるとする。ここでは発注費用を，発注する量には無関係に必要な 1 回当たりの費用としてとらえる。また，保管費用は，保管量と期間に比例するとしよう。すなわち，1 個を 1 年間保管すると C_i 円かかり，半年間保管すると $C_i \times 1/2$ 円，10 個を 1 年間保管すると $C_i \times 10$ 円かかるものと考える。ここで記号を次のように定める。

　　R：年間需要量（払出量）（個／年）
　　Q：1 回当たり発注量（個／回）
　　C_0：1 回当たり発注費用（円／回）
　　C_i：1 個 1 年間の保管費用（円／（個・年））
　　S：安全在庫（余裕）（個）

　さて，1 回当たり Q 個ずつ発注するとしよう（この Q を求めるのが課題である）。

　このとき 1 年間では R/Q 回発注することになり，発注費用は

$$C_0 \times R/Q \tag{8.2}$$

となる。

　また，1 回に Q 個発注すると，平均的には常に在庫を $Q/2$ 個保有していることになる。安全在庫は，平均して S 個保有しているとすると，1 年間の平均保管量は，$(Q/2+S)$ となり，したがって保管費用は

$$C_i \times (Q/2+S) \tag{8.3}$$

となる。

　よって，総期待費用 TEC（Total Expected Cost）は，発注費用と保管費用の和として表され

$$TEC = C_0 \times R/Q + C_i \times (Q/2+S) \tag{8.4}$$

となる。

　この TEC を最小にする Q は，この式を Q で微分することにより得られる。

$$\frac{d(TEC)}{dQ} = -\frac{R}{Q^2}C_0 + \frac{C_i}{2} = 0$$

$$Q^2 = \frac{2RC_0}{C_i}$$

$$\therefore Q = \sqrt{\frac{2RC_0}{C_i}} \tag{8.5}$$

となる。

　ここで，保管費用 C_i を，単価 p の何％を占めるかという保管比率 i を使って $C_i = p \times i$ として表現し，この $p \times i$ を (8.5)式の C_i の代わりに用いている公式もみられる。

　この発注量を，**経済的発注量**（または経済発注量，**EOQ**（Economic Order Quantity））と呼ぶ。すなわち，年間需要や 1 回あたりの発注費用が大きくなれば，経済的発注量は大きくなり，保管費用が高ければ小さくなるという関係があることがわかる。また，この発注量で年間（ある単位期間）の需要量（払出量）を

（2）発注点

発注点は，発注する際の在庫量の水準を指すが，発注したものが即座に納入されて使用可能になるならば，在庫がなくなってから発注すれば間に合う。この場合には，発注点は0でよいことになる。しかし通常は，発注してから納入され使用可能になるまでにはある期間を要する。これを**調達期間**（リードタイムまたはデリバリータイム）という。

一般的に，調達期間が長くなれば，発注点は大きくなり，調達期間が短ければ，発注点は小さくてすむという関係がある。このように，発注点は，調達期間中に払い出される量をまかなえる量であればよい。すなわち，1日当たり，平均 $\overline{D}$ の需要量（払い出し量）があるとき，調達期間を T 日とすると，発注点 K として $\overline{D} \times T$ は必要であることがわかる。しかし，これはあくまで平均的な値であり（図8.6のA），これだけでは，1日の払出量にバラツキがある時には，過不足が生じる（図8.6のB，Cの場合）。そこで，ある程度の量を上積みしておく必要がある。これを**安全在庫 S**（安全余裕）という。

ここで，1日当たりの需要量（払い出し量）を，平均 $\overline{D}$，標準偏差 $\hat{\sigma}_D$ とする（図8.7）。このとき，調達期間 T 日間における需要量は，平均 $\overline{D} \times T$，標準偏差 $\sqrt{T}\hat{\sigma}_D$ の正規分布をすると考えることができる（図8.7）。

発注点 K を $\overline{D} \times T$ とすると，品切れを起こすのは，調達期間中の需要量が $\overline{D} \times T$ を上まわった時であり，その確率は50％となる。

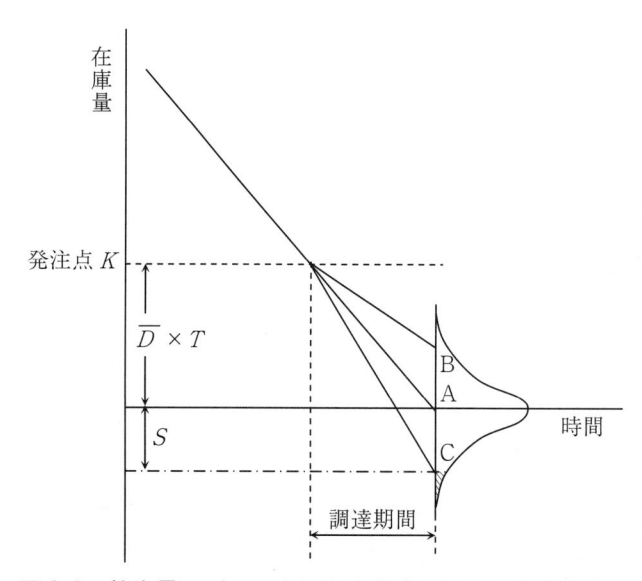

図8.6 払出量のバラツキによる在庫の過不足と安全在庫

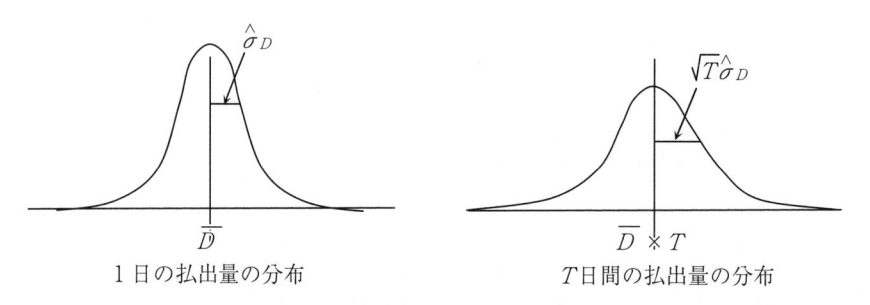

図8.7 調達期間中の払出量の分布

品切れを起こす確率を5%以下に抑えたいならば，正規分布の統計学上の性質から，標準偏差の1.65倍を平均に加えてやればよいことがわかる（正規分布表を利用）。品切れ確率を2.5%以下にしたいならば，1.96倍となる。この係数を$u(\alpha)$で示すと，結局，発注点Kは，

$$K = \overline{D} \times T + u(\alpha)\sqrt{T}\hat{\sigma}_D \qquad (8.6)$$

として表わすことができる。種々の品切れ確率αに対する安全係数$u(\alpha)$の値を表8.1に示す。

表8.1　品切れ確率と安全係数

品切れ確率α	0.2	0.1	0.05	0.025	0.01	0.005
安全係数$u(\alpha)$	0.84	1.28	1.65	1.96	2.33	2.58

このようにして，発注点法では，発注点Kと発注量Qをあらかじめ定めておき，在庫が発注点Kに達したとき，Qを発注すればよい。すなわち，定期発注方式と異なり，管理者は現在の在庫水準をチェックするだけでよいので，管理の手間が少なくて済む。なお，この方式は，発注間隔は変動するが，発注量は一定（経済的発注量）であることから**定量発注方式**とも呼ばれる。

8.4.3　その他の発注方式

（1）2ビン法（ダブルビン法，2棚法，複棚法）

発注点方式の一種であるが，それをより簡便かつ実用的にしたもので，2つの容器（箱，棚など）に在庫（部品）を保有し，片方の容器の部品から使用を始め，それが無くなったら，もう一方の容器に入っている部品の使用を始めると同時に1箱分発注するという方式である。すなわち発注点方式において，発注点は在庫が1箱になったとき，発注量は1箱分と考えればよい。1箱に入れる部品の量は，発注点の考え方から，(8.6)式に基づいて，部品の調達期間中の需要量（使用量）に若干の安全在庫分を加えたものにすればよい。この方式は，価格が安く小物の部品などに用いられ，誰もが容易に管理を行うことができるという利点がある。なお，2ビンのビン（bin）は，英語でふた付きの容器のことを意味する。

（2）(s, S)方式

定期的に在庫調査し，在庫が，s以下になったら，ある一定の在庫水準Sになるように発注する方式で，やはり発注点方式の一種と考えられる。sが発注点であり，Sは**補充点**と呼ばれる。

8.5　在庫シミュレーション

乱数によって模擬的に発生させた需要量に対して，代表的な発注方式を適用し，Excelを用いたシミュレーションを行ってみる。これによって時間の経過に伴う在庫の動きや品切れの発生状況，またその時にかかる費用などが把握できる。

8.5.1　シミュレーション

シミュレーション（simulation）は，模擬実験ともいわれ，現実における種々の現象をパソコン上で再現し，数値的に実験を行うことによって得られた結果および情報を活用しようとするものである。システムが大規模化・複雑化して，解析的方法で解を得るのが困難であるような場合や，実際に装置を使っての実験が不可能な社会現象に対して，パソコン上で様々な政策の有効性を実験するような場合によく用いられる。

特に，発生する事象に不確実性がある場合には，それを確率分布により表現し，その分布に従う**乱数**

（規則性がなくランダムに並んだ数の列）を発生させてシミュレーションを行う方法がとられる。これが**モンテカルロ・シミュレーション**（Monte Carlo simulation）である（第6章6.3.1参照）。

在庫シミュレーションの前に，何らかの景品が当たる確率が0.2，はずれの確率が0.8という福引きの例を考えよう。

また，乱数として，0以上1未満の一様乱数（ある有限の区間を区切って，その区間内で全ての実数が同じ確率（濃度）で現れるような乱数のこと）を用いることにする。乱数 x（$0 \leq x < 1$）を，たとえば，

$$0 \leq x < 0.2 \text{ ならば「当たり」}, 0.2 \leq x < 1 \text{ ならば「はずれ」}$$

のように割り当てることにすれば，乱数が，0.65，0.38，0.19という順序で出現した場合，福引きを引いたとき，「はずれ」，「はずれ」，「当たり」が出たと解釈するわけである。

今，x を10個発生させて，その数値が0.2未満か否かを調べてやれば，福引きを10回行うという現象が再現できる。この実験でも現実の福引きでも10回のうちすべてが，「はずれ」となるようなこともあるが，実験回数を増やしてやれば，「はずれ」の回数は，その確率0.8に近づくだろう。

このように，モンテカルロ・シミュレーションは，乱数をそれぞれの出現事象に割り当て，乱数の出現をその事象の出現に対応させていくものである。

Excelでこれを表現する場合には，IF関数を使用し，乱数値が0.2未満なら「当たり」，そうでなければ「はずれ」とすればよい。すなわち，以下のようになる。

=IF（乱数値の入っているセル番地<0.2, "「当たり」", "「はずれ」"）

なお，Excel 2013での一様乱数の発生は，ツールバーの「データ」を選択し，一番右にある「データ分析」[2]をクリック，分析ツールのウィンドウ内の「乱数発生」を選び，必要なパラメータを以下のように入力してやればよい。

- 「変数の数」欄には，何列分の乱数を発生させるかを入力
- 「乱数の数」欄は，発生する乱数の個数．（30個の乱数の場合，30）
- 「分布」欄には一様乱数，正規乱数といった乱数の種類
  （福引きの例では一様乱数を示す「均一」，在庫シミュレーションでは「正規」など）
- 「パラメータ」欄は，「均一」では乱数値の範囲，「正規」では平均と標準偏差
- 「ランダムシード」は，乱数を発生させるための種という意味で，ここに適当な数字，たとえば1を入れて発生させると，1という数字を種にした乱数が発生できる．いつも同じ数値の乱数が必要な場合には，それを発生するための種に同じ数字を入れておけばよい
- 「出力オプション」には，乱数をどこに発生させるかの場所を「出力先」として番地指定してやればよい

8.5.2　Excelによる在庫シミュレーション

今，ある期間，たとえば12期の在庫の動きをシミュレーションしてみよう．乱数により各期の需要を発生させ，それに対して定期発注方式と発注点方式による発注を行った場合の在庫量の変化，保管費用，品切れ費用，発注費用などを求めてみよう．

シミュレーションを行うために，次のようにデータを設定し，前提とする．

対象期間：12期（1期は1ヶ月，合計1年間）

保管費用：1期1個当り100円

品切れ費用：1期1個当り300円

発注費用：1回当り2万円

調達期間：0期（即納，または，期末に発注すると，次期の期首に入庫すると考える）

需要量：平均100個，標準偏差20の正規分布に従う乱数によって発生する。需要量は事前に予測できているものとする。（需要の予測値＝需要量）

品切れ時の処置：品切れた場合，その需要は次期に持ち越される。

（1）シミュレーション1（定期発注方式，発注間隔2期の場合）

表8.2をみてみよう。初期値としてあらかじめ，第1期の期首在庫量と期首入庫量を記入しておく（ここではそれぞれ100と0）。

また，期末在庫，期首在庫，需要量などと期の関係をみると，当期の期末在庫量は，(8.7)式により計算され，前期の在庫量や発注量とは，(8.8)，(8.9)式のような関係があることがわかる。

$$今期の期末在庫量＝今期の期首在庫量＋今期の期首入庫量－今期の需要量 \quad (8.7)$$
$$今期の期首在庫量＝前期の期末在庫量 \quad (8.8)$$
$$今期の期首入庫量＝前期の発注量（調達期間が0期の場合） \quad (8.9)$$

これらを式の形でExcelのセルに入力する。すなわち，第1期の期末在庫量15は，100＋0－85により求められ，その値が第2期の期首在庫量となる。

問題は各期の発注量を求め，そのときの在庫の動きや発生する費用を計算することであるので，まず，定期発注方式の発注量の求め方（(8.1)式参照）を使って発注量を計算する。

発注間隔が2期であるので，1期目に発注すべき量は，発注間隔中の需要予測量（2期と3期の需要量の合計104＋115）から，現在持っている在庫（1期の期末在庫量15）を差し引けばよい。すなわち，204となる。なおこの量が第2期の期首入庫量となっている。次に発注するのは第3期であるので，2期の発注量は0，3期の発注量は4期と5期の需要量の合計109＋81から3期の期末在庫量0をひいた190となる。以下これを繰り返してやればよい。いずれにしても，はじめの期に式を代入しておけば，あとはそれを次期以降の期にコピーするだけでよい。発注量に関しては，1期に入れた式を，3，5，7期と1期おき

表8.2 定期発注方式のシミュレーション（発注間隔2期）

期	乱数	需要量	期首在庫量	期首入庫量	期末在庫量	期末発注量	保管費用	品切費用	発注費用	
1	85.318573	85	100	0	15	204	1500	0	20000	
2	104.28668	104	15	204	115	0	11500	0	0	
3	115.93658	115	115	0	0	190	0	0	20000	
4	109.08758	109	0	190	81	0	8100	0	0	
5	81.529118	81	81	0	0	230	0	0	20000	
6	111.31898	111	0	230	119	0	11900	0	0	
7	119.77091	119	119	0	0	204	0	0	20000	
8	80.533585	80	0	204	124	0	12400	0	0	
9	124.23899	124	124	0	0	208	0	0	20000	
10	111.31716	111	0	208	97	0	9700	0	0	
11	97.816212	97	97	0	0	194	0	0	20000	
12	97.571331	97	0	194	97	0	9700	0	0	総費用
						合計	64800	0	120000	184800

平均需要量	100	発注費用	20000
		保管費用	100
		品切れ費用	300

にコピーしてやればよい。

期末在庫量，品切れ量（期末在庫量が負），期末発注量が正の時はそれぞれ保管費用，品切れ費用，発注費用が発生し（IF関数を使用），12期が終わると総費用が求められる。

このシミュレーションでは，総費用184,800円という結果となる。

(2) シミュレーション2（発注点方式，発注点50の場合）

発注点方式では，あらかじめ経済的発注量を計算しておくことが必要である。すなわち，経済的発注量は，前提として設定した数値を公式（(8.5)式参照）に代入して，以下のように計算できる。

$$経済的発注量 = \sqrt{\frac{2 \times 100 \times 20000}{100}} = 200 個$$

在庫の変動の仕組みはシミュレーション1と同様であるが，発注点方式では，在庫量があらかじめ決めておいた発注点（この例では50）を下回ったときに，200個を発注すればよいので，これを発注量のセルにIF関数で記述しておく。すなわち，期末在庫量がF3のセルに入っているとすると，以下のような式を入れておけばよい。このIF関数は，期末在庫量が50以下になったら，200個を発注し，そうでなければ発注しない（0個を発注）ことを意味している。

　　　（ExcelのIF関数の表示）
　　　　　　　　＝IF（F3＜＝50, 200, 0）

このシミュレーションでは総費用が201,400円となっている（表8.3）。

ここでは，定期発注方式と発注点方式のそれぞれ1例ずつを示したが，発注間隔を変えた場合，発注点を変えた場合など何通りでもパラメータを動かし，様々なケースについてシミュレーションが可能である。このようなシミュレーションによって，長期にわたる在庫の動きや方式の違いによる結果の差などを考察し，望ましい発注政策を模索することができる。

表8.3　発注点方式のシミュレーション（発注点50）

期	乱数	需要量	期首在庫量	期首入庫量	期末在庫量	期末発注量	保管費用	品切費用	発注費用	
1	85.318573	85	100	0	15	200	1500	0	20000	
2	104.28668	104	15	200	111	0	11100	0	0	
3	115.93658	115	111	0	-4	200	0	1200	20000	
4	109.08758	109	-4	200	87	0	8700	0	0	
5	81.529118	81	87	0	6	200	600	0	20000	
6	111.31898	111	6	200	95	0	9500	0	0	
7	119.77091	119	95	0	-24	200	0	7200	20000	
8	80.533585	80	-24	200	96	0	9600	0	0	
9	124.23899	124	96	0	-28	200	0	8400	20000	
10	111.31716	111	-28	200	61	0	6100	0	0	
11	97.816212	97	61	0	-36	200	0	10800	20000	
12	97.571331	97	-36	200	67	0	6700	0	0	総費用
						合計	53800	27600	120000	201400

平均需要量　　100　　発注費用　　20000　　発注点＝　　　50
　　　　　　　　　　保管費用　　　100　　経済的発注量＝　200

　　　　　　　　　　品切れ費用　　300

8.6 在庫管理の周辺

在庫管理の基本を，在庫の考え方や費用，キャッシュフローとの関係，在庫の分類と重点管理，代表的な発注方式，在庫シミュレーションなどについて述べてきた。これら以外にも在庫管理には重要な事項が多いので，ここではそれらについて簡単に紹介しておく。

ある時間を経過すると価値がなくなるような原材料や腐りやすい商品については，調達量の決定が重要な課題となる。仕入れ過ぎて売れ残ると廃棄しなければならず，利益と売れ残り損失を考慮しながら仕入れ量を決定しなければならない。このような問題の典型的なものに**新聞売り子問題**（News Boy Problem）と呼ばれるものがあり，在庫理論の基本的な問題となっている。

また，製品の需要が伸びればそれに伴って部品や資材の生産や発注も増えることになるが，このような完成品の需要に依存する部品や資材の生産・発注指示や管理には，**MRP**（Material Requirements Planning, 資材所要量計画）が用いられる。また，その考え方を流通に応用したものに**DRP**（Distribution Resource Planning, 流通資源計画）がある。工場では，製造日程計画が示されると，その製品を製造するために必要な材料や部品の種類と数量を求めることが必要であるが，これを部品所要量計算という。部品所要量は，各製品がどの仕掛品，部品から構成されているかを示す部品構成表（BM, Bill of Materials）と製造計画数量から求められる。これらの情報を用いて生産・発注指示が行われることになる。これを体系化したものがMRPであり，DRPである。また，MRPを受注から生産計画，負荷計画，外注管理など工場の運営全般にわたってとらえて総合化したものに，**MRP II**（Manufacturing Resource Planning, あるいは広義のMRPともいう）がある。さらにそれを企業全体の立場から，経営資源の有効活用の観点で統合的に管理し，経営の効率化を図るための手法・概念に**ERP**（Enterprise Resource Planning, 企業資源計画）と呼ばれるものがあり，いずれも，基幹業務を部門ごとではなく統合的に管理するためのソフトウェアパッケージとして販売されている[3]。

在庫は調達から生産，販売に至るロジスティクスの各拠点で保有されているので，在庫管理の理論も，1品目，1在庫点を扱うものから，多品目，多在庫点の相互関係を同時に考慮するものへと発展してきている。多在庫点の相互関係を考慮し，全体最適化を目指すのがSCM（Supply Chain Management）であるが，近年では，在庫をなるべく持たないことを目指すJIT生産やJIT物流が普及してきている。これは需要に応じて，必要な時に必要な量のみを補充していく，いわば需要が生産を引っ張っていくpull型の方式であり，多頻度納入やリードタイムの最小化などによって成し遂げられるが，現実には在庫を全くもたないことはありえない。むしろ，需要の最終段階（小売業者）での需要変動がサプライチェーンの上流にさかのぼるに従って増幅され，安全を見越して在庫量も増えてしまうような現象も起こりうる。この現象を**ブルウィップ効果**（bullwhip effect）と呼んでいる。ブルウィップとは牛の鞭を意味し，鞭を振ると手元の小さな動きが，鞭の先の方では，大きくむち打って波動が大きくなることが由来となっているが，もともとは1950年頃以降，社会システムの変動などを研究してきたJ.W.Forresterにちなみフォレスター効果と呼ばれたものでもある。いずれにしても，このような現象を情報の共有やリードタイムの減少などを通じて緩和するのがSCMの役割でもあり，また，JITの本来の目的もそこにあると考えられる。

【演習問題】
1. 仕入単価10円で1000個仕入れた製品が，販売単価15円で600個売れたという。この時，従来の損益計算書に基づいた考え方とキャッシュフローに基づいた考え方で損益を表わしてみよ。

(答)
売上げ　　　15円×600個＝9000円
原価　　　　10円×600個＝6000円
従って，損益計算上の粗利益は3000円
(キャッシュフロー損益)
　　在庫（売残り分）　10円×(1000−600)＝4000円
　　売れ残りのままの場合　3000円−4000円＝△1000円（損失）
仕入れ量を減らして800個とした場合
　　原価　　　　10円×800個＝8000円
　　在庫（売残り分）　10円×(800−600)＝2000円
　　　　　　　　3000円−2000円＝1000円（キャッシュフロー損益が改善）
　　⇒　在庫を減らすことによりキャッシュフローが改善される！

2．年間の需要量の予測値が10000個，1回あたりの発注費は2000円，1個1年あたりの保管費を40円とした場合の経済的発注量 EOQ を求めよ。

(答) 経済的発注量 $= \sqrt{\dfrac{2 \times 10000 \times 2000}{40}} = 1000$ 個

3．1日あたり平均50個の需要（標準偏差は5）があり，調達期間が4日かかる製品の発注について考える場合，在庫量がいくつになったら発注すればよいか。
① 品切れの確率を5%以下（安全係数1.65）に抑えたい場合，発注点はどうなるか。
② 品切れの確率を1%以下（安全係数2.33）に抑えたい場合，発注点はどうなるか。
③ 需要が変動しない場合，発注点はどうなるか。

(答)　発注点の公式を用いて，$K = \bar{D} \times T + u(\alpha)\sqrt{T}\hat{\sigma}_D$
① $50 \times 4 + 1.65 \times 2 \times 5 = 216.5$
② $50 \times 4 + 2.33 \times 2 \times 5 = 223.3$
③ $50 \times 4 = 200$　（需要が変動しないので，標準偏差は0）
このように，需要が確実にわかれば（需要予測が正確に行えれば），発注点は低くなり在庫量を抑えることができる

注
(1) これを実現する一つの方法は，調達先の部品工場を親工場に近接して立地させ，多頻度納入しても費用がかからないような仕組みをつくることである。現実に，トヨタに納入している下請け部品工場は，その多くが親工場の周辺に立地していることがわかる。
　また，アメリカや中国など，部品工場が地理的に遠く離れている場合には，**クロスドック**（cross-dock）という倉庫（積荷場，仕分け場）を設け，各方面から来る部品を保管することなく仕分けをし，親工場の納入指示に従って迅速に納入できる体制をとることもある。
　クロスドック，またクロスドッキングの本来の意味は，複数の仕入れ先からの物品を，センター（仕分け場）で在庫させることなく仕分け作業を行い，複数の配送先に出荷することをいい，配送効率を向上させコ

スト削減を意図したものである．
（2） メニューバー「データ」の中に「データ分析」が表示されない場合には，Excel のオプションで「アドイン」を選択し，その中にある「Excel アドイン」の設定で「分析ツール」にチェックを入れ，加えておけばよい
（3） ERP ソフトウェアについては，12 章で触れられている（12.3 参照）。

第9章　ネットワーク計画

【要旨】

　携帯端末やインターネットの普及により，今日ではネットワークという言葉はポピュラーなものとなっている。コンピュータネットワークや通信ネットワーク以外にも，鉄道ネットワーク，道路ネットワークやニュースネットワークなどもネットワークの一つである。この章では，このような現実にあるネットワークを抽象化し，モデル化したものとそれに関連する問題について解説する。はじめに，ネットワークに関する用語を定義し，つづいてネットワーク上で最短経路を求める最短経路問題，ネットワークの形状を求める最小木問題，および輸送経路を求める最小費用フロー問題について，問題の定義，数式を用いた定式化や解き方を説明する。

9.1　ネットワーク

　高速道路のネットワークを考えよう。高速道路ネットワークは，道路区間，インターチェンジ，ジャンクションなどで構成される。ここで，インターチェンジやジャンクションを丸と四角，道路区間を線で表すと，高速道路ネットワークは図 9.1 のように，図として表すことができる。

　図 9.1 のような丸・四角とそれらをつなぐ線で表される図形を**グラフ**とよび，特にグラフ上でモノやデータの移動である流れを扱うものを**ネットワーク**とよぶ。また，ネットワーク上で扱う様々な問題をネットワーク問題とよぶ。

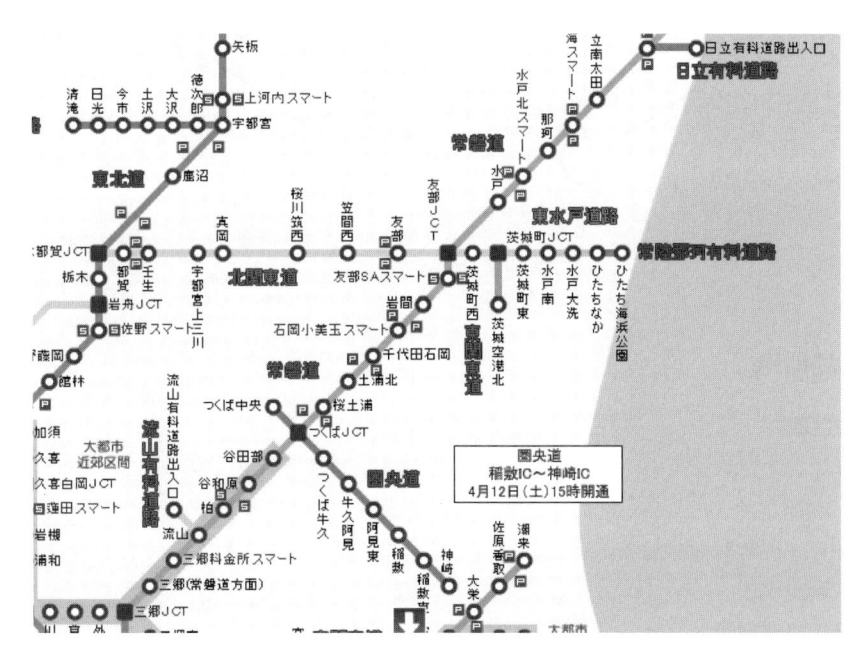

図 9.1　高速道路ネットワーク（NEXCO 東日本 HP より引用）

ネットワークを構成する丸や四角を**ノード**，ノードとノードをつなぐ線を**アーク**とよぶ。アークには，長さ，費用，時間などの数値である重みが与えられる。また，道路の交通容量，輸送路の輸送能力，配送センターの処理能力のように，単位時間にアークやノードで処理できる量の上限値である容量が与えられる場合もある。

図9.2を使って，ネットワークの用語を説明しよう。ノードは番号を付けて区別する。番号2が付けられたノードはノード2とよぶ。アークの両端のノードを**端点**とよぶ。アークはアークそのものに番号などを付ける場合と，二つの端点の対で表す場合がある。後者では，端点がノード1と2であればアーク (1, 2) またはアーク (2, 1) と記述する。アークに付いている数字はアークの**重み**であり，アークの長さ，費用，移動時間などを表す。アーク (1, 3) の重みは8である。アークは，このアーク上をモノが両方向に移動できる**向きのないアーク**と，一方通行などのように片方向のみに移動できる**向きのあるアーク**に区別される。**向きのない**アークは線分，向きのあるアークは矢印のある矢線で表す。(2, 3) や (3, 5) は向きのないアーク，(4, 5) や (4, 6) は向きのあるアークである。

あるノードから別のノードへ移動できるようなアークの集まりを**経路**または**パス**とよぶ。経路 (1, 3, 5, 6) は，ノード1からノード6に至る経路であり，アーク (1, 3), (3, 5), (5, 6) から構成される。経路上の最初のノードを**始点**，最後のノードを**終点**とよぶ。経路 (1, 3, 5) では，始点がノード1，終点がノード5となる。アークの重みが長さであれば，経路に含まれるアークの長さの合計が経路の長さとなり，経路 (1, 3, 5) の長さは $8 + 4 = 12$ となる。このとき，経路 (1, 3, 5) を用いたノード1とノード5の間の距離は12となる。始点と終点が同じである経路を**閉路**とよぶ。経路 (1, 2, 4, 5, 3, 1) は閉路である。

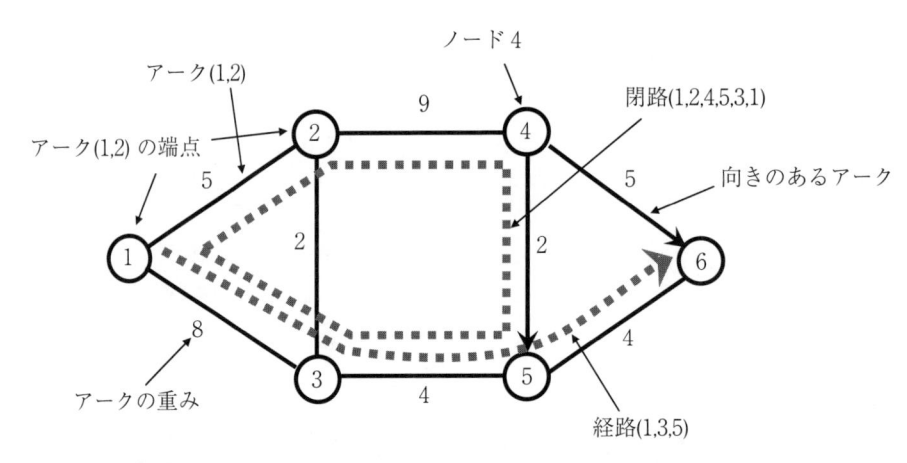

図 9.2 ネットワーク

9.2 最短経路問題

9.2.1 問題の定義

ナビゲーションシステムを用いると二つの地点間の距離や経路を簡単に求めることができる。現実の道路ネットワークおけるノードやアークの数は数百万にも上るが，ナビゲーションシステムでは，その膨大なデータの中から，短時間で移動時間が短いであろう経路を提示してくれる。この節では，このような経路の算出方法を解説する。

はじめに，**最短経路問題**の定義を示す。

最短経路問題

　ノードと，長さをもつアークで構成されるネットワークが与えられたときに，始点から終点までのすべての経路の中で始点と終点間の距離が最小となる経路，およびその距離を求める．

ここでは，1始点・1終点として定義しているが，1始点・多終点や多始点・多終点の問題もある．

長さを費用や時間に読み替えれば，始点と終点間の最小費用の経路や最短時間の経路を求める問題とみることができる．図9.2のように，ノードとアークの数が少ないネットワークであれば，経路の数は限られているので，複雑な計算をするまでもなく，目で見て最短経路を求めることができる．しかし，数百万のノードやアークがある現実の道路ネットワーク上で最短経路や最短距離を求めるためには，きちんとした計算の手順－アルゴリズム－が必要である．

9.2.2 最短経路の性質

図9.3のネットワークを用いて，**最短経路**の性質を検討しよう．図9.3に示すように，すでに始点であるノード1から各ノードまでの**最短距離**と最短経路が求められているものとする．最短経路は太線で示している．始点1からノード6までの最短経路は (1, 3, 5, 6) であり，始点からノード1から6までの最短距離はそれぞれ0km，6km，4km，13km，9km，16kmである．

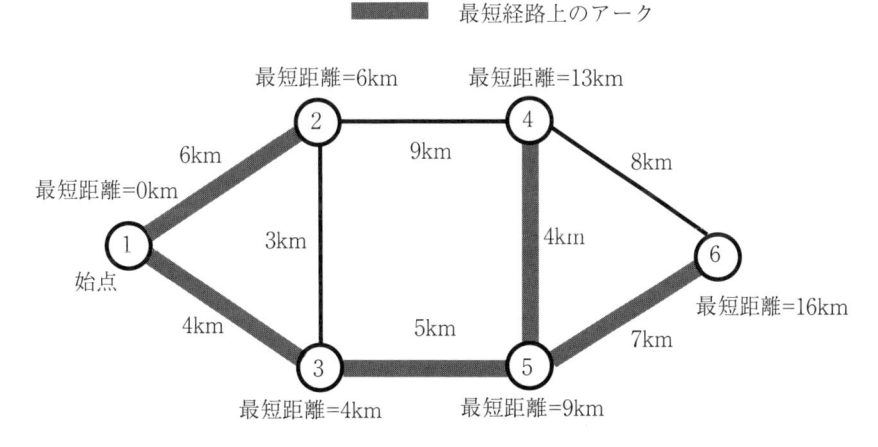

図9.3　最短距離と最短経路

はじめに，最短経路上にあるアーク (3, 5) に注目する．始点からノード5への最短経路は，始点からノード3への最短経路を利用し，最後にアーク (3, 5) を使った経路であるので，

　　ノード5までの最短距離 (9km) = ノード3までの最短距離 (4km) + アーク (3, 5) の長さ (5km)

が成り立つ．同様に，始点からノード6への最短経路は，始点からノード5までの最短経路を利用し，最後にアーク (5, 6) を使った経路であるから，

　　ノード6までの最短距離 (16km) = ノード5までの最短距離 (9km) + アーク (5, 6) の長さ (7km)

が成り立つ．このような関係は，すべての最短経路上のアークについて成り立っている．

つぎに，最短経路上にないアーク (2, 4) に注目する．ノード2までの最短距離は6km，アーク (2, 4) の長さは9kmであるから，ノード2を経由して最後にアーク (2, 4) を用いたノード4までの経路 (1, 2, 4) を使うと，ノード4の距離は 6 + 9 = 15 km となる．一方，ノード4までの最短距離は13 kmであるので，

　　　　ノード4までの最短距離（13km）≦ノード2までの最短距離（6km）+アーク（2,4）の長さ（9km）

が成り立つ。同様に、アーク（4,6）について、

　　　　ノード6までの最短距離（16km）≦ノード4までの最短距離（13km）+アーク（4,6）の長さ（8km）

が成り立つ。このように、最短経路に含まれないアークを使った経路の長さは、最短距離よりも短くなることはない。

　以上のことから、最短距離について次の三つの性質が成り立つ[1]。

---

① 始点までの最短距離は0である[2]。

② すべてのアーク (i, j) に対して

　　　　ノード j までの最短距離 ≦ ノード i までの最短距離 + アーク (i, j) の長さ

が成り立つ。

③ 最短経路上のアーク (i, j) に対して

　　　　ノード j までの最短距離 = ノード i までの最短距離 + アーク (i, j) の長さ

が成り立つ。

　各ノードまでの距離が三つの性質を満足すれば、これらの距離が最短距離となり、性質③を満足するアークが最短経路を構成することになる。図9.3では、すべてのアークについて三つの性質を満足しているので、各ノードまでの距離は最短距離となる。

　つぎに、三つの性質を満足するように距離を求めてみよう。まず、性質①を満足するように、始点までの距離を0とする。また、最短距離の計算を行っていないので、始点以外のノードまでの最短距離は分からない。そこで、始点以外のノードの現在の時点で分かっている最短距離を無限大（∞）とする。このような「現在の時点で分かっている各ノードまでの最短距離」を距離に関する**ラベル値**とよぶ。このラベル値は現在の時点で分かっている最短距離であるので、計算が進んでさらに短い最短距離が見つかると、ラベル値は減少することになる。

　このような初期のラベル値から始め、性質②を満たさないアーク、すなわち

　　　　ノード j のラベル値 > ノード i のラベル値 + アーク (i, j) の長さ

であるアーク (i, j) を見つけ、ノード j の距離であるラベル値を

　　　　ノード j のラベル値 = ノード i のラベル値 + アーク (i, j) の長さ

と変更する。これにより性質②と③を満足することになる。

　このように、性質②を満足しないアークを探索し、逐次、距離であるラベル値を変更していけば、最終的にはすべてのアークについて性質②を満足し、各ノードまでの最短距離を求めることができる。

9.2.3 ダイクストラ法

　アークの長さが負でない場合、**ダイクストラ法**を用いると、性質②を満たさないアークを最も効率的に探すことができる。ダイクストラ法では、始点につながるアークからラベル値を変更し、つづいてラベル値の最も小さなノードを選び、そのノードからつながるアークのラベル値を変更していく。

　ダイクストラ法の**アルゴリズム**をまとめておく。

ダイクストラ法のアルゴリズム
[Step 1] 初期設定
　　始点のラベル値を 0，その他のノードのラベル値を∞とする。
　　すべてのノードまでの最短距離が確定していないものとする。
[Step 2] ノード選択と最短距離の確定
　　最短距離が確定していないノードの中で，ラベル値が最小であるノード i を選択する。ノード i までの最短距離が確定する。
[Step 3] 終了判定
　　ノード i が終点であれば，計算を終了する。
　　ノード i までの経路の中で，性質③を満足するアークがノード i までの最短経路となる。
[Step 4] ラベル値の更新
　　最短距離が確定したノード i と，最短距離が確定していないノードを結ぶすべてのアーク (i, j) を選び，次の計算をする。
　　　　ノード j のラベル値＞ノード i のラベル値＋アーク (i, j) の長さ
　　であれば，
　　　　ノード j のラベル値＝ノード i のラベル値＋アーク (i, j) の長さ
　　とする。
[Step 5] Step 2 へ戻る。

図 9.3 のネットワークで，始点をノード 1，終点をノード 4 としたとき，始点と終点間の最短経路と最短距離を求めよう。

[Step 1] 初期設定
　始点のラベル値を 0，ノード 2, 3, 4, 5, 6 のラベル値を∞とする。
[Step 2] ノード i の選択と最短距離の確定
　ラベル値が最小であるノード 1 を選択する。ノード 1 までの最短距離が 0 に確定する。
[Step 3] 終了判定
　ノード 1 は終点ではないので，計算を続ける。
[Step 4] ラベル値の更新
　最短距離が確定したノード 1 と，最短距離が確定していないノード 2, 3, 4, 5, 6 を結ぶアーク (1, 2) と (1, 3) を選ぶ。
　・ノード 2 のラベル値＝∞＞ノード 1 のラベル値＋アーク (1, 2) の長さ＝0＋6＝6
　　であるので，ノード 2 のラベル値＝6 とする。
　・ノード 3 のラベル値＝∞＞ノード 1 のラベル値＋アーク (1, 3) の長さ＝0＋4＝4
　　であるので，ノード 3 のラベル値＝4 とする。
[Step 5] Step 2 へ戻る。
[Step 2] 最短距離が確定していないノード 2, 3, 4, 5, 6 の中で，ラベル値が最小の 4 であるノード 3 を選択する。ノード 3 までの最短距離が 4 に確定する。（図 9.4）
[Step 3] ノード 3 は終点ではないので，計算を続ける。
[Step 4] 最短距離が確定したノード 3 と，最短距離が確定していないノード 2, 4, 5, 6 を結ぶアーク

(3, 2) と (3, 5) を選ぶ。

・ノード2のラベル値＝6＜ノード3のラベル値＋アーク (3, 2) の長さ＝4＋3＝7
であるので，ノード2のラベル値は変更しない。

・ノード5のラベル値＝∞＞ノード3のラベル値＋アーク (3, 5) の長さ＝4＋5＝9
であるので，ノード5のラベル値＝9とする。

[Step 5] Step 2へ戻る。

[Step 2] 最短距離が確定していないノード2, 4, 5, 6の中で，ラベル値が最小の6であるノード2を選択する。ノード2までの最短距離が6に確定する。（図9.5）

[Step 3] ノード2は終点ではないので，計算を続ける。

[Step 4] 最短距離が確定したノード2と，最短距離が確定していないノード4, 5, 6を結ぶアーク (2, 4) を選ぶ。

・ノード4のラベル値＝∞＜ノード2のラベル値＋アーク (2, 4) の長さ＝6＋9＝15
であるので，ノード4のラベル値＝15とする。

[Step 5] Step 2へ戻る。

[Step 2] 最短距離が確定していないノード4, 5, 6の中で，ラベル値が最小の9であるノード5を選択する。ノード5までの最短距離が9に確定する[3]。（図9.6）

[Step 3] ノード5は終点ではないので，計算を続ける。

[Step 4] 最短距離が確定したノード5と，最短距離が確定していないノード4, 6を結ぶアーク (5, 4) と (5, 6) を選ぶ。

・ノード4のラベル値＝15＞ノード5のラベル値＋アーク (5, 4) の長さ＝9＋4＝13
であるので，ノード4のラベル値＝13とする。

・ノード6のラベル値＝∞＞ノード5のラベル値＋アーク (5, 6) の長さ＝9＋7＝16
であるので，ノード6のラベル値＝16とする。

[Step 5] Step 2へ戻る。

[Step 2] 最短距離が確定していないノード4, 6の中で，ラベル値が最小の13であるノード4を選択する。ノード4までの最短距離が13に確定する。（図9.7）

[Step 3] ノード4は終点であるので，計算を終了する。

以上の計算から，始点1から終点4の間の最短経路 (1, 3, 5, 4)，最短距離13が求められた。なお，

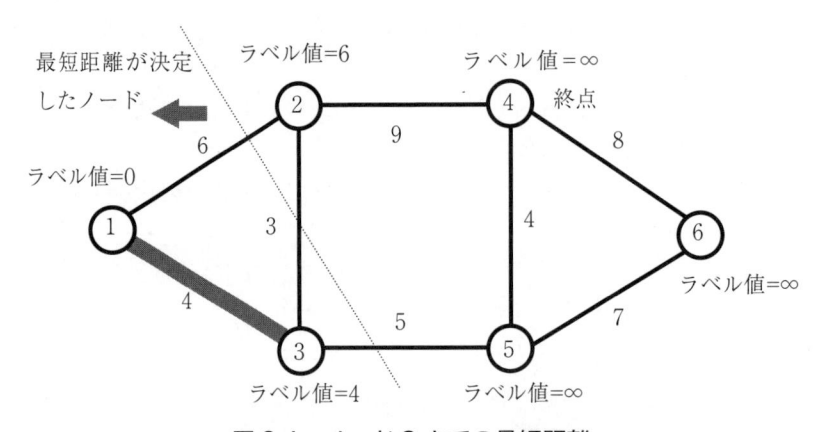

図9.4 ノード3までの最短距離

ノード6までの最短距離は確定していない。

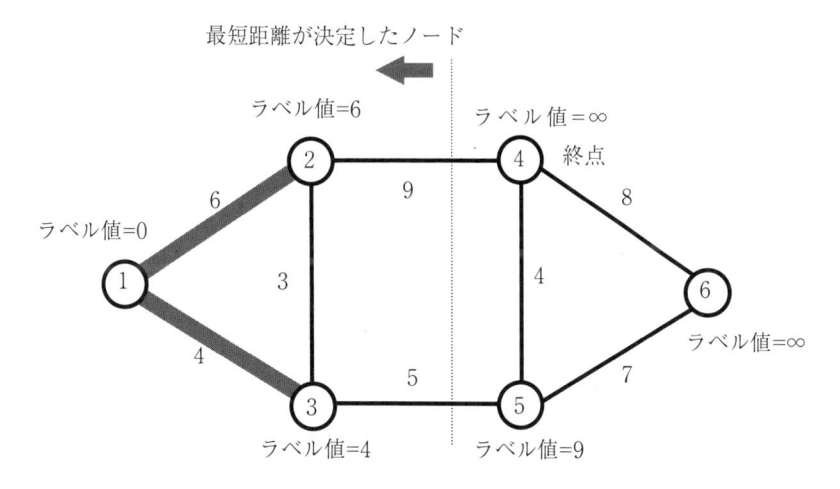

図9.5 ノード2までの最短距離

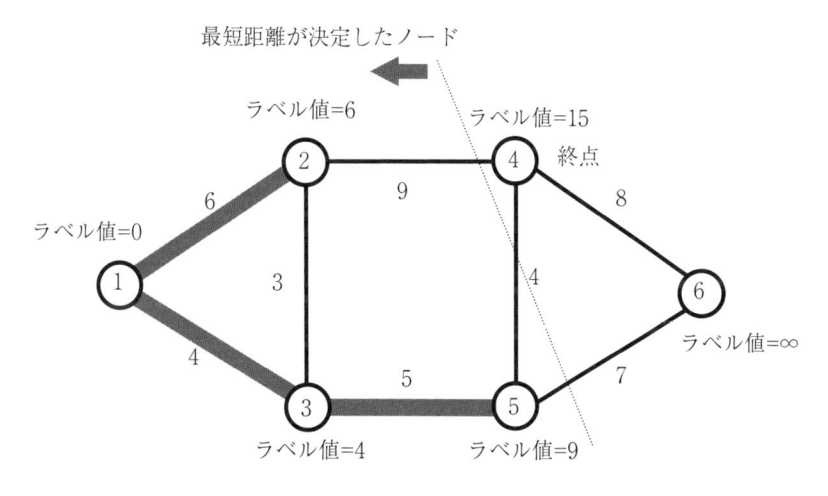

図9.6 ノード5までの最短距離

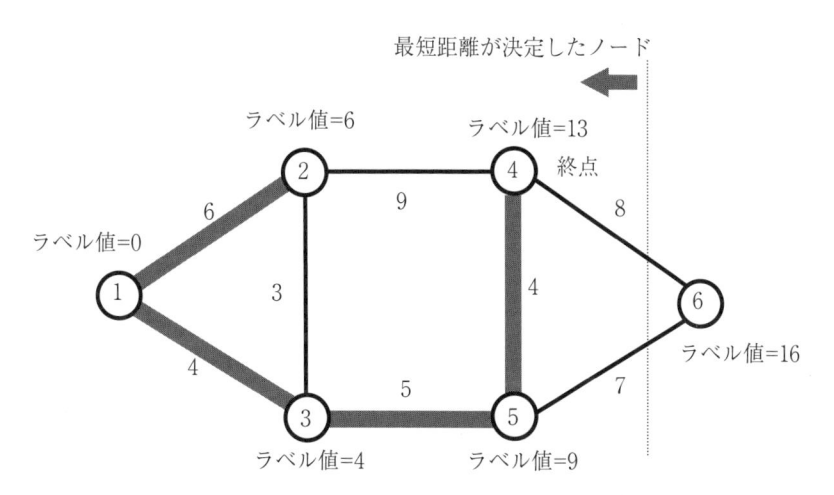

図9.7 ノード4までの最短距離

9.3 最小木問題

9.3.1 問題の定義

図9.8のネットワークにおいて，ノードをサーバ，アークを利用可能な通信回線と考え，通信回線でサーバ同士を結ぶことを考えよう。通信回線を利用する場合，回線を引くための費用が必要であり，アークの数字はこの回線費用を表している。ここでは，回線費用の合計が最小になるように各サーバ間を回線で接続する。なお，各サーバ間はサーバを経由した回線で接続されていればよいものとする。

このような問題をネットワーク問題としてとらえると，サーバはノード，通信回線はアークで表すことができる。この問題では，求めるネットワークが木となるため，**最小木問題**とよばれる問題になる。最小木問題は，アークに費用のような重みが与えられたときに，全体の重みを最小にする**全域木**とその重みの合計を求める問題である。

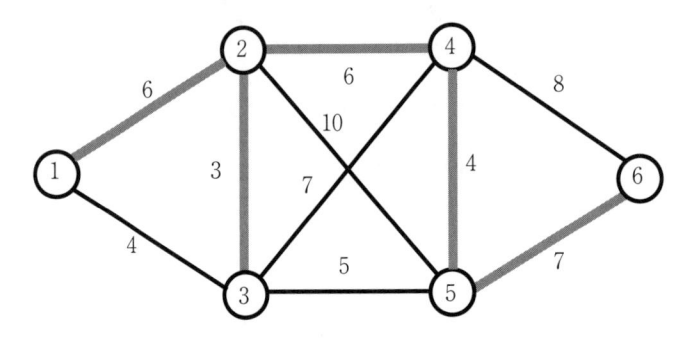

図9.8 ネットワークと全域木

ここで，最小木問題で使用する用語を定義しておく。二つのノード間に経路が存在するときに，この二つのノードは**連結**しているといい，連結しているノードとそれらをつなぐアークを連結成分という。また，アークの数が「連結成分に含まれるノード数 − 1」本であるものを木とよび，ネットワーク上のすべてのノードを連結する木を全域木とよぶ。木は，閉路を含まない，任意の1本のアークを加えると閉路を生成する，1本のアークを取り除くと連結でなくなるなどの性質を持っている。図9.8では，アーク $(1,2)$，$(2,3)$，$(2,4)$，$(4,5)$，$(5,6)$ で構成されるネットワークは全域木である。また，アークの重みの合計が最も小さな全域木を最小木とよぶ。ネットワークには多くの全域木が含まれているが，最小木は，それらの全域木の中でアーク重みの合計が最小となる木である。

最小木問題の定義を示す。

最小木問題

ノードと，重みをもつアーク候補で構成されるネットワークが与えられたときに，重みの合計が最小となる全域木および重みの合計を求める。

9.3.2 クラスカル法

費用の合計が最小となることが必要であるため，最小木に含まれるアークの大半は重みの小さなアークであろう。最小木に含めるアークを順に選ぶとすれば，重みの小さなアークから選んでいけば良いであろう。図9.8のネットワークで，重みの小さな順にアークを選んでみる。表9.1にアークを重み順に並び替えたものを示す。

表9.1 アークの重み

アーク	重み	アーク	重み
(2, 3)	3	(2, 4)	6
(1, 3)	4	(3, 4)	7
(4, 5)	4	(5, 6)	7
(3, 5)	5	(4, 6)	8
(1, 2)	6	(2, 5)	10

アークを含まないネットワークから始める。最も小さい重みはアーク (2, 3) の3であり，順にアーク (1, 3) の4，アーク (4, 5) の4，アーク (3, 5) の5であるので，これらをネットワークに加える。次に小さい重みはアーク (1, 2) の6であるが，図9.9に示すように，このアークを加えると閉路 (1, 2, 3, 1) ができるため，木ではなくなる。そこで，アーク (1, 2) はネットワークに加えない。このように，重みの小さい順にアークを選択し，ネットワークに加えていくが，閉路ができたらそのアークはネットワークに加えないことにする。

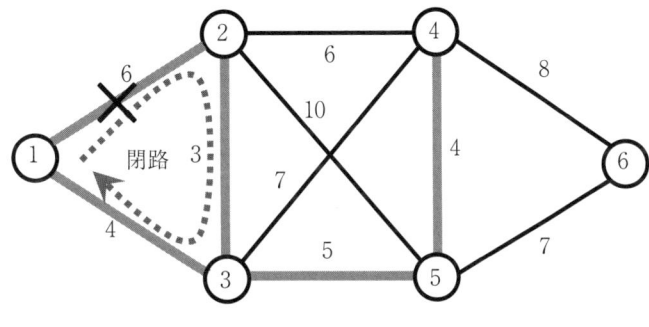

図9.9 クラスカル法

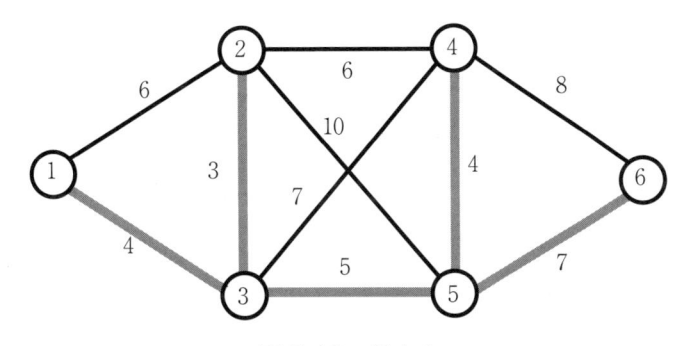

図9.10 最小木

次に小さい重みはアーク (2, 4) の6であるが，閉路 (2, 3, 5, 4, 2) ができるので，アーク (2, 4) は加えない。次はアーク (3, 4) の7であるが，閉路 (3, 4, 5, 3) ができるので，アークは (2, 4) は加えない。次はアーク (5, 6) の7であり，閉路はできないのでアーク (5, 6) を加える。この時点で，ネットワークに加えたアークは5本であり，すべてのノードが連結しているので，全域木が求められた。

以上のような手順で，全域木を求める方法を**クラスカル法**とよぶ。クラスカル法を用いて求めた全域木は，最小木となる[4]。図9.10に示すように，最小木を構成するアークは (1, 3)，(2, 3)，(3, 5)，(4, 5)，(5, 6) であり，重みの合計は 4 + 3 + 5 + 4 + 7 = 23 となる。

なお，同じ重みのアークが複数ある場合には，複数の最小木がある可能性がある。クラスカル法では，同じ重みのアークを選択する順序によっては，重み合計は等しいが異なる最小木を生成する場合がある。クラスカル法のアルゴリズムをまとめておく。

クラスカル法のアルゴリズム
［Step 1］アークを含まないノードからなるネットワークを初期ネットワークとする。重みの小さい順に並び替えたアークのリストを作成する。
［Step 2］リストから重みが最小のアークを取り出す。
［Step 3］選択したアークをネットワークに加えて閉路ができなければ，ネットワークに加える。閉路ができればネットワークに加えない。
［Step 4］すべてのノードが連結すれば，加えたアークの重みの合計を計算して終了する。そうでなければ Step 2 へ戻る。

9.4 最小費用フロー問題

9.4.1 問題の定義

図 9.11 のように，ある施設から，港湾・空港，貨物駅や配送センターなどの積替施設を経由して他の施設へ，決められた量の荷物を最も安い費用で輸送することを考える。ただし，施設間の輸送経路では輸送能力が決められており，それ以上の荷物は運べないものとする。

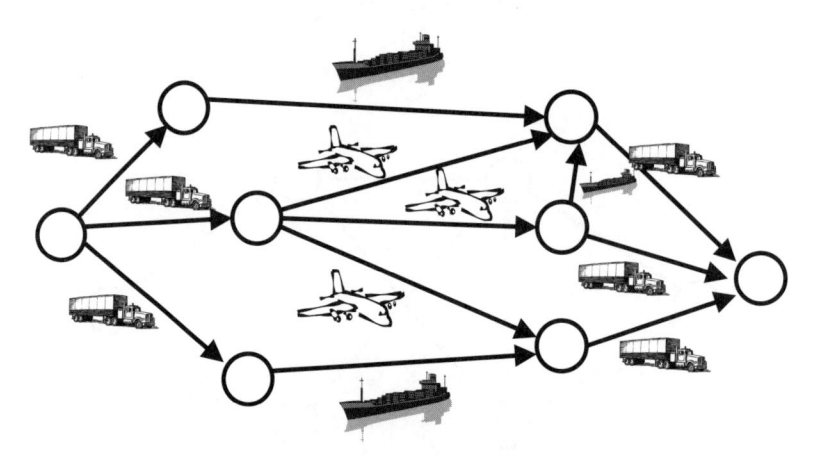

図 9.11　輸送ネットワーク

このような問題をネットワーク問題として捉えてみる。工場，港湾・空港，貨物駅や配送センターなどの施設をノードで表し，それぞれの施設間の輸送経路をアークとして表す。ある施設から別の施設にモノを輸送することを，ノードからノードへモノが移動することに対応させる。ネットワークのアーク上で移動する際には，輸送量に比例した費用が発生する。また，アーク上では単位時間当たりに移動できる量が決められており，その量以上は移動できない。このとき，全体の移動費用が最小となるような移動方法を求めることになる。

出発点であるノードを始点，到着点であるノードを終点とよび，移動するモノの量を**需要量**とよぶ。ま

た，アーク上において，移動量に比例してかかる費用を**フロー費用**とよび，アーク上で単位時間当たりに移動できる量を**容量**とよぶ。さらに，モノが移動する経路と量をフローとよび，移動する量を**フロー量**とよぶ。前述の問題は，アークに容量をもつネットワーク上で，費用が最小となる始点・終点間のフローを求める**最小費用フロー問題**となる。

最小費用フロー問題の定義を示す。

> **最小費用フロー問題**
> フロー費用と容量をもつ向きのあるアークをもつネットワークと，始点と終点をもつ需要量が与えられたとき，容量の制約を満足し，需要が始点から終点へ移動するフローで，かつフロー費用の合計が最小となるフローを求める。

9.4.2 定式化

最小費用フロー問題は，**線形計画問題**として定式化することができる。定式化とは，問題を数式で表したものである。問題を定式化することによって，問題の理論的な解析や数理計画ソルバーで求解することが可能となる。図9.12の最小費用フロー問題を定式化してみよう。

図9.12において，アークに関する左側の数値は単位当たりのフロー費用，カッコ内の数値は容量である。また，始点はノード1，終点はノード5であり，始点・終点間を移動する需要量を7とする。なお，アーク (i,j) 上のフロー量を表す変数を x_{ij} とし，図9.12にアークに対応する変数を示してある。

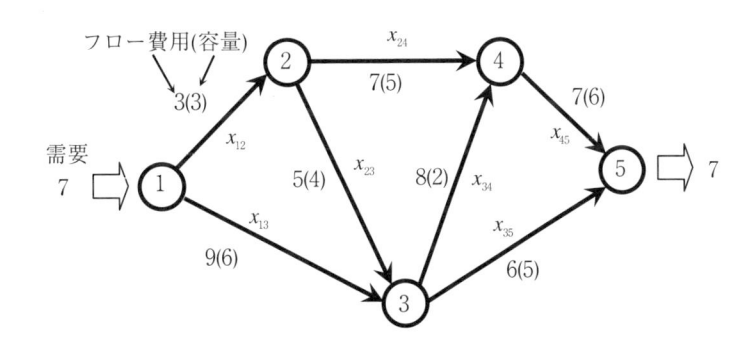

図9.12 最小費用フロー問題

目的関数はアーク上のフロー費用の合計である。フロー費用はフロー費用とフロー量の積であるので，フロー費用の合計は，

$$3x_{12} + 9x_{13} + 5x_{23} + 7x_{24} + 8x_{34} + 6x_{35} + 7x_{45}$$

となり，これを最小化する。

つづいて，**制約条件**を考えよう。始点から終点へ7の需要量が移動することを数式で表す必要がある。始点のノード1から移動する量である流出量は $x_{12} + x_{13}$ であり，この和は需要量の7でなければならない。この関係を式で表すと，$x_{12} + x_{13} = 7$ となる。また，終点のノード5へ移動する量である流入量は $x_{35} + x_{45}$ であり，この和は需要量の7でなければならないため，$x_{35} + x_{45} = 7$ となる。始点と終点以外のノードでは，入ってきたモノはそのまま出ていくため，流入量と流出量が一致する必要がある。ノード2について，流入量は x_{12}，流出量は $x_{23} + x_{24}$ であり，これらが一致するので，$x_{12} = x_{23} + x_{24}$ が成り立つ。同様に，ノード3では $x_{13} + x_{23} = x_{34} + x_{35}$，ノード4では $x_{24} + x_{34} = x_{45}$ が成り立つ。これらの流入量と流出量の関係式を**フロー**

保存式とよぶ．フロー保存式によって，始点を出発した需要は，隣接するいずれかのノードに入り，入った量と同じ量がこのノードから出て，最終的に終点に到着することが保証される．

アークには容量があり，アーク上を移動するフロー量はこの容量を超えてはならない．また，フロー量は0以上でなければならない．したがって，アーク (1,2) について $0 \leq x_{12} \leq 3$ が成り立つ．その他のアークについても，$0 \leq x_{13} \leq 6, 0 \leq x_{23} \leq 4, 0 \leq x_{24} \leq 5, 0 \leq x_{34} \leq 2, 0 \leq x_{35} \leq 5, 0 \leq x_{45} \leq 6$ が成り立つ．これらの制約条件を**容量制約**および**非負制約**とよぶ．

最小費用フロー問題の定式化をまとめておく．

最小費用フロー問題の定式化

最小化

$$3x_{12} + 9x_{13} + 5x_{23} + 7x_{24} + 8x_{34} + 6x_{35} + 7x_{45} \quad (\text{フロー費用})$$

制約条件

$$x_{12} + x_{13} = 7 \quad (\text{フロー保存：始点} 1)$$
$$x_{12} = x_{23} + x_{24} \quad (\text{ノード} 2)$$
$$x_{13} + x_{23} = x_{34} + x_{35} \quad (\text{ノード} 3)$$
$$x_{24} + x_{34} = x_{45} \quad (\text{ノード} 4)$$
$$x_{35} + x_{45} = 7 \quad (\text{終点} 5)$$
$$0 \leq x_{12} \leq 3, 0 \leq x_{13} \leq 6, 0 \leq x_{23} \leq 4, 0 \leq x_{24} \leq 5, \quad (\text{容量・非負制約})$$
$$0 \leq x_{34} \leq 2, 0 \leq x_{35} \leq 5, 0 \leq x_{45} \leq 6$$

9.4.3 AMPLを用いた解き方

数理モデリング言語 AMPL を用いて，最小費用フロー問題を解こう．最小費用フロー問題の定式化に対応して，次のような AMPL モデルのファイル（mincostflow.mod）を作成する．

`#   最小費用フロー問題   mincostflow.mod`	
`var x12 >=0,<=3; var x13 >=0,<=6;`	$0 \leq x_{12} \leq 3, 0 \leq x_{13} \leq 6$
`var x23 >=0,<=4; var x24 >=0,<=5 ;`	$0 \leq x_{23} \leq 4, 0 \leq x_{24} \leq 5$
`var x34 >=0,<=2; var x35 >=0,<=5;`	$0 \leq x_{34} \leq 2, 0 \leq x_{35} \leq 5$
`var x45 >=0,<=6;`	$0 \leq x_{45} \leq 6$
`minimize flowcost :`	最小化
`3*x12+9*x13+5*x23+7*x24+8*x34+6*x35+7*x45;`	フロー費用の合計
`subject to node1    : x12+x13=7;`	制約条件 $x_{12} + x_{13} = 7$
`subject to node2    : x12-x23-x24=0;`	$x_{12} = x_{23} + x_{24}$
`subject to node3    : x13+x23-x34-x35=0;`	$x_{13} + x_{23} = x_{34} + x_{35}$
`subject to node4    : x24+x34-x45=0;`	$x_{24} + x_{34} = x_{45}$
`subject to node5    : x35+x45=7;`	$x_{35} + x_{45} = 7$
`end;`	

var は変数の定義であり，**>=** と **<=** で変数の下限と上限を示している．容量制約と非負制約は変数の上下限で表せることから，制約条件ではなく，変数の上下限として定義している．変数の定義や式の終わりごとにセミコロン（;）を付けることや，≦は <=, ≧は >= と記述することに注意する．**minimize** は目的関数の最小化を表している．flowcost は目的関数に付けた名前である．また，3*x12+9*x13+5*x23+7* x24+8*x34+6*x35+7*x45 は目的関数であるフロー費用である．subject to は制約条件を表し，node1 から node5 は制約条件を区別するために付けた名前であり，それぞれノード 1 からノード 5 に対するフロー保存式に対応している．なお，変数は左辺，定数項は右辺にまとめてある．

AMPL を用いて，mincostflow.mod を解こう．AMPL 上での計算手順は次の通りである．下線部が入力する部分であり，下線がない部分は画面に表示される文字である．なお，右側は説明である．

ampl: model mincostflow.mod;	mincostflow.mod を読み込む．
ampl: solve;	モデルを解く．
MINOS 5.5: optimal solution found.	MINOS によって，最適解が求められ，目的関数値は
3 iterations, objective 108	108 である．
ampl: display flowcost;	flowcost の最適値を表示する．
flowcost = 108	最適値は 108 である．
ampl: display x12;	x12 の最適解を表示する．
x12 = 3	x12=3 である．
ampl: display x13;	x13 の最適解を表示する．
x13 = 4	x13=4 である．
省略	省略
ampl: display x35;	x35 の最適解を表示する．
x35 = 5	x35=5 である．
ampl: display x45;	x45 の最適解を表示する．
x45 = 2	x45=2 である．
ampl: exit;	AMPL を終了する．

MINOS により最適解が求められ，フロー費用は 108 となった．最適解を図 9.13 に示す．

AMPL モデルを読み込んだ際にモデルに間違いがあった場合は，エラーが表示される．このような場合は，エディタ上で AMPL モデルを確認し，修正した後に，ファイルを上書保存する．つづいて，AMPL 上で reset 命令を実行して，再度，AMPL モデルを読み込む．

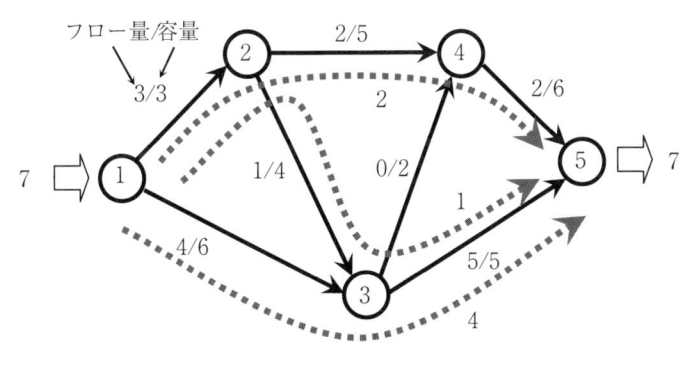

図 9.13　最適解

`ampl: model mincostflow.mod;`	mincostflow.mod を読み込む。
`mincostflow.mod, line 7 (offset 184);` `x11 is not defined`	7行目前後に， x11 が定義されていない。
`context:>>>3*x11<<< 9*x13+5*x23+··;`	
`ampl? ;`	; を入力して復帰する。 エディタで修正
`ampl: reset;`	リセット命令を実行する。
`ampl: model product.mod;`	product.mod を再度読み込む。

計算結果をファイル（mincostflow.out）に保存する場合は，次のように実行する。画面に表示される内容が，ファイル mincostflow.out に保存される。

`ampl: model mincostflow.mod;`	モデルを読み込む。
`ampl: solve;`	モデルを解く。
`MINOS 5.5: optimal solution found.` `3 iterations, objective 108`	最適解が求められ，目的関数値は 108 である。
`ampl: display flowcost > mincostflow.out;`	flowcost を mincostflow.out に出力する。
`ampl: display x12 >> mincostflow.out;`	x12 を追記する。
省略	省略
`ampl: display x45 >> mincostflow.out;`	x45 を追記する。
`ampl: exit;`	AMPL を終了する。

なお，">mincostflow.out" は結果を新規ファイル mincostflow.out に出力することを表し，">>mincostflow.out" は既存ファイル mincostflow.out に追記することを表している。

【練習問題】

1. 下図で示されるネットワーク上で，ダイクストラ法を用いてノード1からノード6までの最短距離と最短経路を求めよ。

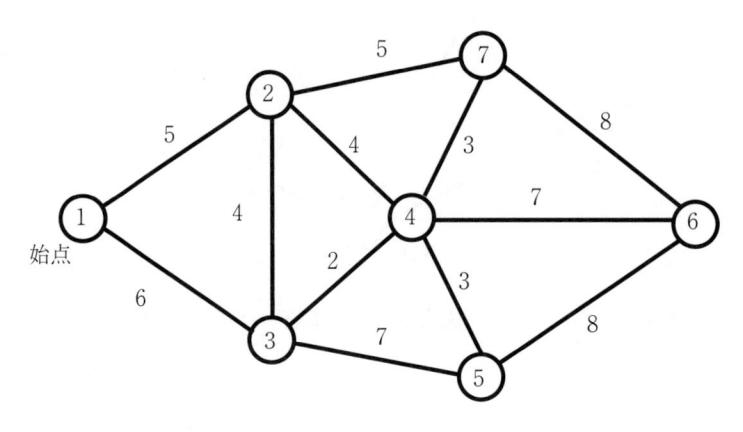

(答) 最短距離　省略，最短経路　省略

2. 下図で示されるネットワーク上で，クラスカル法を用いて最小木とその重みの合計を求めよ．

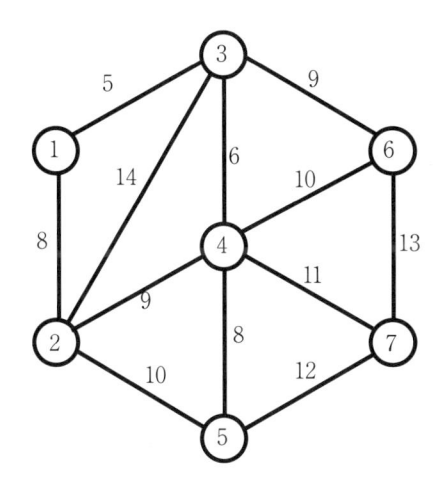

（答）　最小木　省略，重みの合計　47

3. 下図で示されるネットワーク上で，最小費用フローを求めたい．このとき，次の問いに答えよ．
（1） 定式化を示せ．
（2） AMPL モデルを示せ．
（3） 最小費用フローとそのときのフロー費用の合計を求めよ．

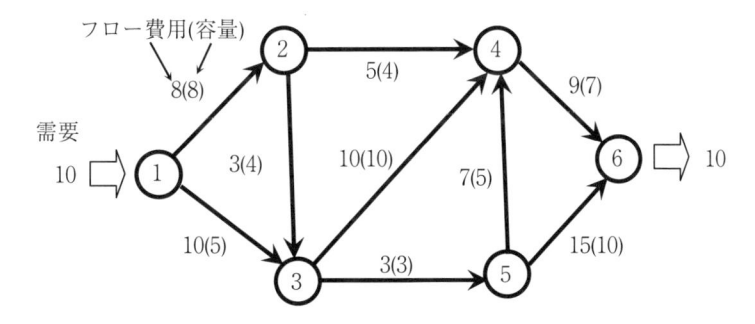

（答）（1）　定式化　省略　（2）　AMPL モデル　省略
　　　（3）　最小費用フロー　省略，フロー費用の合計　260

注
（1）　三つの条件を満たす解が最適解となることは，最短経路問題を線形計画問題として定式化し，その双対問題および双対定理から導くことができる．
（2）　負の長さの閉路がある場合には，0ではなく，定義できない場合がある．なお，負の長さの閉路がある場合には，最短距離は定義できない．
（3）　ノード5までの最短距離が9に確定した理由を説明する．
　　　ノード1, 2, 3までの最短距離が確定しているものとする．最短距離が確定していないノード4, 5, 6へ至るためには，図9.5に示すように，最短距離が確定したノードと確定していないノードをまたぐアーク，ここではアーク（2, 4）またはアーク（3, 5）を必ず使わなければならない．アーク（2, 4）を使うとノード4までは15，アーク（3, 5）を使うとノード5までは9である．このため，アークの長さが非負であれば，ノード

4, 5, 6 までの距離はアーク (2, 4) を用いた場合には 15 以上, アーク (3, 5) を用いた場合には 9 以上となる。したがって, アーク (2, 4) またはアーク (3, 5) 以降, どのようなアークを経由してもノード 5 までの距離は 9 未満になることはないため, ノード 5 までの最短距離が 9 に確定する。

（4） クラスカル法により得られた最小木の最適性は, 背理法により証明することができる。

第10章　輸配送計画

【要旨】

原材料や部品の供給業者から工場，工場から配送センターや倉庫，あるいは配送センターから店舗といったロジスティクス施設間の輸送に際して，積荷の入出庫や管理，運賃計算や請求・支払処理，経路や輸送機関の選択といった輸送管理業務が行われる。これらの管理の中で，とりわけ輸送経路，配送経路の決定はロジスティクスの費用に大きな影響を与えるため，これらを適切に決定することが重要な課題となる。ここでは，輸送経路を決めるための輸送問題や配送経路を決めるための配送経路問題に対して，問題の定式化，性質や解法などを解説する。

10.1 輸送問題

複数の工場で生産された製品を複数の需要地，たとえば配送センター，倉庫や大型店舗などに輸送する際には，それぞれの供給量や需要量を満たしながら，どの工場からどの需要地へどれだけ輸送すればよいかという輸送計画を立てることが必要になる。この計画を行うための数理的な問題は**輸送問題**として表すことができる。

10.1.1 問題の定式化

複数の工場で生産した製品を複数のいくつかの需要地へ輸送する問題を考える。ここで取り扱う輸送問題の**前提条件**は，次のようになる。

輸送問題の前提条件
① 工場と需要地が与えられる。
② 工場の供給量には上限値が与えられ，この供給量を超える量を工場から輸送できない。
③ 需要地の需要量が与えられ，需要地へはこの**需要量**を輸送しなければならない。
④ 工場から需要地への単位当りの**輸送費用**が与えられる。
⑤ 工場と需要地間の輸送費用の合計である総輸送費用が最小となるような工場と需要地間の輸送量を求める。

このような問題を解くためには，**定式化**を行うことが重要である。定式化とは，問題を数式などにより表現することである。定式化により，問題を厳密に定義できるとともに，数理計画ソルバーや種々の解法を適用することができる。

ここで，言葉による定式化を示そう。

> **輸送問題の定式化**
> 目的関数　最小化　工場と需要地間の総輸送費用
> 制約条件
> ① **供給量制約**：工場からの輸送量は，その工場の供給量の上限値以下である．
> ② **需要量制約**：需要地への輸送量は，その需要地の需要量以上である．
> ③ **非負制約**：輸送量は非負である．

この問題では，三種類の制約条件を満たす中で，工場と需要地間の輸送費用の合計である総輸送費用が最小となるような解，すなわち工場と需要地間の輸送量を求めることになる．

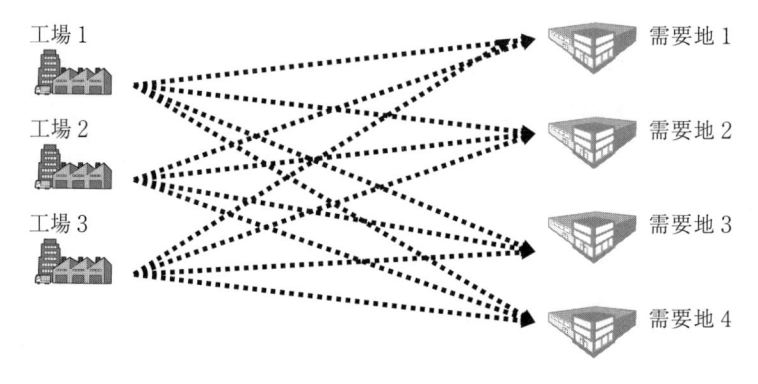

図 10.1　輸送問題

表 10.1　輸送費用（万円／トン）と需要量・供給量（トン／月）

	需要地 1	需要地 2	需要地 3	需要地 4	供給量
工場 1	4	5	6	8	150
工場 2	3	7	9	3	120
工場 3	6	8	7	6	100
需要量	110	50	120	90	

図 10.1 に示すような 3 ヶ所の工場から 4 ヶ所の需要地へ輸送する問題を考えよう．表 10.1 に示すように，工場と需要地間の 1 トン当りの輸送費用，および 1 ヶ月当たりの工場の供給量の上限値と需要地の需要量が与えられているものとする．この問題に対する数式による定式化を示す．工場 i から需要地 j への輸送量を表す変数を x_{ij} とする．たとえば，工場 2 から需要地 3 への輸送量を表す変数は x_{23} となる．

目的関数は総輸送費用であり，これを最小化する．

$$4x_{11}+5x_{12}+6x_{13}+8x_{14}+3x_{21}+7x_{22}+9x_{23}+3x_{24}+6x_{31}+8x_{32}+7x_{33}+6x_{34}$$

工場 1 から需要地 2 への 1 トン当りの輸送費用は 5 万円である．目的関数にある $5x_{12}$ は，工場 1 から需要地 2 へ x_{12} トンを輸送するとき，輸送費用が $5 \times x_{12}$ 万円かかることを意味する．

つぎに，制約条件を考えよう．供給量制約は，「工場からの輸送量は，その工場の供給量の上限値以下となる」である．工場 1 を例にすると，工場 1 からは需要地 1 〜需要地 4 へ輸送することができる．このため，工場 1 からの輸送量は $x_{11}+x_{12}+x_{13}+x_{14}$ となり，これが工場 1 の供給量の上限値である 150 トン以下となる．すなわち，条件の式は $x_{11}+x_{12}+x_{13}+x_{14} \leq 150$ となる．したがって，供給量制約は次のように表すことができる．

$$x_{11} + x_{12} + x_{13} + x_{14} \leq 150$$
$$x_{21} + x_{22} + x_{23} + x_{24} \leq 120$$
$$x_{31} + x_{32} + x_{33} + x_{34} \leq 100$$

需要量制約は,「需要地への輸送量は,その需要地の需要量以上となる」である。需要地2を例にすると,需要地2へは工場1,2,3から輸送することができる。このため,工場から需要地2への輸送量の合計は $x_{12}+x_{22}+x_{32}$ となり,これが需要地2の需要量である50トン以上となる。すなわち,条件の式は $x_{12}+x_{22}+x_{32} \geq 50$ となる。したがって,需要量制約は次のように表すことができる。

$$x_{11} + x_{21} + x_{31} \geq 110$$
$$x_{12} + x_{22} + x_{32} \geq 50$$
$$x_{13} + x_{23} + x_{33} \geq 120$$
$$x_{14} + x_{24} + x_{34} \geq 90$$

この他に,次のような変数の非負制約が必要となる。

$$x_{ij} \geq 0 \quad i=1,\cdots,3, \quad j=1,\cdots,4$$

目的関数と制約条件の式はいずれも線形である一次式で表されている。このような線形で示される制約条件のもとで,線形である目的関数を最大化あるいは最小化するような解を求める問題を**線形計画問題**とよぶ。

ここで,輸送問題の定式化をまとめておく。

輸送問題の定式化

最小化　　　$4x_{11} + 5x_{12} + 6x_{13} + 8x_{14} + 3x_{21} + 7x_{22}$
　　　　　　$+ 9x_{23} + 3x_{24} + 6x_{31} + 8x_{32} + 7x_{33} + 6x_{34}$　　　　（輸送費用）

制約条件　　$x_{11} + x_{12} + x_{13} + x_{14} \leq 150$　　　　（供給量制約：供給地1）
　　　　　　$x_{21} + x_{22} + x_{23} + x_{24} \leq 120$　　　　（供給地2）
　　　　　　$x_{31} + x_{32} + x_{33} + x_{34} \leq 100$　　　　（供給地3）
　　　　　　$x_{11} + x_{21} + x_{31} \geq 110$　　　　（需要量制約：需要地1）
　　　　　　$x_{12} + x_{22} + x_{32} \geq 50$　　　　（需要地2）
　　　　　　$x_{13} + x_{23} + x_{33} \geq 120$　　　　（需要地3）
　　　　　　$x_{14} + x_{24} + x_{34} \geq 90$　　　　（需要地4）
　　　　　　$x_{ij} \geq 0 \quad i=1,\cdots,3, \quad j=1,\cdots,4$　　　　（非負制約）

10.1.2　Excelのソルバーを用いた解き方

輸送問題は線形計画問題であるので,比較的変数が少ない問題であれば,Excelの**ソルバー**[2]を用いて解くことができる。

輸送問題を解くために,図10.2に示すようなExcelのシートを作成する。セルB3からE5には工場と需要地間の1トン当りの輸送費用,セルG9からG11には供給量の上限値,セルB13からE13には需要量の数値を入力する。セルB9からE11には,ソルバーを用いて求められる工場と需要地間の輸送量が入る。

セルF9に工場1からすべての需要地への輸送量の合計を表す計算式「= SUM(B9, E9)」を入力し,この計算式を網掛けのセルF10とF11にコピーする。同様に,セルB12にすべての工場から需要地1への輸送量の合計を表す計算式「= SUM(B9, B11)」を入力し,この計算式を網掛けのセルC12からE12にコピーする。

セル B17 から E19 には計算の結果として各工場と各需要地間の輸送費用が入るようにするため，セル B17 に計算式「= B3*B9」を入力し，網掛けのセルにコピーしておく．セル E20 には総輸送費用が入るように，計算式「= SUM(B17,E19)」を入力する．

制約条件は供給量制約，需要量制約と非負制約である．供給量制約を満足するためには F9 ≦ G9，F10 ≦ G10，F11 ≦ G11，需要量制約を満足するためには B12 ≧ B13，C12 ≧ C13，D12 ≧ D13，E12 ≧ E13 が必要であり，かつ非負制約を満足するためにはセル B9 から E11 の数値が非負となる必要がある．また，E20 は総輸送費用であり，これを最小化する．

	A	B	C	D	E	F	G
1	輸送費用(万円/トン)						
2		需要地1	需要地2	需要地3	需要地4		
3	工場1	4	5	6	8		
4	工場2	3	7	9	3		
5	工場3	6	8	7	6		
6							
7	輸送量(/トン)						
8		需要地1	需要地2	需要地3	需要地4	合計	供給量
9	工場1					=SUM(B9:E9)	150
10	工場2						120
11	工場3						100
12	合計	=SUM(B9:B11)					
13	需要量	110	50	120	90		
14							
15	総輸送費用(万円)						
16		需要地1	需要地2	需要地3	需要地4		
17	工場1	=B3*B9					
18	工場2						
19	工場3						
20				総費用	=SUM(B17:E19)		

図 10.2　輸送問題のシート

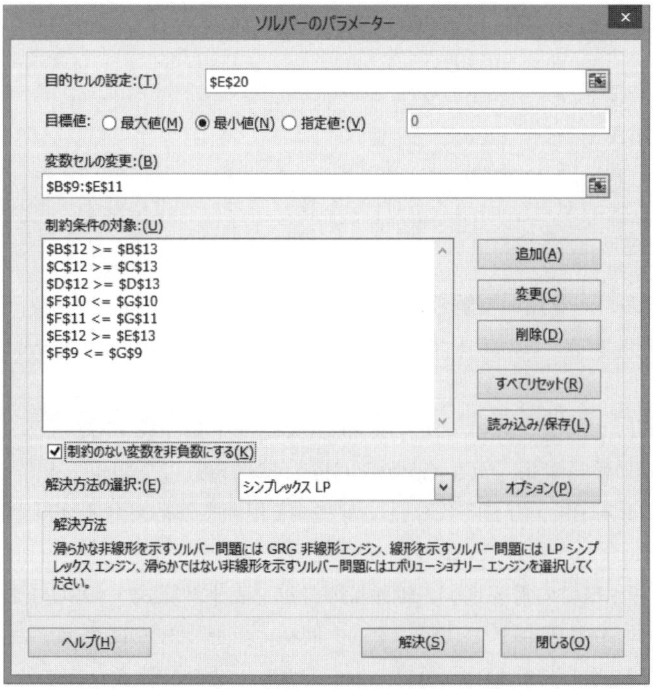

図 10.3　ソルバーのパラメータ

Excel のソルバーを起動すると，図 10.3 のようなパラメータの設定画面が表示されるので，以下のように設定する．

- **目的セル**の設定：目的セルは目的関数値を表すセルであり，$E$20 とする．
- **目標値**：最大化や最小化に対応している．輸送問題は最小化問題であるので，「最小値」を選ぶ．
- **変数セル**の変更：変数を表すセルは B9 から E11 であるので，$B$9:$E$11 とする
- **制約条件の対象**：供給量制約である「$F$9<=$G$9」，「$F$10<=$G$10」，「$F$11<=$G$11」，需要量制約である「$B$12>=$B$13」，「$C$12>=$C$13」，「$D$12>=$D$13」，「$E$12>=$E$13」を入力する．
- **制約のない変数を非負数にする**：変数の非負制約に対応するため，チェックを入れる．
- **解決方法の選択**：線形計画法の解法である「シンプレックス LP」を選択する．

以上の設定が終わったら，「解決」をクリックして問題を解く．図 10.4 に示すように，セル B9 から E11 に最適解が表示され，セル E20 には総輸送費用の最適値 1750 万円が表示される．最適解を図 10.5 に示す．

	A	B	C	D	E	F	G
1	輸送費用						
2		需要地1	需要地2	需要地3	需要地4		
3	工場1	4	5	6	8		
4	工場2	3	7	9	3		
5	工場3	6	8	7	6		
6							
7	輸送量と総輸送費用						
8		需要地1	需要地2	需要地3	需要地4	合計	供給量
9	工場1	80	50	20	0	150	150
10	工場2	30	0	0	90	120	120
11	工場3	0	0	100	0	100	100
12	合計	110	50	120	90		
13	需要量	110	50	120	90		
14							
15	総輸送費用						
16		需要地1	需要地2	需要地3	需要地4		
17	工場1	320	250	120	0		
18	工場2	90	0	0	270		
19	工場3	0	0	700	0		
20				総費用	1750		

図 10.4　輸送問題の最適解

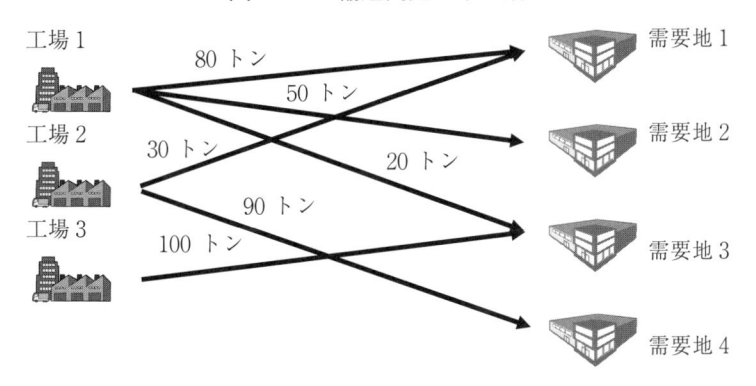

図 10.5　輸送問題の最適解

10.1.3 AMPL を用いた解き方

数理モデリング言語 AMPL を用いて，定式化した輸送問題を解こう．定式化にもとづき，次のような AMPL モデルのファイル（yusou.mod）を作成する．

```
#   輸送問題 yusou.mod
var x{1..3,1..4} >=0;
minimize yusouhiyou: 4*x[1,1]+5*x[1,2]+6*x[1,3]+8*x[1,4]+3*x[2,1]+7*x[2,2]+9*x[2,3]+3*x[2,4]
+6*x[3,1]+8*x[3,2]+7*x[3,3]+6*x[3,4];
subject to kyoukyu1: sum{j in 1..4} x[1,j]<=150;
subject to kyoukyu2: sum{j in 1..4} x[2,j]<=120;
subject to kyoukyu3: sum{j in 1..4} x[3,j]<=100;
subject to jyuyou1:  sum{i in 1..3} x[i,1]>=110;
subject to jyuyou2:  sum{i in 1..3} x[i,2]>=50;
subject to jyuyou3:  sum{i in 1..3} x[i,3]>=120;
subject to jyuyou4:  sum{i in 1..3} x[i,4]>=90;
end;
```

#で始まる行は説明文である．var は変数の定義である．x{1..3, 1..4} は，変数 x_{ij} に対応して配列 x[1,1]〜x[3,4]を用いることを表し，>= は変数が非負であることを表す．たとえば，変数 x_{13} は x[1,3]に対応する．

minimize は目的関数を最小化することを表し，yusouhiyou は目的関数に付けた名前である．4＊x[1,1]＋・・＋6＊x[3,4]は，目的関数である．subject to は制約条件であることを表し，kyoukyu1 や jyuyou1 は制約条件を区別するために付けた名前である．kyoukyu1 から kyoukyu3 は供給量制約に，jyuyou1 から jyuyou4 は需要量制約に対応する式である．sum{j in 1..4} x[1,j]<=150 は x[1,1]＋x[1,2]＋x[1,3]＋x[1,4]<=150，sum{i in 1..3} x[i,1]>=110 は x[1,1]＋x[2,1]＋x[3,1]>=110 をまとめた表現である．なお，AMPL モデルでは，≦は <=，≧は >= と記述する．end はモデルの記述の終りを表す．

AMPL を用いて，輸送問題の AMPL モデルを解こう．AMPL における計算手順は，次の通りである．なお，下線部が入力する部分であり，右側は説明である．

ampl: `model yusou.mod;`	yusou.mod を読み込む．
ampl: `solve;`	yusou.mod を解く．
MINOS 5.5: optimal solution found. 10 iterations, objective 1750	MINOS により最適解が求められ，目的関数値は 1750 である．
ampl: `display x;` x := 1 1 80 1 2 50 1 3 20 2 1 30 2 4 90 3 3 100;	x の最適解を表示する． 最適解は x[1,1]=80, x[1,2]=50, x[1,3]=20, x[2,1]=30, x[2,4]=90, x[3,3]=100
ampl: `exit;`	AMPL を終了する．

この問題の最適な総輸送費用は 1750 万円である．また，図 10.5 に示すように，最適解は，工場 1 から需要地 1 へ 80 トン，需要地 2 へ 50 トン，需要地 3 へ 20 トンであり，工場 2 から需要地 1 へ 30 トン，需要地 4 へ 90 トン，工場 3 から需要地 3 へ 100 トンとなる．

実用規模の問題を扱う場合には，モデルとデータを分離することが望ましい。モデルは輸送問題に共通に利用できる形式として**モデルファイル**に記述し，一方，**データファイル**に個別のデータを記述する。データファイルを書き換えることにより，一つのモデルファイルを用いて様々な輸送問題を解くことができる。

次のような，AMPL モデルのファイル（yusou2.mod）とデータファイル（yusou2.dat）を作成する。

```
#     モデルとデータの分離：輸送問題 モデル yusou2.mod
set K;
set J;
param kyoukyu{K} >=0;
param jyuyou{J} >=0;
param cost{K,J} >=0;
var x{K,J} >=0;
minimize yusouhiyou: sum{i in K} sum{j in J} cost[i,j]*x[i,j];
subject to Kyoukyu{i in K}: sum{j in J} x[i,j]<= kyoukyu[i];
subject to Jyuyou{j in J}:  sum{i in K} x[i,j]>= jyuyou[j];
end;
```

set は集合を表し，K は供給地の集合，J は需要地の集合である。param はパラメータ，すなわち入力データである。kyoukyu は各供給地の供給量，jyuyou は各需要地の需要量，cost は単位当たりの輸送費用である。なお，具体的な集合の要素やパラメータはデータファイルで指定する。subject to Kyoukyu{i in K} は，供給地の集合の要素に対応した制約条件があることを表し，sum は集合の要素の和を表す。なお，大文字と小文字は区別されることに注意する。これらの表現を用いるとモデルをコンパクトに表すことができる。

```
#     モデルとデータの分離：輸送問題 データ yusou2.dat
data;
param: K: kyoukyu :=
k1 150
k2 120
k3 100;
param: J: jyuyou:=
j1 110
j2 50
j3 120
j4 90;
param cost:
    j1 j2 j3 j4 :=
k1 4 5 6 8
k2 3 7 9 3
k3 6 8 7 6;
```

data はデータファイルの始まりを表す。param: K: kyoukyu:= は供給地の集合の要素である工場と各工場に対する供給量のデータである。ここでは，工場の集合の要素は k1 から k3，それぞれの工場の供給量

が 150 から 100 となる．param: J: jyuyou: = は需要地の集合と需要量のデータである．ここでは，需要地の集合の要素は j1 から j4，それぞれの需要地の需要量が 110 から 90 となる．param cost は工場と需要地間の単位当たりの輸送費用であり，工場の集合と需要地の集合の積集合の要素に対して，データを設定している．

AMPL における計算手順は，次の通りである．

`ampl: model yusou2.mod;`	yusou2.mod を読み込む．
`ampl: data yusou2.dat;`	yusou2.dat を読み込む．
`ampl: solve;`	yusou.mod を解く．
`MINOS 5.5: optimal solution found.` `8 iterations, objective 1750`	MINOS により最適解が求められ，目的関数値は 1750 である．

`ampl: display x;`
`x :=`
`1 1   80     1 2   50     1 3   20`
`2 1   30     2 4   90     3 3  100;`
	x の最適解を表示する．
	最適解は
	x[1,1]=80, x[1,2]=50,
	x[1,3]=20, x[2,1]=30,
	x[2,4]=90, x[3,3]=100

`ampl: exit;`	AMPL を終了する．

10.2 配送経路問題

配送計画では，配送センターや倉庫などの拠点から末端の店舗などへのモノを配送する経路の設定，配送する貨物の引当や乗務員のスケジューリングなど多くの計画を行わなければならない．ここでは，その中でもっとも重要な配送経路を設定する配送経路問題を取り扱う．

小売店やコンビニエンスストアなどの店舗へは，配送センターから定期的に配送車を使って，小口の商品の配送を行なっている．一つの店舗の**需要量**は配送車の積載量に比べて少量であるため，配送センターを出発した配送車はいくつかの店舗を順番に回り，商品を配達し，配送センターに戻るというのが一般的である．配送とは，このように配送車が巡回しながら商品を複数の店舗などに配達することを指す．配送計画を行う際には，配送距離や配送時間などをできるだけ短くする必要がある．一方，配送車には 2 トンや 4 トンなどのように一度に積載できる最大積載量である**積載容量**があるため，1 台で配送できる量を考慮しなければならない．

10.2.1 問題の定式化

配送経路問題は，複数の配送車を用いて複数の店舗にその需要量を配送する場合に，配送距離や配送時間の合計を最小にする**配送経路**を求める問題である．ここでは，一ヶ所の配送センターから複数の店舗へ商品を配送する問題を考える．

配送経路問題の**前提条件**は，次のようになる．

配送経路問題の前提条件
① 配送センターと店舗が与えられる。
② 店舗で必要な製品の量である需要量が与えられ，この需要量を店舗に配送しなければならない。
③ 複数の配送車を使用できる。配送車は配送センターを出発して，店舗を巡回しながら商品を配送し，配送センターに戻る。
④ 配送車には一度に積載できる量の上限である積載容量が与えられ，積載容量を超えて配送することはできない。
⑤ 配送車の配送距離の合計が最小となるような配送経路を求める。

つぎに，言葉による定式化[3]を示す。

配送経路問題の定式化
目的関数　最小化　総配送距離
制約条件
① **容量制約**：配送車は積載容量以上の量を配送できない。
② **割当制約**：需要地へはいずれかの配送車によって配送される。
③ **巡回路制約**：配送車は配送センターを出発し，いくつかの店舗を巡回配送して配送センターに戻る。

この問題では，配送センターから店舗を回り配送センターに戻るまでの**配送距離**の合計である総配送距離を目的関数とし，これを最小化する。もちろん，距離ではなく，配送費用や時間でも構わない。制約条件は解が満たさなければならない条件である。この問題では，容量制約，割当制約および巡回路制約の三種類の条件を満たす中で，目的関数である総配送距離が最小となるような配送車の配送経路を求める。

配送経路問題は，最適に解くことが難しい問題のグループに含まれるため，数理モデリング言語や数理計画ソルバーを使っても実用規模の問題を最適に解くことは難しい。

10.2.2　セービング法
配送経路問題は最適に解くことが難しい問題であるため，最適な解ではなく，最適解に近いであろう解を求める近似解法が用いられることが多い。ここでは，基本的な近似解法であるセービング法を解説する。**セービング法**は，三種類の制約条件を満足しながら配送経路を逐次改善していく方法である。

表10.2　配送センターー店舗，店舗ー店舗間の距離（単位：km）

	センター1	店舗2	店舗3	店舗4	店舗5	店舗6	店舗7
センター1	0	16	19	12	13	17	14
店舗2	16	0	15	28	27	25	25
店舗3	19	15	0	24	31	34	18
店舗4	12	28	24	0	15	25	8
店舗5	13	27	31	15	0	13	20
店舗6	17	25	34	25	13	0	30
店舗7	14	25	18	8	20	30	0

表 10.3 店舗の需要量（単位：トン / 日）

店舗	店舗2	店舗3	店舗4	店舗5	店舗6	店舗7
需要量	2	3	4	2	3	3

図 10.6 配送経路問題

総配送距離 182km

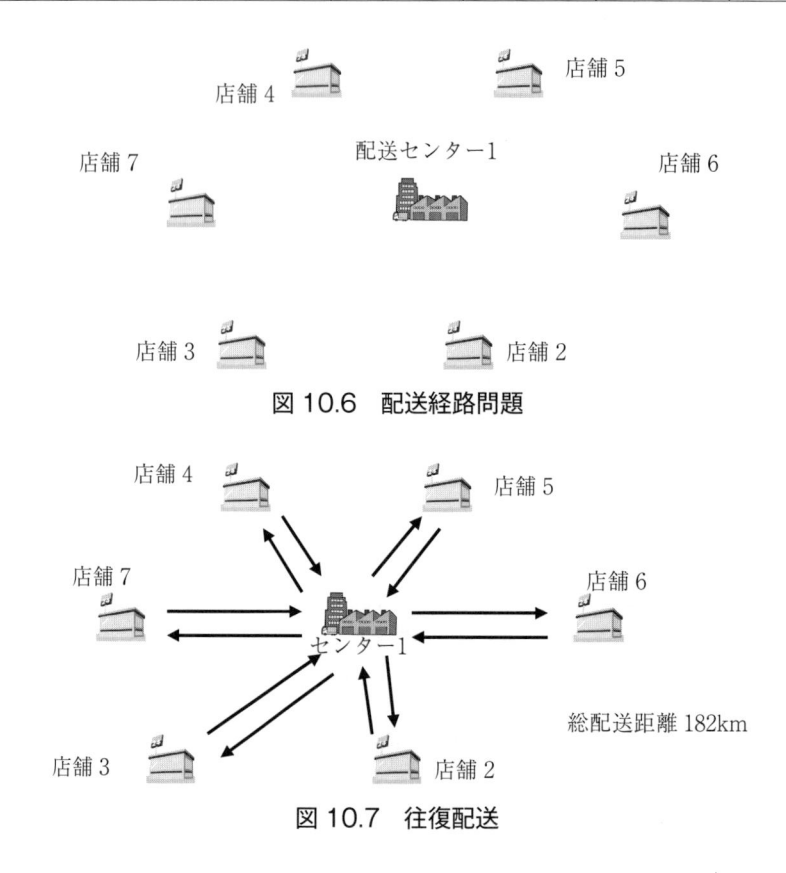

図 10.7 往復配送

　図 10.6 に示すような 1 ヶ所の配送センターから 6 ヶ所の店舗へ配送する問題を考えよう．配送センターの番号を 1，店舗の番号を 2〜7 としておく．表 10.2 に示すような配送センターと店舗，店舗と店舗間の距離，および表 10.3 に示すような店舗の需要量が与えられているものとし，配送車の積載容量は 10 トンとする．

　もっとも単純な配送方法は，図 10.7 に示すような配送センターと店舗間を往復する配送である．この配送方法では，店舗と同数の配送車が必要であり，配送距離が長く，積載率も悪い．そこで，この往復配送から徐々に二つの経路を一つに統合して，配送経路を改善していく．

　二つの経路を一つの経路に統合すると，配送距離はどのくらい減少するであろうか．店舗 i を含む往復配送経路と店舗 j を含む往復配送経路を統合すると，図 10.8 に示すように，配送距離は，

　　　配送センターと店舗 i の距離 × 2 + 配送センターと店舗 j の距離 × 2
　　　　－（配送センターと店舗 i の距離 + 店舗 i と店舗 j の距離 + 店舗 j と配送センターの距離）
　　　＝配送センターと店舗 i の距離 + 配送センターと店舗 j の距離 － 店舗 i と店舗 j の距離

だけ減少する．配送距離を節約できる値という意味から，この減少量を**セービング値**とよぶ．

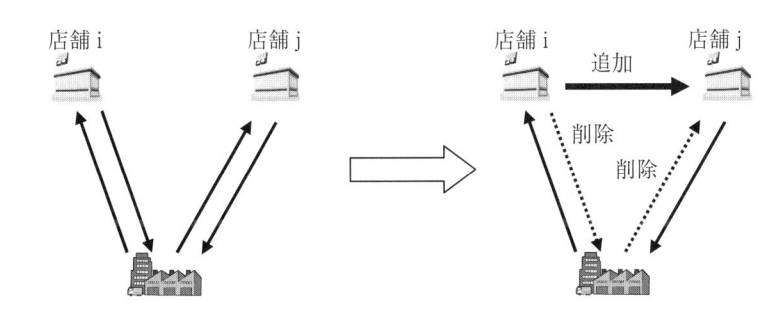

図 10.8　経路の統合とセービング値

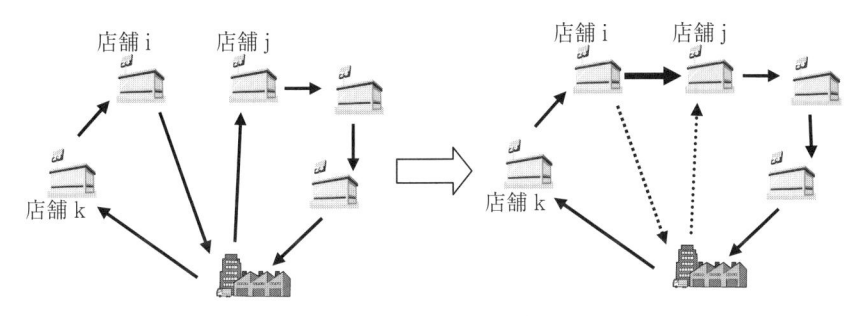

図 10.9　一般的な経路の統合

　往復配送でなくとも，図 10.9 に示すような店舗 i が配送センターの直前の店舗，店舗 j が配送センターの直後の店舗で，店舗 i の直後に店舗 j へ配送するように配送経路を統合する場合も，配送距離の減少量はセービング値と一致する。さらに，店舗 i と店舗 j が共に配送センターの直後（または直前）である場合に，一方の配送順序を逆にして統合する場合も同様である。しかし，経路途中の店舗 k の直後に店舗 j へ配送するように統合すると，減少量は店舗 k と店舗 j に対するセービング値には一致しない。

　セービング値は配送距離の減少量であるので，セービング値が大きな店舗の組合せから優先的に統合する方が有効である。しかし，単純に配送経路を統合すると配送車の積載容量を超え，配送が不可能になる場合がある。そこで，二つの経路上の需要量が配送車の積載容量を超えるならば，配送経路を統合しないことが必要となる。なお，セービング値は統合後の配送距離の減少量であるため，統合前の総配送距離が分かっていれば，経路を統合する際に，この値からセービング値を引くことによって，統合後の総配送距離を求めることができる。このような手順を繰り返す方法がセービング法である。

　セービング法の**アルゴリズム**をまとめておく。

> **セービング法のアルゴリズム**
>
> [Step 1] 配送センターと各店舗間の往復配送を初期配送経路とする。往復配送の総配送距離を計算する。
>
> [Step 2] すべての2店舗間のセービング値を計算し、セービング値の大きい順の店舗対のリストを作成する。
>
> [Step 3] リストから、もっともセービング値の大きい店舗対 (i, j) を取り出す。セービング値が正でないか、リストに店舗対がなければ終了する。
>
> [Step 4] 配送経路上で、店舗 i と店舗 j が配送センターの直後または直前の店舗でなければ、Step 3 へ戻る。
>
> [Step 5] 店舗 i が含まれる配送経路上の需要量と店舗 j が含まれる配送経路上の需要量の和が積載容量を超える場合は、Step 3 へ戻る。
>
> [Step 6] 店舗 i の直後に店舗 j へ（または店舗 j の直後に店舗 i へ）配送するように、店舗 i が含まれる配送経路と店舗 j が含まれる配送経路を統合して一つの経路とする。総配送距離からセービング値を引いた距離を新たな総配送距離とする。Step 3 へ戻る。

Step5 では、配送センターからの出発時に配送車に積載する量である統合後の配送経路上の店舗の全需要量と、配送車の積載容量を比較している。Step4 において、店舗 i と店舗 j がともに配送センターの直後、ともに直前である場合は、Step6 でいずれか一方の経路は逆順になる。

表 10.4　セービング値のリスト（単位：km）

店舗	店舗	セービング値	店舗	店舗	セービング値	店舗	店舗	セービング値
2	3	20	2	6	8	2	5	2
4	7	18	3	4	7	3	6	2
5	6	17	5	7	7	3	5	1
3	7	15	2	7	5	6	7	1
4	5	10	4	6	4	2	4	0

表 10.2 からすべての2店舗間のセービング値を計算し、大きい順に並べたリストを表 10.4 に示す。図 10.7 に示す往復配送の総配送距離は、$(16+19+12+13+17+8) \times 2 = 182$ km である。使用する配送車は6台であり、需要量の合計は17トンであるため平均積載率は $17 \div (10 \times 6) = 28\%$ となる。

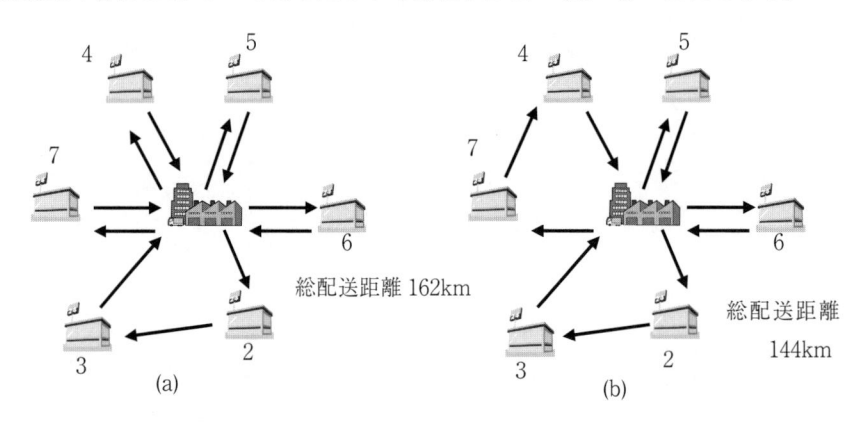

図 10.10　経路の統合（その1）

セービング値の大きい順に経路の統合を検討しよう。最大のセービング値は店舗対 (2, 3) の20kmであり，これをリストから取り出す。店舗2と店舗3へは往復配送を行っているため，ともに配送センターの直後の店舗である。また，店舗2が含まれる配送経路上の需要量は2トン，店舗3が含まれる配送経路上の需要量は3トン，その和は5トンで積載容量の10トン以下のため，二つの経路を統合しても1台の配送車で配送可能である。そこで，経路 (1, 2, 1) と (1, 3, 1) を統合し，店舗2の直後に店舗3を配送する経路 (1, 2, 3, 1) とする（図10.10 (a)）。統合後の総配送距離は，

統合後の総配送距離＝統合前の総配送距離－セービング値

で求められるので，182－20＝162kmとなり，平均積載率は17÷(10×5)＝34%となる。

つぎに，セービング値が18kmである店舗対 (4, 7) をリストから取り出す。店舗4と店舗7は配送センターの直後の店舗であり，配送経路上の需要量の和は7トンで経路の統合が可能である。そこで，経路 (1, 4, 1) と (1, 7, 1) を統合し，経路 (1, 7, 4, 1) とする（図10.10 (b)）。統合後の総配送距離は162－18＝144kmとなり，平均積載率は43%となる。同様に，セービング値が17kmである店舗対 (5, 6) をリストから取り出し，経路 (1, 5, 1) と (1, 6, 1) を統合し，経路 (1, 5, 6, 1) となる（図10.11 (a)）。統合後の総配送距離は144－17＝127kmとなり，平均積載率は57%となる。

つづいて，セービング値が15kmの店舗対 (3, 7) をリストから取り出す。しかし，配送経路上の需要量の和は12トンで積載容量を超えるため，経路は統合できない。同様に，セービング値が10kmの店舗対 (4, 5) も，経路は統合できない。

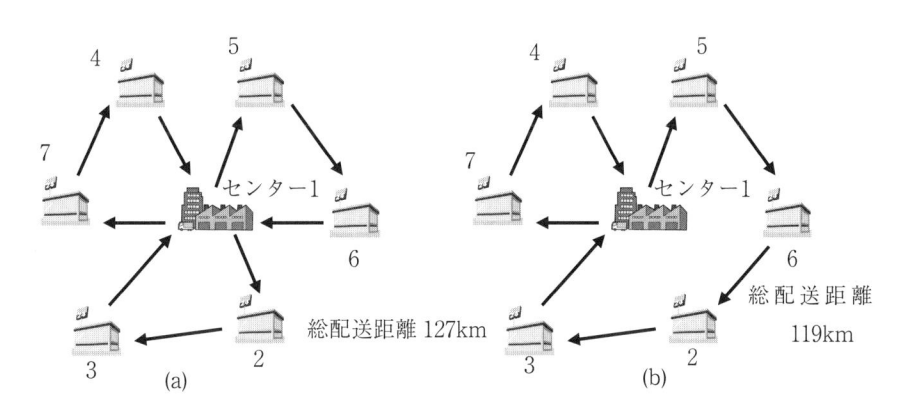

図10.11 経路の統合（その2）

つづいて，セービング値が8kmの店舗対 (2, 6) をリストから取り出す。店舗2と店舗6は配送センターの直前か直後の店舗であり，配送経路上の需要量は10トンであるので，経路 (1, 5, 6, 1) と (1, 2, 3, 1) を統合し，経路 (1, 5, 6, 2, 3, 1) とする（図10.11 (b)）。統合後の総配送距離は127－8＝119kmとなり，平均積載率は85%となる。

順に店舗対 (3, 4) から (6, 7) までをリストから取り出すが，配送センターの直後の店舗か直前の店舗でないか，配送車の積載容量を超えるため，経路の統合はできない。最後に，(2, 4) はセービング値が0であるので終了する。最終的な配送経路は (1, 5, 6, 2, 3, 1) と (1, 7, 4, 1) で，総配送距離は119kmとなる。

10.2.3 スイープ法

現実の配送では，あらかじめ地域を分割し，担当する**配送区域**を決めておき，配送車は担当する配送区域内の店舗を配送することが一般的である。ここでは，先に配送区域を設定し，その区域内の配送経路を

後で求める方法の一つであるスイープ法を解説する。**スイープ法**は，積載容量に従って配送区域を扇形上に分割する方法である

(1) スイープ法

図 10.12（a）に示すように，配送センターを中心とした平面上で，配送車の積載容量を考慮しながら，配送センターからの角度に従い扇状に配送車が担当する区域を分割し，各区域に配送車を割当てることを考える。配送区域が分割できれば，図 10.12（b）のように積載容量を考慮せず担当する店舗間を巡回する経路を求めればよい[4]。

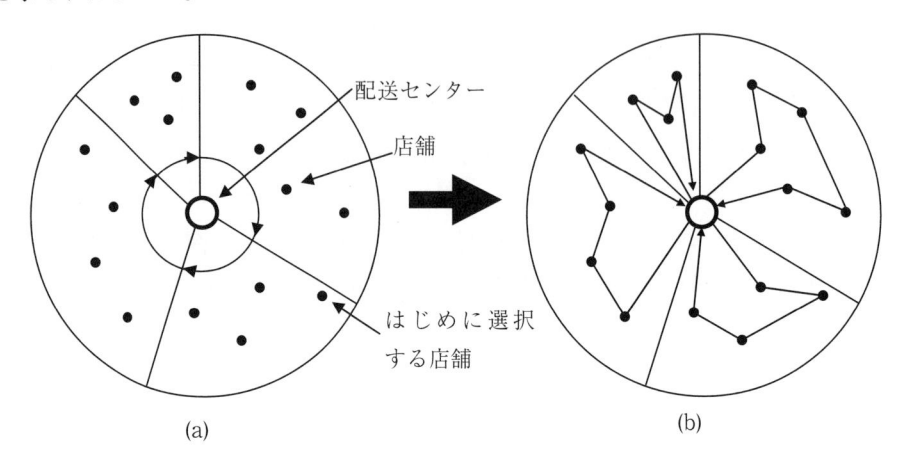

図 10.12　スイープ法

表 10.2 と表 10.3 のデータを用いて，配送経路を求めよう。まず，配送車 1 と適当な店舗 2 を選択する。配送センターを中心に店舗 2 から時計周りに見ると，店舗 3, 7, 4, 5, 6 という順になる。店舗 2 の需要は 2 トン，店舗 3 は 3 トン，店舗 7 は 3 トンである。配送車 1 の配送区域にこの 3 店舗を割当てると配送量は 8 トンで，配送可能である。店舗 4 の需要は 4 トンのため，配送車 1 が店舗 4 も担当すると配送量は合計 12 トンとなり，積載容量を超え配送不可能となる。したがって，配送車 1 の配送区域に店舗 2, 3, 7 を割当てる（図 10.13（a））。

次に，配送車 2 と，店舗 7 に隣接する店舗 4 を選択する。配送センターを中心に店舗 4 から時計周りで見ると，店舗 5, 6 という順になる。店舗 4 の需要は 4 トン，店舗 5 は 2 トン，店舗 6 は 3 トンであり，配送車 2 の配送区域にこの 3 店舗を割当てると配送量は 9 トンで配送可能である。したがって，配送車 2

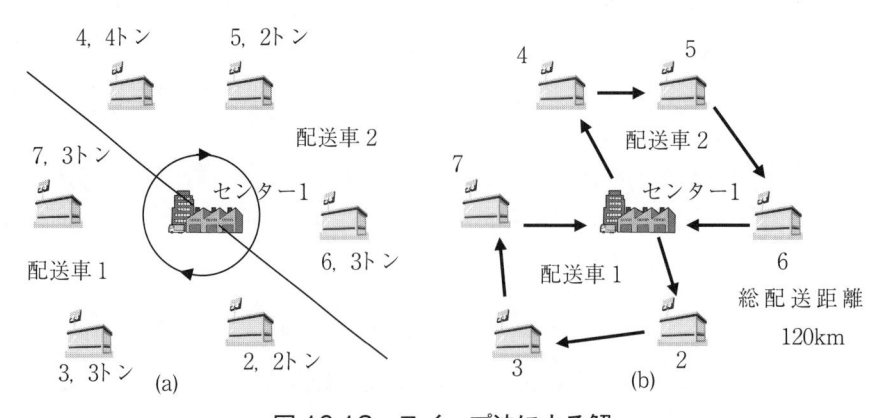

図 10.13　スイープ法による解

の配送区域には店舗 4, 5, 6 を割当てる（図 10.13 (a)）。

すべての店舗を配送区域に割当てたので，つぎに各配送区域の店舗と配送センター間の巡回路を求める。この問題では 4 地点の巡回路であるので容易に図 10.13 (b) に示す経路 (1, 2, 3, 7, 1) と (1, 4, 5, 6, 1) が求まる。配送車 1 の配送距離は 63km，配送車 2 の配送距離は 57km であり，総配送距離は 120km，平均積載率は 85％となる。

以上の手順で配送経路を設定する方法は，地域を掃くイメージからスイープ法とよばれる。スイープ法の**アルゴリズム**をまとめておく。

スイープ法のアルゴリズム

[Step 1] 配送車と適当な店舗を選択する。配送車の配送区域の需要量を 0 とする。
[Step 2] 配送区域の需要量と選択した店舗の需要量の和が配送車の積載容量を超えてれば，Step5 へ進む
[Step 3] 選択した店舗を配送区域に割当て，配送区域の需要量に店舗の需要量を加える。
[Step 4] すべての店舗が配送区域に割当てられていれば Step 6 へ進む。そうでなければ，配送センターを中心として時計（または反時計）周りに次の店舗を選択し，Step 2 へ戻る。
[Step 5] 次の配送車を選択し，配送区域の需要量を 0 として，Step 2 へ戻る。
[Step 6] 各配送区域内の店舗に対して配送経路を求める。

（2）多階層スイープ法

前述のスイープ法では，店舗数が増大すると狭い角度の扇形領域に配送区域が分割されてしまい，近距離の店舗から遠距離の店舗を同時に配送するような経路が算出されてしまう。これを防ぐために，**多層階スイープ法**では近距離にある店舗と遠距離にある店舗を複数の階層に分離してから，それぞれの階層にスイープ法を適用する。

2 階層スイープ法の例を示そう。はじめに，適当な半径を設定して配送センターを中心とする 2 重の円を描き，店舗を内円に位置する近距離店舗群と外円に位置する遠距離店舗群に分ける。近距離店舗群にスイープ法を適用して配送区域と配送経路を求める。つづいて，外円の遠距離店舗群にスイープ法を適用して配送区域と配送経路を求める。このような 2 階層スイープ法の概念図を図 10.14 に示す。

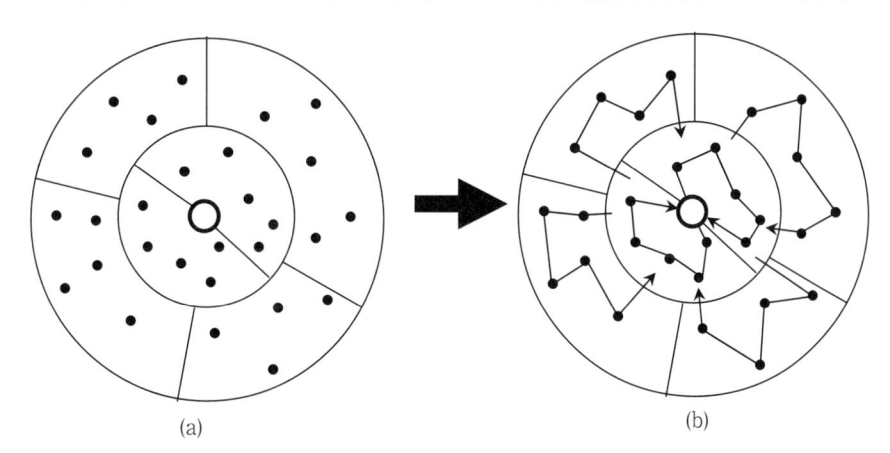

図 10.14 2 階層スイープ法

【演習問題】

1. 表のような輸送費用，需要量と供給量が与えられている輸送問題を解き，次の値を求めよ．
(1) 総輸送費用
(2) 工場・需要地間の輸送量

輸送費用（万円／トン）と需要量・供給量（トン）

	需要地1	需要地2	需要地3	需要地4	需要地5	供給量
工場1	6	7	8	9	20	20
工場2	4	3	6	7	15	15
工場3	8	6	6	10	10	30
需要量	10	15	20	5	15	

（答）（1）総輸送費用　430万円　（2）工場・需要地間の輸送量　省略

2. 配送経路問題において，表のような配送距離と需要量が与えられている．このとき，セービング法を用いて次の値を求めよ．なお，配送車の積載容量は10トンとする．
(1) 総配送距離
(2) 配送車台数および平均積載率
(3) 配送経路

配送センター－店舗，店舗－店舗間の距離（単位：km）

	センター1	店舗2	店舗3	店舗4	店舗5	店舗6	店舗7	店舗8
センター1	0	21	15	19	31	34	8	17
店舗2	21	0	9	25	18	8	19	10
店舗3	15	9	0	25	24	22	16	13
店舗4	19	25	25	0	21	32	17	16
店舗5	31	18	24	21	0	8	24	15
店舗6	34	8	22	32	8	0	29	18
店舗7	8	19	16	17	24	29	0	11
店舗8	17	10	13	16	15	18	11	0

店舗の需要量（単位：トン／日）

店舗	店舗2	店舗3	店舗4	店舗5	店舗6	店舗7	店舗8
需要量	2	3	1	2	3	3	3

（答）（1）総配送距離　134km　（2）配送車台数　2台，平均積載率　省略
　　　（3）配送経路　1→7→4→3→1，1→8→5→6→2→1

3. 6ケ所の工場と各都道府県庁所在地の47ケ所の需要地間の輸送問題を作り，総輸送費用が最小となる輸送計画を立てよ．なお，次のデータを用いること．
　・トラックの輸送費用（1km・1トン当たり）：Web上で検索
　・工場：宮城県，埼玉県，愛知県，大阪府，広島県，福岡県の県庁所在地
　・工場の生産能力：各工場300トン

・需要：都道府県の人口10万人当たり1トン，合計1278トン，都道府県の人口はWeb上で検索

(答) 省略

4．関東・東北・中部地方の各都県庁所在地に店舗があり，さいたま市に配送センターがある．このとき，セービング法，スイープ法および2階層スイープ法を用いて，配送距離が最小となる配送計画を立てよ．なお，次のデータを用いること．
・配送車：10トン
・店舗の需要：各2トン
・店舗間距離：Web上で検索

(答) 省略

注
（1）第9章の最小費用フロー問題も輸送問題の一つである．しかし，最小費用フロー問題は，1始点，1終点で，積替施設を経由し，輸送機関に輸送能力がある問題であり，前提条件が異なっている．
（2）ソルバーを使用するためには，アドインにてソルバーをインストールしておく必要がある．
（3）配送経路問題も数式を用いて定式化することができるが，複雑で大規模な定式化となる．
（4）距離が最小の巡回経路を求める問題を巡回セールスマン問題とよぶ．巡回セールスマン問題自体は，最適な解を求めることが難しい問題のグループに属している．しかし，数多くの近似解法が開発されており，適切な近似解法を用いれば短時間で良い解を求めることができる．

第11章　輸送機関選択

【要旨】

近年の環境変動の要因としてCO_2などの地球温暖化ガスが挙げられており，これらの排出量を削減することが叫ばれている。日本の物流部門においてもCO_2排出量の削減が課題となり，トラックの積載率の向上，共同配送やモーダルシフトによるCO_2排出量の削減が実施されてきている。しかし，トラック，鉄道，船舶などの輸送機関を選択する場合，CO_2排出量のみならず，輸送費用，輸送時間，利便性や安全性，さらには貨物のロットサイズ，輸送形態などの様々な要因を考慮して，総合的に判断しなければならない。ここでは，輸送機関の特性を示した後，AHPおよび二項ロジットモデルによる輸送機関の選択手法を解説する。つづいて排出量の算出方法とモーダルシフトによるCO_2排出量の削減効果の算出方法を解説する。

11.1　輸送機関の特性

貨物の輸送機関としてはトラック，鉄道，船舶や航空があり，それぞれの**輸送機関**の特性は大きく異なっている。このため，輸送機関の特性を十分に考慮して，輸送機関を選択する必要がある。

　トラック輸送には，自社の貨物を輸送する自家用と他者の貨物を輸送する営業用によるものがある。営業用はさらに，複数の顧客の貨物を輸送する特別積合せ，まとまった貨物を運ぶ貸切トラックや小貨物を運ぶ宅配便などがある。

　鉄道輸送は貨物ターミナル駅間を鉄道により輸送するもので，発着地と貨物ターミナル駅間のトラックによるアクセス・イグレス輸送と併用される。鉄道輸送には，コンテナを用いたコンテナ扱と石油やセメントなどの専用車両を用いた車扱がある。なお，**アクセス輸送**は発地と貨物ターミナル駅間や港湾間の輸送，**イグレス輸送**は貨物ターミナル駅や港湾と着地間の輸送である。

　船舶輸送は港湾間を船舶により輸送するもので，トラックによるアクセス・イグレス輸送と併用される。船舶の種類には，ばら積み貨物船，車輌やトレーラを運ぶRO-RO船（roll-on/roll-off ship）やフェリー，コンテナを専用に輸送するコンテナ船などがある。

　表11.1にトラック輸送と鉄道・船舶輸送に分けた輸送機関の特性を示す。トラック輸送は，小口から大口まで多様な**ロットサイズ**に対応し，ドアツードアの輸送など柔軟なサービスを提供できる。鉄道輸送と船舶輸送は，ロットサイズが大きく，長距離輸送に適している。発着地と貨物ターミナル駅や港湾間のアクセス・イグレス輸送が必要なため，発着地が貨物ターミナル駅や港湾から近距離にある必要がある。また，運行ダイヤや利用できる便数が限定されるので，出荷時刻の調整が必要である。これらの条件に合致すれば，相対的に輸送費用が安く，CO_2排出量などの環境負荷が小さい。

　輸送機関の輸送費用と輸送距離に関する特性を図11.1に，ロットサイズと輸送距離に関する特性を図11.2に，輸送時間と輸送距離に関する特性を図11.3に示す。一般的に，短距離の輸送ではトラック輸送の費用が安く，中・長距離の輸送では鉄道輸送や船舶輸送の輸送費用が安くなる。トラック輸送は小さなロットサイズのものから中程度のもの，鉄道輸送と船舶輸送は中程度から大きなロットサイズの輸送に適

している。また，トラック輸送は相対的に輸送時間が短く，鉄道輸送と船舶輸送は貨物ターミナル駅や港湾における積替えが必要であるため輸送時間が長くなる。

現在利用している輸送機関を他の輸送機関で代替することを**モーダルシフト**とよぶ。一般的には，トラック輸送を鉄道輸送や船舶輸送で代替することを指すことが多い。図11.2と図11.3の楕円が重なる部分の貨物は，複数の輸送機関で代替が可能と考えられるため，モーダルシフトの対象となる。モーダルシフトにより，エネルギーの節減，CO_2や有害な排気ガスの削減，交通渋滞の緩和などが期待できる。

表11.1 輸送機関の特性

項目	トラック輸送	鉄道・船舶
費用	車両の大きさ別，時間制，距離制	輸送距離が長い（500km程度以上）場合に競争力が高い
ロットサイズ	多様なロットサイズを選択可能 混載による小口貨物も可能	キャリアの輸送ロットに依存 鉄道・船舶は5トン以上
立地制約	立地による制約はない ドアツードアに対応	駅，港湾などが近隣に必要
所要時間	平均走行速度等により設定が容易 交通渋滞の影響を受ける	駅，港湾での接続により所要時間が長い 発着ダイヤの影響を受ける
環境負荷	大きい	小さい
リスク	交通事故発生のリスクは高い 代替輸送の手配が容易	交通事故発生のリスクは低い 発生した場合の影響は甚大

ロジスティクス源流管理マニュアル（2006）p37より作成

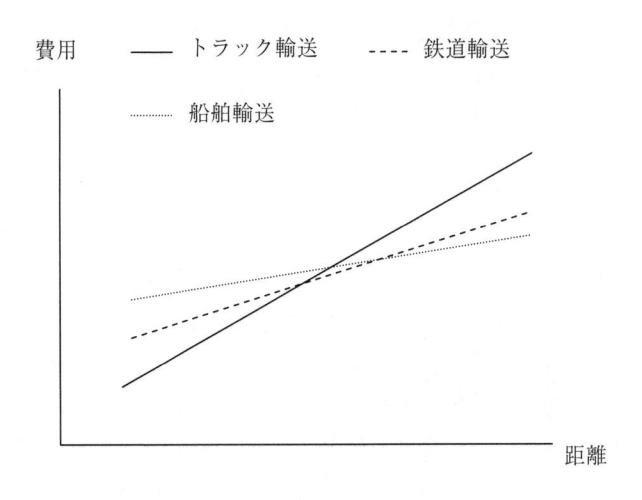

ロジスティクス源流管理マニュアル（2006）p40より作成

図11.1 輸送費用と輸送距離

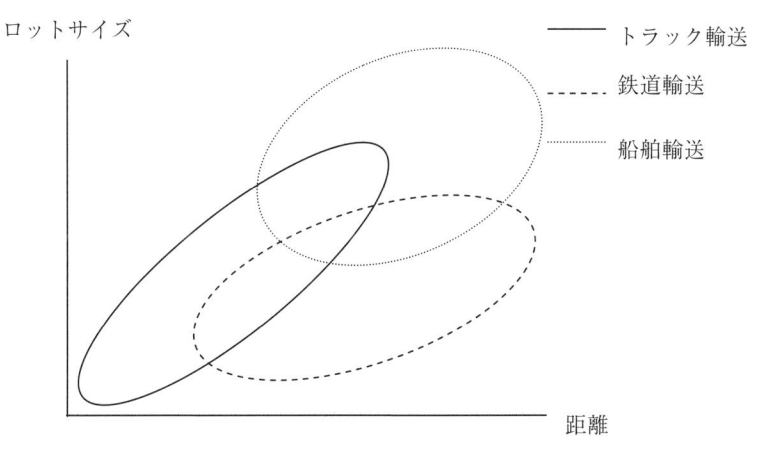

図11.2　ロットサイズと輸送距離

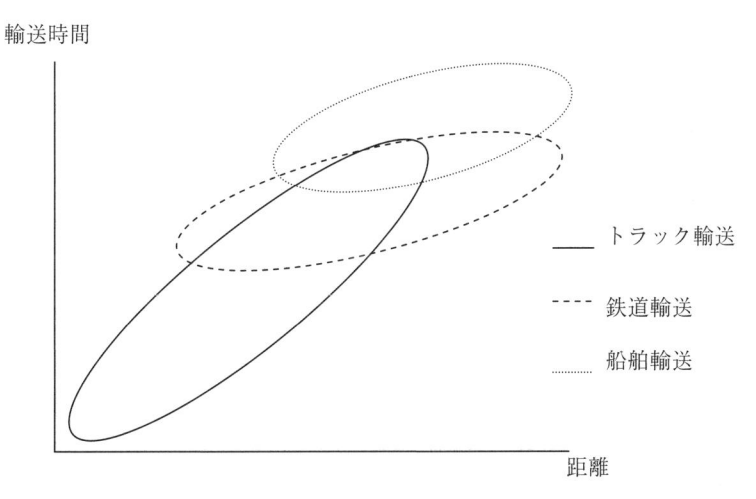

ロジスティクス源流管理マニュアル（2006）p40 より作成

図11.3　輸送時間と輸送距離

ロジスティクス源流管理マニュアル（2006）p40 より作成

11.2　AHPによる輸送機関選択

　AHP（Analytic Hierarchy Process）は，階層化意思決定法とよばれる意思決定手法である。AHPでは，問題を目的，評価基準，代替案からなる階層図に表現することで構造を明らかにし，一対比較を用いて評価基準や代替案の重要度を算出し，これにより代替案を評価し，選択する手法である。AHPは社会における様々な意思決定に活用されている。なお，AHPの理論については，第3章を参照のこと。

　AHPの一般的な手順は次のようになる。

> **AHP の手順**
> ① 目的の設定
> ② 評価基準の設定
> ③ 評価基準間の一対比較と重要度の計算
> ④ 評価基準に関する代替案の一対比較と重要度の計算
> ⑤ 代替案の評価と選択

　工場から配送センターに製品を輸送する場合の輸送機関の選択を考えよう。ここでは，トラック輸送，鉄道輸送（トラックと鉄道の組合せ），フェリー輸送（トラックとフェリーの組合せ）の三種類の輸送機関があるものとし，これらの中から，いくつか要因を考慮して利用する輸送機関を選択する。

　はじめに，**目的**を設定する。この問題の目的は，三種類の**代替案**である輸送機関を評価し，これらの中から一つを選択することである。

　つぎに，**評価基準**を設定する。輸送機関を選択する基準としては，輸送時間，輸送費用，CO_2 排出量，時間の正確性，安全性，利便性などが挙げられる。それぞれの代替案に対して，輸送時間，輸送費用や CO_2 排出量などは比較的容易に数値化して比較することができるが，正確性，安全性や利便性などのように数値化することが難しい基準もある。一方，輸送時間は積替時間や移動時間，利便性は便数や手続きなどのように，評価項目をさらに詳細に分解できる場合もある。

　目的，評価基準および代替案を階層図で表すと図11.4（a）となる。また，便数や手続きなどの細かな基準も考慮した場合，階層図は図11.4（b）となる。ここでは，図11.4（b）の階層図を対象とした分析例を示す。

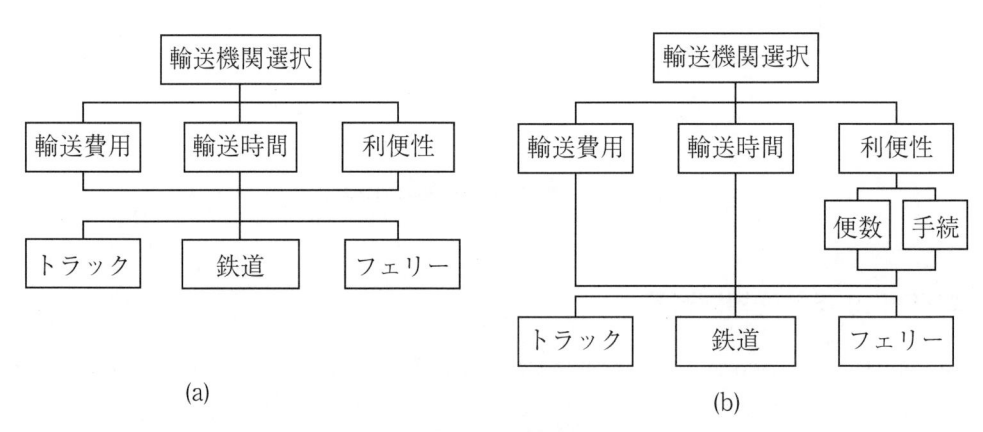

図 11.4　階層図

表 11.2　一対比較の評価値

i は j と比べて	a_{ij}	i は j と比べて	a_{ij}
同じように重要／同じ	1	非常に重要／非常に良い	7
やや重要／やや良い	3	きわめて重要／きわめて良い	9
かなり重要／とても良い	5	ただし，$a_{ii} = 1, a_{ji} = \dfrac{1}{a_{ij}}$	

表 11.3 評価項目（費用，時間，利便性）の一対比較と重要度の計算

	費用	時間	利便性	幾何平均	重要度
費用	1	3	5	$\sqrt[3]{1 \times 3 \times 5} = 2.47$	2.47 ÷ 3.88 = 0.64
時間	$\frac{1}{3}$	1	3	$\sqrt[3]{\frac{1}{3} \times 1 \times 3} = 1.00$	1.00 ÷ 3.88 = 0.26
利便性	$\frac{1}{5}$	$\frac{1}{3}$	1	$\sqrt[3]{\frac{1}{5} \times \frac{1}{3} \times 1} = 0.41$	0.41 ÷ 3.88 = 0.11
合計				2.47 + 1.00 + 0.41 = 3.88	

表 11.4 評価項目（便数，手続き）の一対比較と重要度の計算

	便数	手続き	幾何平均	重要度
便数	1	5	$\sqrt{1 \times 5} = 2.24$	0.83
手続き	$\frac{1}{5}$	1	$\sqrt{\frac{1}{5} \times 1} = 0.45$	0.17
合計			2.69	

表 11.5 費用に関する輸送機関の一対比較

費用	トラック	鉄道	フェリー	重要度
トラック	1	$\frac{1}{3}$	$\frac{1}{5}$	0.11
鉄道	3	1	$\frac{1}{3}$	0.26
フェリー	5	3	1	0.64

表 11.6 時間に関する輸送機関の一対比較

時間	トラック	鉄道	フェリー	重要度
トラック	1	$\frac{1}{3}$	3	0.26
鉄道	3	1	5	0.64
フェリー	$\frac{1}{3}$	$\frac{1}{5}$	1	0.11

表 11.7 便数に関する輸送機関の一対比較

便数	トラック	鉄道	フェリー	重要度
トラック	1	5	7	0.73
鉄道	$\frac{1}{5}$	1	3	0.19
フェリー	$\frac{1}{7}$	$\frac{1}{3}$	1	0.08

表 11.8 手続きに関する輸送機関の一対比較

手続き	トラック	鉄道	フェリー	重要度
トラック	1	5	5	0.72
鉄道	$\frac{1}{5}$	1	1	0.14
フェリー	$\frac{1}{5}$	1	1	0.14

　はじめに，評価基準間の**一対比較**を行う．評価基準は時間，費用，利便性であり，さらに利便性は便数や手続きに分かれている．意思決定者が表11.2に示す評価値を用いて，評価基準の一対ずつ，すなわち費用と時間，費用と利便性，利便性と時間について一対比較を行う．つづいて，便数と手続きについて一対比較を行う．たとえば，意思決定者にとって費用の方が時間よりやや重要ならば評価値を3とする．この場合，時間からみた費用の評価値はその逆数の1/3とする．

　一対比較の結果，表11.3および表11.4の左側に示すような評価値が求められたものとする．この表をもとに，各評価基準の重要度を推定する．重要度を推定する方法には，**幾何平均法**や固有値法などがある．幾何平均法では，各評価基準について幾何平均を計算し，その値の相対的な大きさを重要度とする．幾何平均は，二つの評価基準であれば評価値の積の平方根，三つの評価基準であれば評価値の積の立方根となる．たとえば，3，4，5の幾何平均は$\sqrt[3]{3\times4\times5}=3.91$となる．

　表11.3および表11.4の左側の評価値をもとに幾何平均と重要度を求める．費用の幾何平均は$\sqrt[3]{1\times3\times5}=2.47$，時間は$\sqrt[3]{1/3\times1\times3}=1.00$，利便性は$\sqrt[3]{1/5\times1/3\times1}=0.41$となる．幾何平均の合計は3.88であるので，評価項目の重要度はそれぞれの値を幾何平均の合計で割ったものであり，費用の重要度$2.47\div3.88=0.64$，時間は$1.00\div3.88=0.26$，利便性は$0.41\div3.88=0.11$となる．このことから，意思決定者は三つの評価基準の中で，重要度が最大である費用をもっとも重要視していることが分かる．また，便数と手続きでは，便数の重要度は0.83，手続きの重要度は0.17であり，便数を重要視していることが分かる．

　つぎに，評価基準に関して代替案同士を一対比較する．費用に関してトラック輸送と鉄道輸送を比較し，たとえば，トラック輸送は鉄道輸送に比べて費用がやや高く，やや悪いと評価すれば評価値を1/3とし，鉄道輸送からみたトラック輸送の評価値を逆数の3とする．費用，時間，便数，手続きに対する一対比較により，表11.5から表11.8の左側の評価値を求められたものとする．なお，利便性に関する重要度は下の階層の便数と手続きの重要度から求めるため，一対比較は行わない．

　つづいて，評価基準の重要度と同じ手順で，各評価基準に関する各輸送機関の重要度を求める．表11.5から表11.8の右列が重要度となる．費用に関しては，トラックの重要度は0.11，鉄道の重要度は0.26，フェリーの重要度は0.64となる．したがって，意思決定者は費用に関してフェリーを優位に考えていることが分かる．同様に，時間に関しては鉄道，便数と手続きに関してはトラックを優位に考えていることが分かる．

　代替案の評価は評価基準の重要度と評価基準に関する代替案の重要度を掛けたものの和として求めることができる．はじめに，便数と手続きの重要度を用いて利便性の評価を求める．表11.9に示すように，利便性に関するトラックの評価は，「便数の重要度0.83」と「便数に関するトラックの重要度0.73」の積0.83×0.73と，「手続きの重要度0.17」と「手続きに関するトラックの重要度0.72」の積0.17×0.72の和であり，$0.83\times0.73+0.17\times0.72=0.73$となる．同様に，利便性に関する鉄道の評価は0.18，フェリーの

評価は 0.09 となる。

表 11.9 利便性の評価

	便数（0.83）	手続き（0.17）	評価
トラック	0.83×0.73=0.61	0.17×0.72=0.12	0.61+0.12=0.73
鉄道	0.83×0.19=0.16	0.17×0.14=0.02	0.16+0.02=0.18
フェリー	0.83×0.08=0.07	0.17×0.14=0.02	0.07+0.02=0.09

つづいて，各代替案の総合評価を計算する。表 11.10 に示すように，トラックの総合評価は，「費用の重要度 0.64」と「費用に関するトラックの重要度 0.11」の積 0.64×0.11，「時間の重要度 0.26」と「時間に関するトラックの重要度 0.26」の積 0.26×0.26，「利便性の重要度 0.11」と「利便性に関するトラックの重要度 0.73」の積 0.11×0.73 の和であり，0.64×0.11+0.26×0.26+0.11×0.73=0.22 となる。同様に，鉄道輸送の総合評価は 0.36，フェリー輸送の総合評価は 0.45 となる。

トラック輸送の総合評価は 0.22，鉄道輸送は 0.36，フェリー輸送は 0.45 となることから，意思決定者は輸送機関としては総合評価のもっとも高いフェリー輸送を選択することになる。

表 11.10 代替案の総合評価

	費用（0.64）	時間（0.26）	利便性（0.11）	総合評価
トラック	0.64×0.11=0.07	0.26×0.26=0.07	0.11×0.73=0.08	0.07+0.07+0.08=0.22
鉄道	0.64×0.26=0.17	0.26×0.64=0.17	0.11×0.18=0.02	0.17+0.17+0.02=0.36
フェリー	0.64×0.64=0.41	0.26×0.11=0.03	0.11×0.09=0.01	0.41+0.03+0.01=0.45

11.3 ロジットモデルによる輸送機関選択

ロジットモデルは，利用者が利用可能な選択肢の中でもっとも効用が高い選択肢を選ぶことを仮定した**非集計分析モデル**である。ロジットモデルでは，説明変数とそのパラメータを用いて選択肢の効用を定義し，効用の指数値の比率により選択肢の**選択率**が決まるものとする。特に，二種類の選択肢を比較し，その選択率を推定するモデルを**二項ロジットモデル**とよぶ。**効用**とは，利用者が得られる満足の水準であり，効用が相対的に高いほど選択率が高くなり，効用が相対的に低いほど選択率が低くなる。**説明変数**は時間，費用，重量など選択に影響を与える要因であり，**パラメータ**は説明変数の係数である。

移動手段として飛行機と鉄道という 2 つの選択肢があり，それらの効用が所要時間と運賃の二つの説明変数とそのパラメータにより，次のように求められているものとする。

効用 = −3.5×所要時間（時間）−1.5×運賃（万円）

飛行機の所要時間が 2 時間，運賃が 4 万円であり，鉄道の所要時間が 3 時間，運賃が 3 万円の場合を考えると，それぞれの効用は次のようになる。

飛行機の効用 = −3.5×2−1.5×4 = −13
鉄道の効用 = −3.5×3−1.5×3 = −15

効用の差は −13−(−15) = 2 となり，飛行機の効用が 2 だけ大きくなる。

このとき，二項ロジットモデルにおける選択率は次のようになる。

$$\text{飛行機の選択率} = \frac{e^{\text{飛行機の効用}}}{e^{\text{飛行機の効用}} + e^{\text{鉄道の効用}}} = \frac{e^{-13}}{e^{-13}+e^{-15}} = \frac{1}{1+e^{-2}} = 0.88$$

鉄道の選択率 = 1 − 飛行機の選択率 = 0.12

このように，飛行機を選択する確率は88％となり，2つの選択肢では飛行機を選択することが妥当となる。ここで，e は自然対数の底であり，約2.72である。

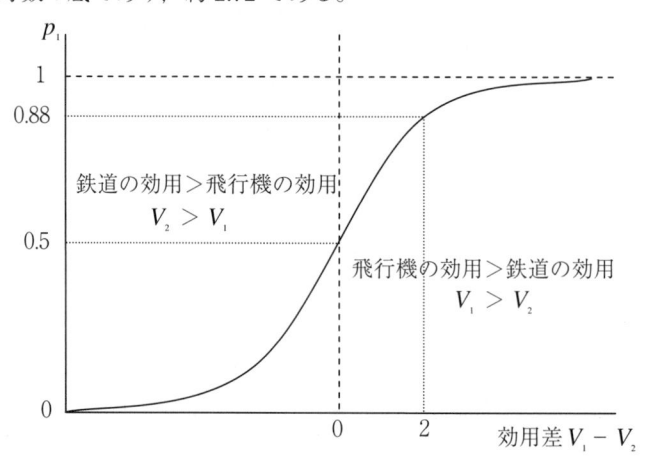

図11.5 効用差と選択率

飛行機の効用を V_1，鉄道の効用を V_2 とおき，飛行機の選択率を P_1，鉄道の選択率を P_2 とおくと，選択率 P_1, P_2 は，次のようになる。

$$P_1 = \frac{e^{V_1}}{e^{V_1}+e^{V_2}} = \frac{1}{1+e^{-(V_1-V_2)}}$$

$$P_2 = 1-P_1 = \frac{e^{V_2}}{e^{V_1}+e^{V_2}} = \frac{1}{1+e^{-(V_2-V_1)}}$$

となる。$V_1 - V_2$ は飛行機と鉄道の効用の差であり，$V_1 > V_2$ であれば飛行機の効用が高く，$V_2 > V_1$ であれば鉄道の効用が高いことになる。飛行機の選択率と効用差の関係をグラフに表したものを図11.5に示す。飛行機と鉄道の効用に差がなければ，飛行機の選択率は0.5であり，効用の差が正で大きくなれば飛行機の選択率は1に近づき，負で大きくなれば飛行機の選択率は0に近づくことになる。

二項ロジットモデルを用いて，**輸送機関選択**を考える。輸送機関の効用は，その輸送機関の特性と貨物や荷主の**属性**によって決定されるものと仮定する。輸送機関の特性には，輸送費用，輸送時間，主要輸送機関までのアクセス・イグレス時間や費用，便数，安全性や利便性などがある。一方，貨物や荷主の属性は輸送機関に依存しないものであり，品目，発業種，着業種やロットサイズなどがある。これらの特性や属性が輸送機関を選択する要因である説明変数として利用される。

ここでは，九州と関東間におけるトラック輸送と鉄道輸送の二つの輸送機関に対して，二項ロジットモデルを適用した例を示す。

はじめに，分析に用いる説明変数を決定する。様々な説明変数を検討した結果，ここでは二つの輸送機関に共通の説明変数として輸送費用を選択し，鉄道輸送のみの説明変数としてアクセス時間と貨物のロットサイズの対数値を選択する[1]。なお，アクセス時間は貨物の発地から鉄道コンテナ駅までの輸送時間である。

貨物 n がトラックによって輸送される確率を $P^n_{\text{トラック}}$，鉄道によって輸送される確率を $P^n_{\text{鉄道}}$ とし，トラック輸送に対する貨物 n の効用を $V^n_{\text{トラック}}$，鉄道輸送に対する効用を $V^n_{\text{鉄道}}$ とする。このとき，2項ロジットモデルにおける貨物 n の輸送機関の選択率は次式で求められる。

$$P^n_{トラック} = \frac{e^{V^n_{トラック}}}{e^{V^n_{トラック}} + e^{V^n_{鉄道}}} \qquad n=1,\cdots,N$$

$$P^n_{鉄道} = 1 - P^n_{トラック} \qquad n=1,\cdots,N$$

$$V^n_{トラック} = \theta^{費用} a^{費用}_{トラック}(n) \qquad n=1,\cdots,N$$

$$V^n_{鉄道} = \theta^{費用} a^{費用}_{鉄道}(n) + \theta^{アクセス} a^{アクセス}_{鉄道}(n) + \theta^{ロット} \log a^{ロット}(n) + \theta^{定数} \qquad n=1,\cdots,N$$

ここで，N は貨物数，θ^i は説明変数 i のパラメータ，$a^i_j(n)$ は貨物 n の輸送機関 j における説明変数 i の値である。

第7回全国貨物純流動調査のデータを使用した分析結果[21]を示す。対象とする貨物数は，トラック輸送が331件，鉄道輸送が273件である。関東地方を33ゾーン，九州地方を29ゾーンに分割し，各ゾーンの中心地に貨物の発着地を集約し，各貨物に対して2つの輸送機関の発着地間の輸送費用とアクセス時間を算出したもの，および貨物のロットサイズの対数値をデータとして使用した。

分析により得られたモデルのパラメータ推定値を表11.11に示す。輸送費用とアクセス時間のパラメータ値は負であることから，アクセス時間が短くなる，輸送費用が安くなると輸送機関の効用が高くなり，その輸送機関が選択される確率が高くなる。ロットサイズのパラメータ値が正であることから，貨物のロットサイズが大きくなれば，鉄道輸送の効用が高くなり，鉄道輸送の選択率が高くなる。

モデルの的中率を表11.12に示す。的中率はロジットモデルにより選択率が高いとされた輸送機関と実際に使用された輸送機関が一致した割合であり，おおむね70％以上であれば適切とされている。また，表11.11のt値は統計的な検定値であり，絶対値が2以上であれば，説明変数は有意と考えることができる。

以上のことから，貨物の発地と鉄道コンテナ駅までのアクセス時間，輸送機関による輸送費用と貨物のロットサイズが輸送機関の選択に影響を与えている。また，貨物の発着地に関して，これらの説明変数値が分かれば，輸送機関の選択率の式から各輸送機関の選択率を算出することができ，選択率が高い輸送機関が現状に合った輸送機関であると推定できる。さらに，輸送費用やロットサイズなどが変化した場合の輸送機関の選択率の変化などといった感度分析も行うことができる。

表 11.11　パラメータの推定値

説明変数	パラメータ値（θ^i）	t値
輸送費用（百円）	−0.00255	−5.218
アクセス時間（時間）	−0.109	−4.186
ロットサイズ（対数値，トン）	1.236	11.732
定数項	−1.65	—

表 11.12　モデルの的中率

輸送機関	トラック	鉄道	平均
的中率	81%	69%	76%

11.4　CO₂排出量とモーダルシフト

近年の環境変動の要因としてCO₂などの地球温暖化ガスが挙げられており，これらの排出量を削減することが国や企業の責務となってきている。CO₂は**環境負荷**の一因であり，その排出量は輸送機関により大きく異なっているため，環境負荷を低減するためには適切な輸送機関の選択などを行うことが必要となる。

11.4.1　CO₂排出量の算出

輸送時に発生するCO₂排出量を算出する方法には，燃料法，燃費法，従来トンキロ法，改良トンキロ法がある。燃料法，燃費法，改良トンキロ法，従来トンキロ法の順で精度が悪くなるため，なるべく精度の高い方法を用いることが望ましい。

（1）燃料法

燃料法は，燃料使用量からCO₂排出量を算出する方法で，精度を重視する場合や，自社便，貸切便，共同輸配送などの場合に用いられる。算出式は，次の通りである。

$$CO_2排出量（トン）＝燃料使用量（kℓ）× CO_2排出係数（トン/kℓ）$$

表11.13に主な燃料のCO₂排出係数を示す。なお，計算には燃料使用量が必要なため，輸送事業者は算出が可能であるが，荷主が算出することは難しい。

表11.13　主な燃料のCO₂排出係数（トン/kℓ）

燃料種類	CO₂排出係数（トン/kℓ）
ガソリン	2.32
軽油	2.62
A重油	2.71
B・C重油	2.98
液化石油ガス	3.00
ジェット燃料油	2.46

（物流分野のCO₂排出量に関する算出方法ガイドラインより）

（2）燃費法

燃費法は，輸送距離と燃費から燃料使用量を推計する方法で，燃料使用量の直接把握が難しいが精度を重視する場合，共同輸配送や一般混載の場合，ハイブリッド車などの低燃費車の効果を評価する場合に用いられる。算出式は，次の通りである。

$$CO_2排出量（トン）＝輸送距離（km）÷燃費（km/ℓ）× CO_2排出係数（トン/kℓ）÷1000$$

なお，計算には燃費および輸送距離が必要であり，実測燃費が不明な場合は表11.14に示す自動車の燃費表を用いることができる。

輸送事業者は実測値として，これらデータを入手することが可能である。一方，輸送機関が分かれば，荷主は燃費表と発着地間の輸送距離を推定することでCO₂排出量を推計するが可能である。

表 11.14 自動車の燃費表 (km/ℓ)

	最大積載量 (kg)	営業用	自家用
ガソリン	軽貨物車	9.33	10.3
	～1999	6.57	7.15
	2000～	4.96	5.25
軽油	～999	9.32	11.9
	1000～1999	6.19	7.34
	2000～3999	4.58	4.94
	4000～5999	3.79	3.96
	6000～7999	3.38	3.53
	8000～9999	3.09	3.23
	10000～11999	2.89	3.02
	12000～16999	2.62	2.74

(物流分野の CO_2 排出量に関する算出方法ガイドラインより)

(3) 従来トンキロ法

従来トンキロ法は，輸送重量，輸送距離と輸送機関の種類から CO_2 排出量を算出する方法で，簡易に算出したい場合，物流事業者への委託分やトラック以外の輸送機関の場合に用いられる。算出式は，次の通りである。

CO_2 排出量 (トン) ＝ 輸送重量 (トン) × 輸送距離 (km)
× 従来トンキロ法 CO_2 排出原単位 (g／トン・km) ÷ 1000000

表 11.15 従来トンキロ法 CO_2 排出原単位 (g/トン・km)

区分		原単位
自動車	営業用普通車	173
	営業用小型車	808
	営業用軽自動車	1951
	自家用普通車	394
	自家用小型車	3443
鉄道		22
内航船舶		39
国内航空		1490

(物流分野の CO_2 排出量に関する算出方法ガイドラインより)

表 11.15 に従来トンキロ法 CO_2 排出原単位の一覧を示す。この表より，鉄道の排出量原単位は 22g，船舶は 39g と他の輸送機関と比較して低いことが分かる。また，営業用普通車の CO_2 排出量原単位は 173g，自家用普通車は 394g であり，特に自家用のトラック輸送の CO_2 排出量原単位は大きく，環境負荷への影響が大きいことが分かる。

(4) 改良トンキロ法

改良トンキロ法は，輸送重量，輸送距離，最大積載量と積載率から CO_2 排出量を算出する方法である。燃料法や燃費法を利用することが難しい場合，積載率の向上などの効果を評価したい場合，共同輸配送や一般混載などの場合に用いられる。また，トラックのみが算出の対象となる。算出式は，次式の通りである。

CO_2 排出量 (トン) ＝ 輸送重量 (トン) × 輸送距離 (km)
× 改良トンキロ法 CO_2 排出原単位 (g／トン・km) ÷ 1000000

改良トンキロ法の CO_2 排出量原単位はトラックの**最大積載量**や**積載率**などによって決まるため，従来トンキロ法よりも正確な CO_2 排出量を算出することができる．詳細なディーゼルトラックの CO_2 排出量原単位は，次式により算出することができる．

$$4\text{トン車の } CO_2 \text{ 排出量原単位} = 226.36 \times 積載率^{-0.8202} \text{ g/トン・km （空車時 =367）}$$
$$10\text{トン車の } CO_2 \text{ 排出量原単位} = 97.31 \times 積載率^{-0.7984} \text{ g/トン・km （空車時 =498）}$$
$$20\text{トン車の } CO_2 \text{ 排出量原単位} = 41.44 \times 積載率^{-0.7592} \text{ g/トン・km （空車時 =656）}$$

ただし，積載率10％未満の場合は，積載率10％の時の値を用いる．図11.6に，改良トンキロ法におけるディーゼルトラックの積載率と CO_2 排出量の関係を示す．

表11.15と図11.6などから分かるように，CO_2 排出量を減らすためには次のようなモーダルシフトや改善をすることが必要となる．

① トラック輸送から鉄道輸送または船舶輸送へ変更する．
② 自家用トラックから営業用トラックに変更する．
③ 小型トラックから大型トラックに変更する．
④ 積載率を向上させる．
⑤ 燃費を向上させる．

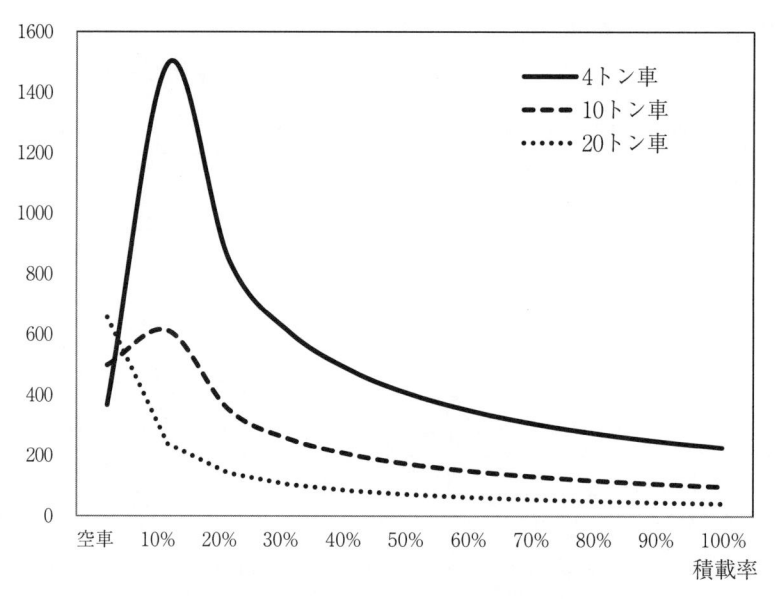

図11.6　ディーゼル車の CO_2 排出量原単位

11.4.2　モーダルシフトによる CO_2 排出量の削減

現在，トラックにて年間1200トン，輸送距離800kmの輸送が行われているものとし，このときの CO_2 排出量を算出しよう．ここで，10トンディーゼルトラック，積載率80％で輸送されているものとする．

ディーゼルトラックの CO_2 排出量原単位の式より排出量原単位は，

$$97.31 \times (0.80)^{-0.7984} = 116\text{g}$$

となる．また，年間の CO_2 排出量（トン）は，次式で算出することができる．

年間 CO_2 排出量 = 輸送距離 × 年間輸送重量 × CO_2 排出量原単位 ÷ 1000000

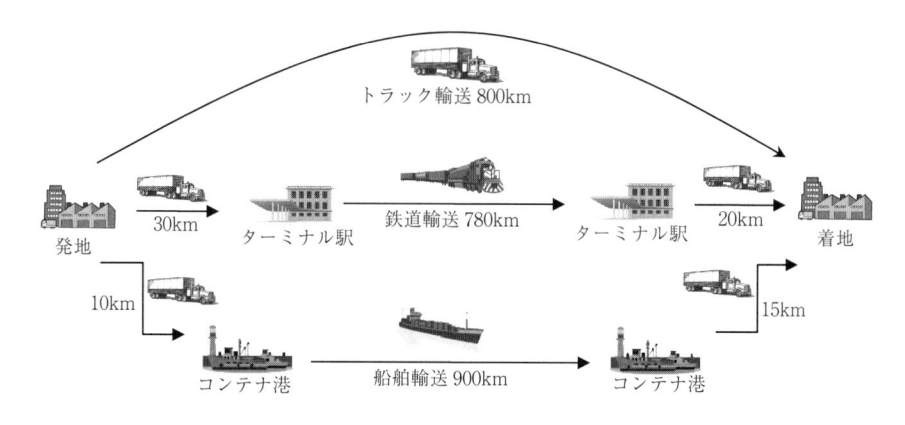

図 11.7　モーダルシフト例

したがって，年間 CO_2 排出量は，

$$800 \times 1200 \times 116 \div 1000000 = 111.4 \text{ トン／年}$$

となる。

つづいて，図 11.7 のようにトラック輸送から鉄道輸送へモーダルシフト，および船舶輸送へモーダルシフトしたときの CO_2 排出量を算出しよう。なお，輸送はコンテナで行い，アクセス輸送とイグレス輸送は 10 トンディーゼルトラックで行い，積載率は 80% と考える。鉄道輸送と船舶輸送における輸送距離は図の通りとする。

鉄道輸送のアクセス時とイグレス時の年間 CO_2 排出量は，

$$30 \times 1200 \times 116 \div 1000000 = 4.2 \text{ トン}$$
$$20 \times 1200 \times 116 \div 1000000 = 2.8 \text{ トン}$$

となる。また，表 11.15 の従来トンキロ法における CO_2 排出量原単位 22g を用いると，鉄道輸送時の年間 CO_2 排出量は，

$$780 \times 1200 \times 22 \div 1000000 = 20.6 \text{ トン}$$

となり，全体では 27.6 トンとなる。したがって，トラック輸送からのモーダルシフトによる CO_2 排出量の削減量は 83.8 トン，削減率は 75.3% となる。

同様に，船舶輸送のアクセス時とイグレス時，および船舶輸送時の年間 CO_2 排出量は，

$$10 \times 1200 \times 116 \div 1000000 = 1.4 \text{ トン}$$
$$15 \times 1200 \times 116 \div 1000000 = 2.1 \text{ トン}$$
$$900 \times 1200 \times 39 \div 1000000 = 42.1 \text{ トン}$$

となり，全体では 45.6 トンとなる。したがって，トラック輸送からのモーダルシフトによる CO_2 排出量の削減量は 65.8 トン，削減率は 59.1% となる。

結果を求めたものを表 11.16 に示す。

表11.16 モーダルシフトとCO₂排出量の削減

		輸送距離(km)	最大積載量(トン)	積載率(%)	CO₂排出量原単位(g)	年間輸送重量(トン)	年間排出量(トン)	合計排出量(トン)	削減量(トン)	削減率(%)
現状		800	10	80	116	1200	111.4	111.4	—	—
鉄道	アクセス	30	10	80	116	1200	4.2	27.6	83.8	75.3
	鉄道輸送	780	—	—	22	1200	20.6			
	イグレス	20	10	80	116	1200	2.8			
船舶	アクセス	10	10	80	116	1200	1.4	45.6	65.8	59.1
	船舶輸送	900	—	—	39	1200	42.1			
	イグレス	15	10	80	116	1200	2.1			

【演習問題】

1．図11.4（b）の階層図を用いて，自分自身で一対比較を行い，輸送手段を選択せよ．

(答) 省略

2．現在のトラック輸送を，ターミナル経由の鉄道輸送か，港湾経由の船舶輸送にモーダルシフトすることを考えている．このとき，鉄道輸送および船舶輸送の場合について，それぞれの値を求めよ．なお，年間輸送量は1000トンで，10トンのディーゼルトラックで輸送し，トラックの積載率は75%とし，輸送距離は下の表の通りである．なお，CO_2排出量原単位は小数点第一位を四捨五入すること．
（1）年間CO_2排出量
（2）年間CO_2排出量の削減量
（3）年間CO_2排出量の削減率

輸送機関と輸送距離

輸送機関		輸送距離（km）
現状		1000
鉄道	アクセス	20
	鉄道輸送	1100
	イグレス	10
船舶	アクセス	10
	船舶輸送	1200
	イグレス	5

(答) （1）省略　（2）省略　（3）鉄道77.2%，船舶60.1%

3．指定された九州地方の都市と関東地方の都市間で行っているトラック輸送を，JR貨物ターミナル駅経由の鉄道コンテナ輸送，および港湾経由のフェリー・RORO船輸送へモーダルシフトすることを検討したい．このとき，モーダルシフトによる年間CO_2排出量の削減量および年間CO_2排出量の削減率を求めよ．なお，年間輸送量は1000トンで，20トンのディーゼルトラックで輸送し，トラックの積載率は60%とする．また，JR貨物駅・時刻表，フェリー・RORO船航路，道路距離などの必要なデータは，Web等で調査すること．

(答) 省略

注

（1） 実際には試行錯誤的に様々な説明変数の組合せを考えて，その中から最も有効な組合せを求めている。

第Ⅲ部

ロジスティクスに関する情報システムと事例

第12章 情報システム

【要旨】

ロジスティクスに関連する情報システム，即ち「ロジスティクス情報システム」を取り上げ，それについて説明する。ロジスティクス情報システムは，サプライチェーンにおける需要の予測やその予測に基づく生産や流通に関する計画の策定を支援するレベルからその計画に基づく業務の遂行を支援するレベルまで種々のものが存在し，複数の階層に分けて整理することができる。それぞれの階層における情報システムには，本書の第Ⅰ部や第Ⅱ部で紹介されているような各種の技法が適用されている。本章では，まず情報システム全体の体系を示す。その体系における各階層に対応して，計画系システム，管理系システム，実行系システムのそれぞれについて説明し，最後にそれらを支える通信プラットフォームについて説明する。

12.1 情報システムの概要

ロジスティクス情報システムの体系，それに属する各システムの**ロジスティクス・ネットワーク**上の配備例を示す。

12.1.1 情報システムの体系

ロジスティクスは，サプライチェーンにおいて，原材料や部品の調達から，生産を経て，最終の顧客へ提供するための流通部分までを対象としている。これらの業務を統合的に扱い，最終製品の顧客の期待に応えるべく，部品や製品の流れを計画，管理，実行し，全体最適を図ることを狙いとしている。その狙いを達成するために情報システム，即ち，ロジスティクス情報システムの支援が不可欠である。ロジスティクス情報システムが対象とする範囲は，ロジスティクスの対象範囲と一致している。即ち，原材料や部品の調達から，生産を経て，最終の顧客へ提供するための流通部分までとなる。図12.1にロジスティクス情報システムの対象範囲を示す。図における吹き出しは，商品や製品の流れに直接関連する業者を示している。

図12.2にロジスティクス情報システムの体系を示す。図12.2に示すように，**計画系システム**，**管理系システム**，**実行系システム**，**通信プラットフォーム**の4つの階層に分けて整理することができる。計画系，管理系，実行系のそれぞれにおける業務の遂行には，コンピュータ上で実行されるソフトウェアが利用される。なお，計画系における各計画項目，管理系における各管理項目，実行系における各業務は主要なものを示している。それぞれの階層の概要は以下に述べる通りである。

計画系システムは，サプライチェーンに参加する企業全体を見た高度な検討，それに基づく業務の計画を行うもので，過去のデータに基づく需要の予測やそれに基づく調達・生産計画，在庫補充計画，輸送計画などを行う。**SCP**（サプライチェーン プランニング）ソフトウェアがその実現を支援する。

管理系システムは，企業内の経営資源を統合的に管理し，経営の効率化を図るためのもので，**ERP**（企業資源計画）ソフトウェアが，その実現を支援する。

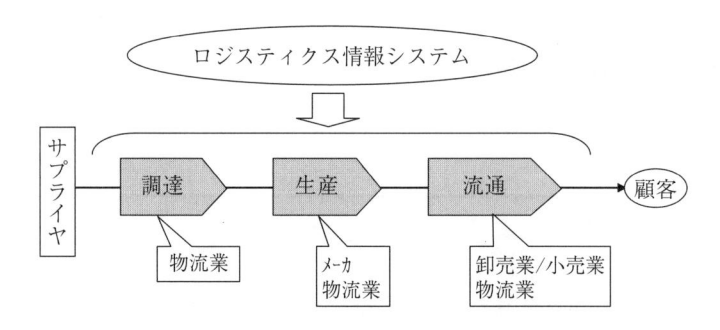

図12.1 ロジスティクス情報システムの対象範囲

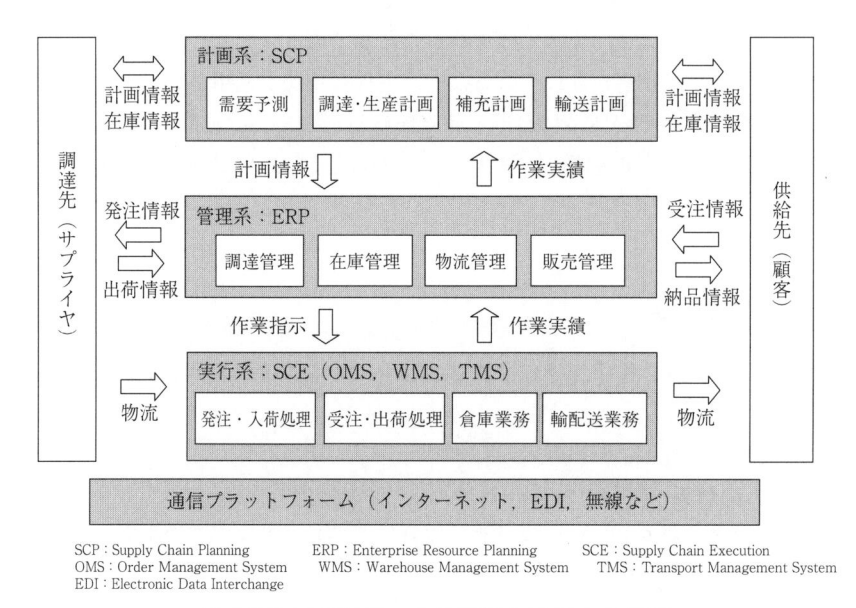

図12.2 ロジスティクス情報システムの体系

SCP：Supply Chain Planning　　ERP：Enterprise Resource Planning　　SCE：Supply Chain Execution
OMS：Order Management System　　WMS：Warehouse Management System　　TMS：Transport Management System
EDI：Electronic Data Interchange

　実行系システムは，計画系で策定されたサプライチェーンレベルの生産や流通関連の長期的な計画に基づき，現場レベルにおける短期的な最適化を行い，受発注処理，販売管理，在庫管理，倉庫業務，輸配送業務などを支援する．これらを支援するソフトウェアをまとめて **SCE** と呼び，一般に **OMS**（**受発注管理システム**），**WMS**（**倉庫管理システム**），**TMS**（**輸配送管理システム**）などのシステムが含まれる．

　通信プラットフォームは，上記のシステムにおける業務を遂行する上で必要となる企業間，離れた拠点間などでの情報共有や交換を支援する通信機器やそれと連携する各種機器である．

　図12.2に示すように，各層の情報システムは，原材料や部品の調達先（サプライヤ）や最終製品の供給先（顧客）との間で，計画情報，在庫情報，受発注情報，出荷情報，納品情報などを交換するとともに，各階層の情報システムの間でも，計画情報，作業指示，作業実績等の情報を交換し合う．これらの情報交換は，通信プラットフォームを利用して行われる．

12.1.2　ロジスティクス・ネットワーク上の配備例

　図12.3に，各情報システムのロジスティクス・ネットワーク上の配備例を示す．統合化されたロジスティクス情報システムでは，それに属する各システムが通信プラットフォームによって相互に接続され

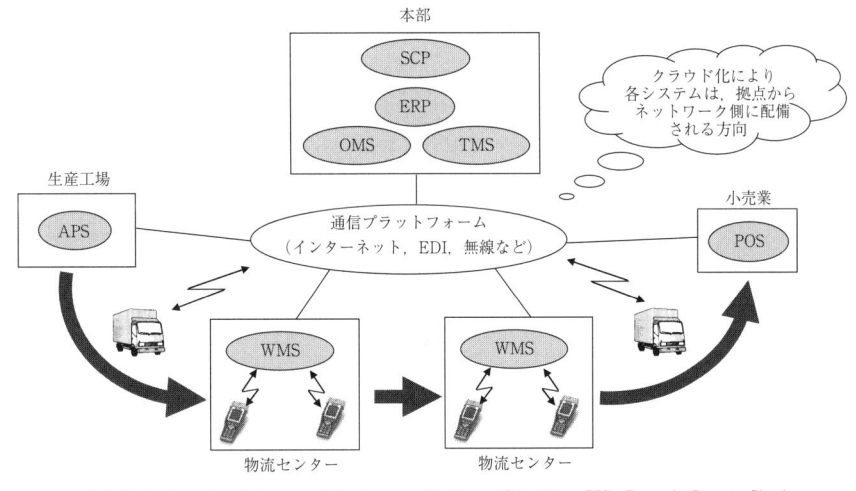

本部にSCP、ERP、OMS、TMSが配置される図。生産工場にAPS、物流センターにWMS、小売業にPOS。通信プラットフォーム（インターネット、EDI、無線など）で接続。クラウド化により各システムは、拠点からネットワーク側に配備される方向。

SCP：Supply Chain Planning　APS：Advanced Planning and Scheduling　ERP：Enterprise Resource Planning
OMS：Order Management System　WMS：Warehouse Management System　TMS：Transport Management System
EDI：Electronic Data Interchange　POS：Point Of Sales

図 12.3　ロジスティクス・ネットワーク上の配備例

る。プラットフォームとしては，インターネットやイントラネット，無線回線などが利用される。企業間の情報交換用として標準化された EDI（電子データ交換）も利用される。各システムのうち，SCP，ERP，OMS，TMS などはサプライチェーン上の複数拠点に関連する処理が必要となるため，本部に配備される。それに対し，製造業において SCP での立案計画に基づいて生産計画や製造スケジュールの管理を行う APS（先進的生産計画・スケジューリング）や物流センター内の業務の効率化を支援する WMS は，それぞれ生産工場や物流センター内に配備される。なお，貨物追跡や運行管理などの目的のために輸送中の車両（トラックなど）に搭載された**車載端末**もプラットフォーム経由で本部の TMS と接続される。また，小売業に配備されている POS（販売時点情報管理）は，販売情報その他を入出力するためのシステムであり，このシステムもプラットフォームを介して本部のシステムと接続される。

以上のように，各所に配備された情報システム（ソフトウェア）とそれらを相互に接続する通信プラットフォームの使用により，ロジスティクス情報システムが構成され，それにより，ロジスティクスの戦略とそれに基づく計画設定，設定された計画の実行や管理が行われる。なお，各システムは，本部や各拠点に配備されて利用する形態から，ネットワークの先のデータセンター等に配備されクラウドの形態で利用する形態に徐々に移行しつつある。

12.2　計画系システム（SCP）

以下では，12.1 節で示した体系における計画系システム（SCP）について説明する。

12.2.1　SCP の概要

サプライチェーン全体を見て最も高度な意思決定を行うのが，この計画系である。過剰な在庫，非効率な運営を回避し，全体的な効率向上を図る上で，サプライチェーンに関与する企業全体を見た高度なレベルの検討，それに基づく業務の計画を行う部分である。それを支援するソフトウェアが SCP と呼ばれるソフトウェアである。このソフトウェアは，企業内の経営資源を統合的に管理する ERP のシステムをフ

12.2.2 SCPソフトウェア
（1）機能概要

　SCPパッケージと呼ばれる市販ソフトウェアは，様々な制約条件を考慮して，全体最適かつ実行可能な計画を立案することが可能なように構成されている。また，詳細なスケジューリングに基づき，正確な納期回答をすることも可能である。さらに，シミュレーションにより計画の検証やボトルネック工程の発見なども可能である。SCMパッケージを利用して立案できる計画には，以下のようなものがある。

　　ⅰ）需要計画（予測）：サプライチェーンプロセスを先行して動かすための需要計画（予測）である。過去の販売実績を基に，季節変動や販促活動といった変動要因も加味して将来の需要を予測することができる。
　　ⅱ）生産計画：需要の情報と製造資源の制約とから実行可能な製造計画を立案することができる。
　　ⅲ）補充計画：生産費用，在庫費用，輸送費用を考慮し在庫の補充計画を立案することができる。
　　ⅳ）輸送計画：サプライチェーン全体の輸送所要量の計画を立案することができる。

　また，生産能力，輸送能力，納期，部品納品にかかる時間等の制約条件を考慮し，販売，調達等の計画を同時かつタイムリーに立案することもできる。

　SCPパッケージは，上記のような計画の立案を可能とするために，通常，以下のようなモジュールにより構成されている。

　①需要管理モジュール：過去の販売データを利用して需要を予測するためのモジュール
　②資源管理モジュール：サプライチェーン全体の資源と制約に関する情報を維持管理するためのモジュール
　③資源最適化モジュール：SCPソフトウェアの計算エンジン部分であり，需要管理モジュール，資源管理モジュールから提供される情報をもとに，線形計画法やヒューリスティックな方法を適用し，資源活用に関する最適な結論を導くためのモジュール。計画策定者が効果的な発注，生産，輸送，保管の戦略を決定できるように誘導するためのモジュール。
　④資源割当モジュール：資源最適化モジュールの結果に応じ，資源の割り振り結果を管理系のERPへ伝えるためのモジュール。

（2）製品例

　外資系ベンダーの製品では，SAP社製「SAP SCM」，オラクル社製「Advanced Supply Chain Planning」，JDAソフトウェア社（注：マニュジスティックス，i2テクノロジーズを買収）のSupply Chain Planningソリューションなどが知られている。また，国産ベンダーの製品としては，日立社製「SCPLAN」，富士通社製「GLOVIA/SCP」，NEC社製「EXPLANNER」，アスプローバ社製「Asprova SCM」などが知られている。

12.3　管理系システム（ERP）

　以下では，12.1節で示した体系における管理系システム（ERP）について説明する。

12.3.1　ERPの概要

　管理系は，計画系から示されたロジスティクスに関する計画を効率よく遂行し，その結果を実績として

計画系に返却する。この実績により計画の見直しが行われる。管理系システムの役割は，販売，調達，生産，在庫，物流，購買，会計，人事などの企業内のあらゆる経営資源を統合管理することである。ロジスティクスの管理では，生産，販売，在庫，受発注などに関する情報を，各部門・企業がきめ細かくかつリアルタイムに把握する必要があるため，基幹業務の統合システムが必要なことは言うまでもない。これを支援するために，ERPパッケージと呼ばれるソフトウェアが開発され提供されている。

12.3.2 ERPソフトウェア

(1) 機能概要

従来の企業では，多くの情報システムが部門毎に構築され，組織の壁とともに情報の壁を作っていた。複数の機能領域に跨る業務に対しては，大きな情報のタイムラグが発生し，非効率かつ情報の効果が薄れてしまっていた。各部門やパートナーを横断的につなぐ業務を統合する情報システムが必要となり，その対策としてERPパッケージが開発され提供されている。

ERPパッケージは，図12.4に示すように，会計や人事・給与管理，販売，生産，在庫，物流など，企業において必要な基幹業務の管理機能を幅広く用意している。また，管理系システムとしてデータベース上に統合されたデータをリアルタイムに処理し，経営者から一般社員にいたるまで，タイムラグなしに業務の実行情報を把握することができるようになっている。また，特別な機能を後から追加できるようなものもあり，個々の企業に合わせて作りこむことができるようになっている。

ERPパッケージの導入により，一般に，以下のような効果が期待できる。

① ゼロからのシステム開発が不要であり，時間，費用の節約になる。
② 業務毎に用意されている標準ソフトウェア（モジュール）を適宜組み合わせることにより，容易に機能拡張が可能である。
③ 各種企業の業務や情報システムの優良事例（ベストプラックティス）を取り込んでいるため，理想的な機能を実現しやすい。
④ 共有データは最新のものが対話形式で利用可能であり，また，画面操作による業務が可能なためペー

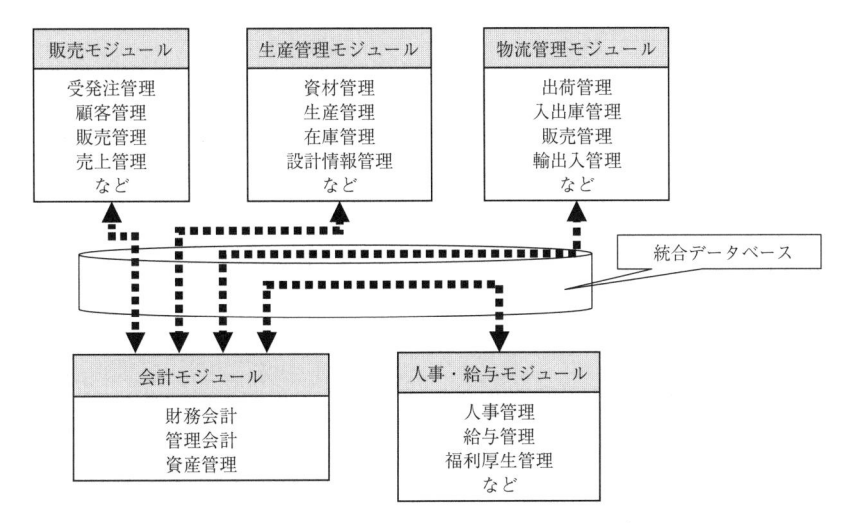

図12.4 ERPパッケージのイメージ

パーレス化が図れる。
⑤為替，言語，文化の違いに影響されずに統合できるため，グローバル展開が容易である。

(2) 製品例

SAP社製「R/3」[1]，オラクル社製「Oracle/E-Business Suite」，Microsoft社の「Dynamics AX」などが有名であるが，それ以外にも多数の製品が開発され提供されている。特に，国産ベンダーの製品で，グローバル展開を図っているものとして，スーパーストリーム社製の「SuperStream」，NTTデータビズインテグラル社製の「NTT Biz∫」，GRANDIT社製の「GRANDIT」などが知られている。

12.4 実行系システム（SCE）

以下では，実行系システム（SCE）の概要，それに属する代表的なシステムであるOMS，WMS，TMSについて説明する。

12.4.1 SCEの概要

SCEは，在庫業務や輸配送業務を中心に実際に業務の現場を支援するための情報システムである。計画系（SCP）で策定された，生産や流通関連の長期的な計画に基づき，管理系（ERP）からの作業指示により，現場レベルでの短期的な最適化を行い作業員への作業指示を行う。運用の実績は，作業実績としてERPに報告される。

SCEは，受発注処理，販売管理，在庫管理，倉庫業務，輸配送業務などの支援を行うものであるが，一般に，OMS，WMS，TMSの3つのシステムに分けられている。図12.5に，各システムがカバーする業務と対象範囲，相互の関係を示す。OMSが受発注や販売管理など金の流れを分担するのに対し，他のWMSとTMSは物を動かすいわゆる物流管理を担当する。なお，この図において，TMSは倉庫から出荷する側を示している。店舗への到着の場合は，さらにトラック積降が加わる。

実行系システムのうち，WMSやTMSについては，国内において多数のパッケージソフトウェアが開発され提供されている。これらのパッケージは，個々の企業への導入に当たり，カスタマイズが可能なように考慮されている。個々の製品の選択に当たっては，カスタマイズにかかる費用や時間も重要なポイントとなっている。

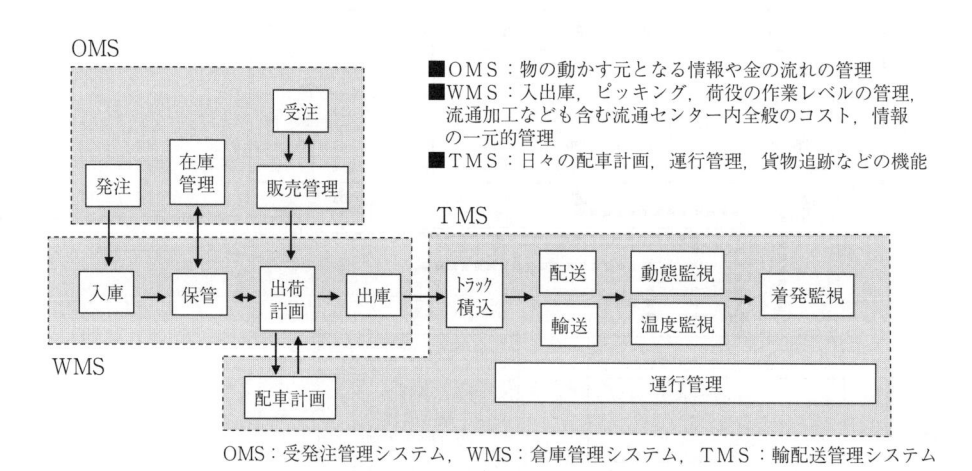

■OMS：物の動かす元となる情報や金の流れの管理
■WMS：入出庫，ピッキング，荷役の作業レベルの管理，流通加工なども含む流通センター内全般のコスト，情報の一元的管理
■TMS：日々の配車計画，運行管理，貨物追跡などの機能

OMS：受発注管理システム，WMS：倉庫管理システム，TMS：輸配送管理システム

図12.5 実行系システム（OMS，WMS，TMS）の概要

12.4.2 OMS，WMS，TMS の概要

(1) OMS

OMS は，実際に物を動かす前提となる情報の流れや金の流れを管理する。主要な管理項目としては以下のようなものがある。

① 受注管理：顧客からの注文を受け取り，自社システムで処理可能とするためのチェック，変換，登録などを行う。受注入力，受注チェック，受注登録の3種の構成要素からなる。業種や業態，企業のルールや取引先との契約条件によって発注管理や在庫管理と連携する場合も多い。最近では，Webからの入力画面や携帯電話からの入力，Excel等の外部ファイルからのアップロードなどが利用されている。

② 発注管理：在庫の補充あるいは商品の調達を目的とする一連の業務である。業種，業態，品目により，内容が異なる。製造業であれば，製造指示の意味合いになる。

③ 販売・在庫管理：数量管理の中核をなすものであり，受注管理や発注管理と連動し，在庫に関する検索や更新を分担する。倉庫業務の WMS で扱う在庫管理とは管理単位が異なっている。販売在庫の場合には，1つの管理単位（SKU: Stock Keeping Unit; ロット，製造日，賞味期限，など）の総量を管理する。これに対し，WMS における在庫管理では，実際の倉庫内にどこに何がいくつあるかを把握することが中心である。倉庫内作業を最適化するために保管場所単位（ロケーション単位）の在庫数量管理テーブルが別に必要となる。

(2) WMS

WMS は，物流センターなどの倉庫における業務を支援するための情報システムである。サプライチェーン上の製品需給の結節拠点である物流センターは，規模，扱う製品の形状や種類，在庫管理の形態，要求される処理容量や時間などの違いから，種々の種類が存在する。在庫を保管するタイプの倉庫型センターの場合，一般的に，図 12.5 に示すような入庫，保管，出荷計画，出庫などの業務から構成される。

倉庫業務を支援する情報システムである WMS は，標準的機能を備えたパッケージ製品が各社より多数提供されている。WMS を導入する方法としては，パッケージ製品を購入しそれを自社の形態に整合するようにカスタマイズする方法が一般的である。図 12.6 に，WMS の機能概要を示す。図の吹き出しの「WMS パッケージの機能」で示される部分が，パッケージ製品が具備しているような標準的機能である。

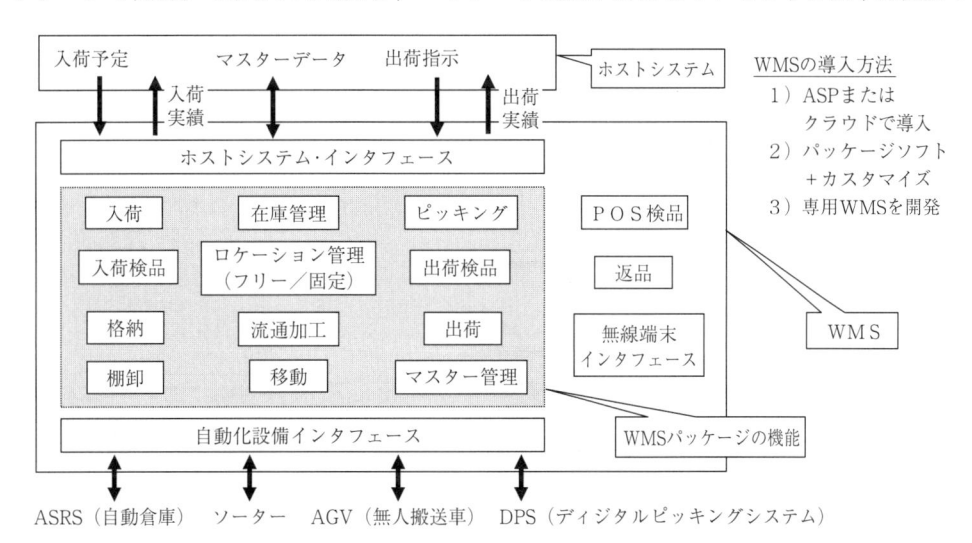

図 12.6 WMS の機能概要

物流センターによって存否や種類などが異なっている部分，即ち，自動倉庫（ASRS：Automated Storage and Retrieval System）やソーター，無人搬送車（AGV：Automated Guided Vehicle），ピッキングシステムとの接続部分については，センター毎にカスタマイズされて作られる。また，ERPなどの本部システムとの情報交換のための接続（ホストシステム・インタフェース）についても，通常，当該物流センターにおいてカスタマイズされて実現される部分である。

なお，規模が大きくない場合には，アプリケーション・サービス・プロバイダ（ASP: Application Service Provider）業者と契約し，当該業者が提供するシステムを利用する方法も考えられる。また，パッケージ製品では対応しにくい特殊な機能や要求条件が求められる物流センターの場合には，時間や費用が増える可能性があるが専用のWMSを開発し導入するという形態（**スクラッチ開発**）も利用される。また，有事の際の事業継続やメンテナンス費用の面などから，クラウド化されたWMSを利用する方法も広がりつつある。

（3）TMS

TMSは，輸配送業務を効率性，安全性，品質向上などの観点から支援する情報システムであり，WMSから輸配送系機能を切り分けたものである。主な機能は，日々の配車計画，輸配送計画，運行管理，車両や貨物の動態監視などである。今まで，担当者の経験とノウハウで行っていた作業（配車，積み付けなど）を標準化し指示することによって，作業レベルの維持，管理が可能となる。また，荷物，トラックの情報を一元的に管理することで全体最適を図ることが出来る。以下に，TMSに関連する情報システムとして，**配車計画支援システム**，**運行管理システム／動態管理システム**について説明する。

①配車計画支援システム

配車計画支援では，受注情報や出荷計画に基づく配送先情報や配送条件などを入力し，配車結果として地図上に示された最適な配送経路および対応する車両や時間帯の割り付け結果を表形式に記した配送スケジュールを出力する（図12.7）。以前は，手作業により，出荷伝票に書かれた時間指定や物量等の条件の確認，出荷伝票の方面別への仕分け，配送車両毎に出荷伝票を仕分けた上での配車組み，配車組み結果の配車表への転記等を行っていた。TMSの導入により，これらは自動化され，単に作業効率の向上だけでなく，積載率・実車率の向上，配送経路の最適化，過積載回避による安全性の向上など，配送効率，配送品質，安全性の向上が図られている。

図12.8は，配送経路の作成画面の一例（光英システムの配車支援システム）である。配送経路の決定においては，最短経路を計算するアルゴリズムをベースにしつつ，配送先の荷受け条件（例えば，営業時間帯や入庫できる車両の大きさ）や時間指定なども考慮されている。即ち，顧客対応にカスタマイズされた配車が可能なように作られている。配車スケジュールや配送経路の出力結果は，表形式のスケジュールグ

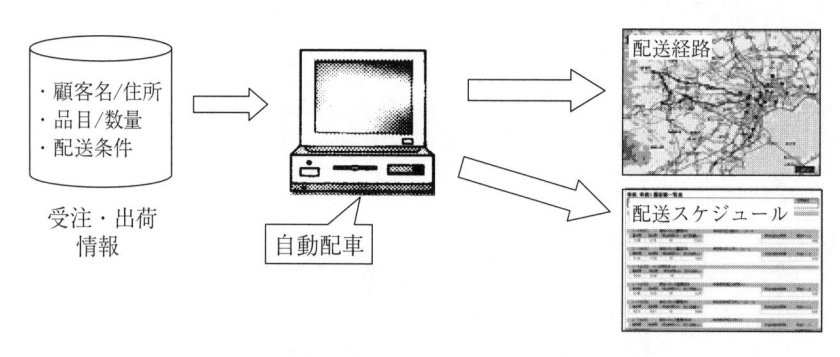

図12.7　配車計画支援システムの基本的機能

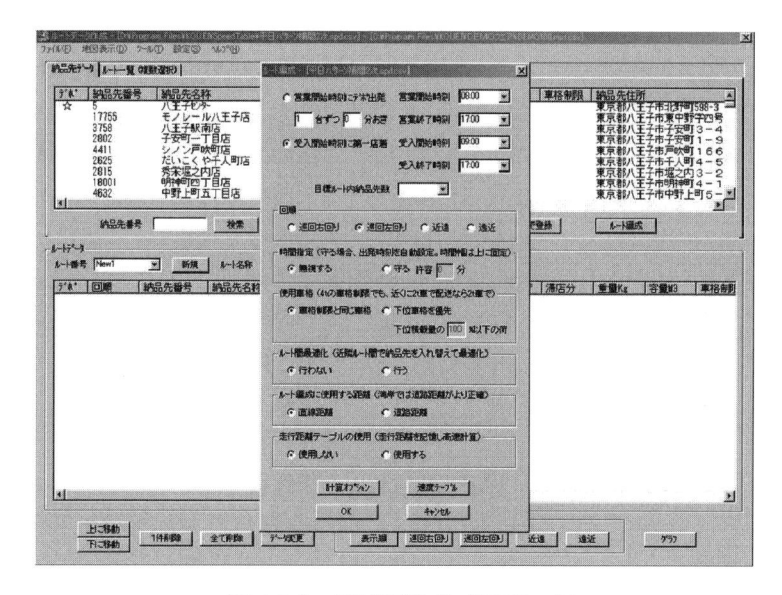

図 12.8 配送経路作成画面の例

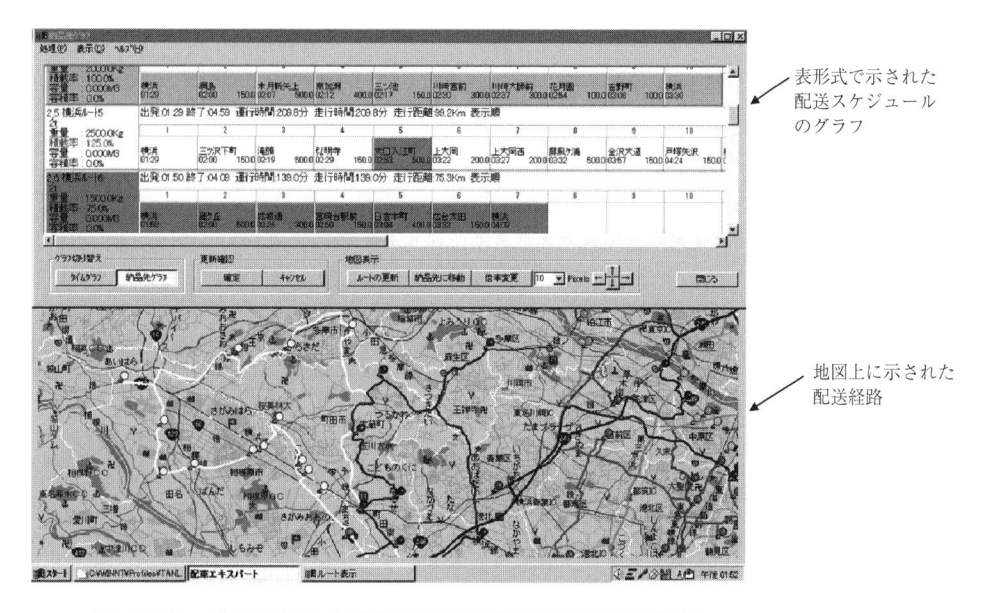

図 12.9 グラフ上および地図上で配車計画の変更が可能

ラフや地図表示にて確認できるが，一旦作成したスケジュールや経路は，グラフ上や地図上で変更することも可能である（図 12.9）。なお，配車支援システムは，車載端末を用いて運行データなどをリアルタイムに収集・蓄積する，運行管理システムとも容易に連携が可能なように構成されている。

②運行管理システム／動態管理システム

運行管理システムと動態管理システムとは，役割の違いはあるが，ほぼ，同様のシステム構成であり，機器類やソフトウェアが両方を兼ねた形で構成される場合が多い。

運行管理システムは，ドライバの事故防止，燃費の節約，CO_2 の削減などを図ることを支援するものである。センサーを備えた車載端末が車両に取り付けられ，ドライバの運転状況や車両の状態を示す情報

がリアルタイムに収集され，それに基づく警告がドライバへ直接通知されたり，ネットワーク経由で遠隔の本部などに定期的に報告される。このシステムを利用することにより，法律で義務化されている運転日報を自動的に作成することも可能となる。

一方，動態管理システムは，車両の移動状況を地図上へ可視化することにより，医薬品輸送車や冷凍車などの場所の管理や顧客からの問合せへの対応を支援するシステムである。リアルタイムに車両位置を管理することにより，急な配送依頼にも対応可能であり，経路の履歴も残せるため配送経路の見直しもできる。車載端末に搭載された **GPS**（Global Positioning System，全地球測位システム）機能により，求めた移動体の位置情報を **GIS**（Geographic Information System，地理情報システム）上にリアルタイムに取り込み，車両などの移動状況を地図上に可視化する。図 12.10 に運行管理／動態管理システムの構成例を，また，図 12.11 に車載端末の構成例を示す。

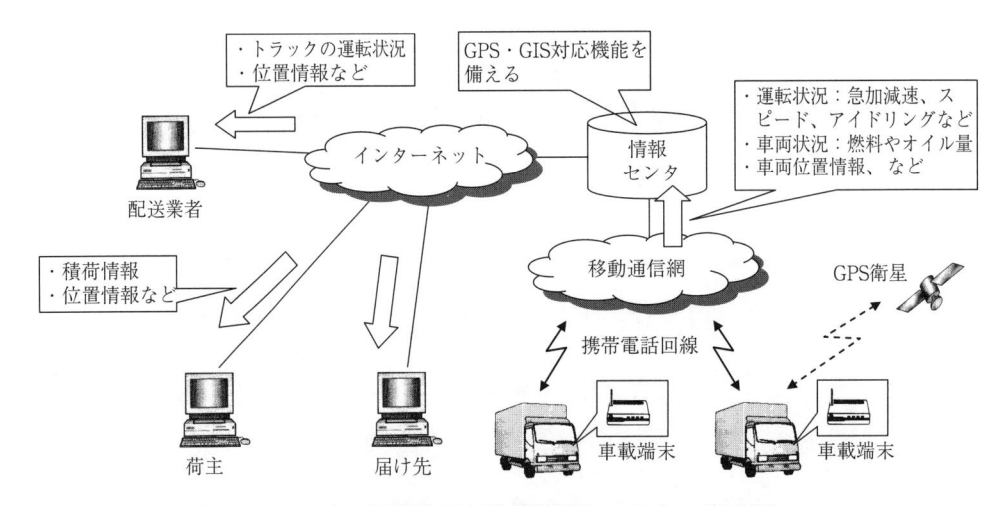

図 12.10　運行管理／動態管理システムの構成例

GPS：Global Positioning System
ETC：Electronic Toll Collection system

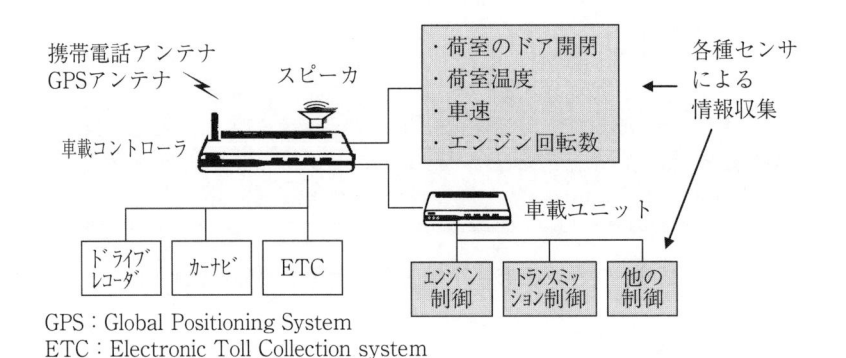

図 12.11　車載端末の構成例

12.5 通信プラットフォーム

ロジスティクス情報システムの体系の最も下位の階層は，通信プラットフォームである。これらは，企業間の情報共有や情報交換，動態の監視，業務の効率化などに利用される。図12.12に，ロジスティクス情報システムに利用される通信プラットフォームを示す。以下に，通信プラットフォームに含まれる要素技術について概説する。

(1) インターネット

インターネットは，オープンなネットワークであるため誰でも利用でき，また，データベースと連携させることにより情報の共有や検索が容易に行える。時間帯や場所を問わず利用できる点に大きなメリットがある。広帯域化・大容量化・高性能化が進んで大量のデータを効率良く処理することができる。携帯電話やスマートフォンなどモバイル端末からも容易に接続し利用できる。ロジスティクスにおいては，EDI，携帯電話，GPS，RFID等の技術と連携させて利用されるケースが多い。

(2) EDIまたはWeb-EDI（XML）

EDIは，企業間の受発注や決済等の手続きを標準化し電子データとして定型化し，ネットワーク（専用線やVPN，インターネット等）を通じて交換する技術である。最近では，インターネットの進展を受け，データの定型化にXMLなどが用いられることが多くなっている。いわゆるWeb–EDIである。Web–EDIでは，従来のEDIと同様のデータのやり取りがインターネット上で可能である。

(3) 携帯電話／スマートフォン，GPS，GIS

携帯電話やスマートフォンはドライバや車両など動く人やものがネットワークを介して情報交換を行える技術である。移動を伴うため，位置情報や空間情報を扱うGPSやGISなどと連携して利用される。GPS機能により得られた，ドライバや車両の現在位置を，ネットワーク経由でサーバへ転送し，サーバ上で地理情報と結びつけて表示させることにより，ドライバ自身あるいは遠く離れた第三者がその位置を認識したり，目的地までのルートや付近の施設を探索したりできる。

(4) ITS（高度道路交通システム），センサー

配送の荷物，車両，ドライバなどを取り巻く情報，いわゆる環境情報に関する技術である。道路情報，経路情報，駐車場情報，車両の稼働状態情報，天候情報など，各種の情報を取り扱う技術である。ITSは，

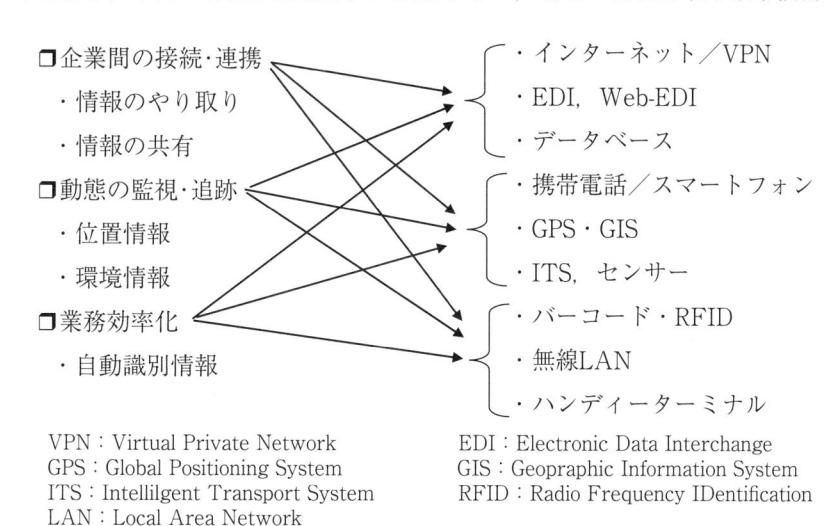

```
□企業間の接続・連携        ・インターネット／VPN
  ・情報のやり取り          ・EDI，Web-EDI
  ・情報の共有             ・データベース
□動態の監視・追跡         ・携帯電話／スマートフォン
  ・位置情報              ・GPS・GIS
  ・環境情報              ・ITS，センサー
□業務効率化              ・バーコード・RFID
  ・自動識別情報           ・無線LAN
                        ・ハンディーターミナル
```

VPN：Virtual Private Network　　EDI：Electronic Data Interchange
GPS：Global Positioning System　 GIS：Geographic Information System
ITS：Intellilgent Transport System　RFID：Radio Frequency IDentification
LAN：Local Area Network

図12.12　ロジスティクス情報システムに利用される通信プラットフォーム

渋滞緩和や安全性向上のための代表的なシステムである。センサーは，輸配送中荷物を取り巻く温度や衝撃の監視，輸配送中の車両の状況の監視などに幅広く利用されている。

（5） バーコード，RFID

対象物を自動識別するための代表的な技術である。現在，バーコードが広く普及しているが，ICタグ（注：無線タグ，電子タグとも呼ばれる）を非接触の形で電波で読み取り認識するRFIDの技術も利用されつつある。複数の対象物を高速に認識できる点で注目されている。物流センター等の限られた拠点での利用，パレットなど繰り返し利用される循環型輸送容器に取り付けての利用などが知られている。

（6） 無線LAN，ハンディターミナル

無線LANは，拠点内で無線によるデータのやり取りを行うのに都合のよい通信手段である。物流センターなどにおいて，フォークリフトに搭載された端末や検品・ピッキングに使用されるハンディターミナルとネットワーク側のサーバとの通信に利用される。ハンディターミナルには音声合成・認識機能により音声を入出力できるものも使用されている。最近では，身に装着したままで作業が行えるウェアラブルタイプのものも登場している。

注

（1） 2015年には，「R/3」に代わり23年ぶりに開発された「S/4 HANA」が提供されている。

第13章　実応用事例

【要旨】

本章では，第Ⅰ部，第Ⅱ部で紹介された各種技法のいくつかに関連する実応用の事例を紹介する。需要予測に関するものとして，大手日用雑貨品メーカおよび回転寿司チェーンの事例を紹介する。また，ロジスティクス・ネットワークの最適化の事例として，飲料品メーカや多店舗展開小売業における配送拠点・配送経路見直しの事例を紹介する。さらに，化学油脂メーカにおける有事の際の事業継続を考慮した拠点分散の最適化の事例，補給品メーカにおける契約業者見直しの最適化の事例を紹介する。これらの事例を通して，第Ⅰ部や第Ⅱ部に紹介された技法が，ロジスティクスのどのような所へ応用されるのか，どのような課題の解決に応用されるのかを理解するようにしていただきたい。

13.1 需要予測に関する事例

ここでは，シャンプー，石鹸・洗剤等の日用雑貨品のメーカである「花王」の事例，回転寿司チェーンを運営する「あきんどスシロー」の事例を紹介する。

13.1.1 日用雑貨品メーカの事例
（1）概要

花王は，独自の流通チャネルに基づき，それを生かしたデータ収集と蓄積されたデータに基づく**需要予測**を行い，サプライチェーン上の在庫の適正化を達成している。一般に，需要を予測するには，少なくとも過去3年分のデータの蓄積が必要と言われている。花王は，ハードディスクの価格低下などにより商品出荷実績データの複数年度分の蓄積が可能となったことなどから，1997年に**需要予測システム**を導入した。折しも，花王の在庫金額がピークに達していた時期である[1]。そのような中，需要予測システムの導入を機に，在庫金額は急激な減少に転じた。ピークであった1997年度に比較し，在庫金額は2007年には35％削減にまで達した。同時に，在庫量とトレードオフ関係にある店頭での欠品件数についても75％削減した[2]。さらに売れ残った商品の処分費用の削減効果も出ている。

（2）需要予測導入の背景

花王が扱う日用雑貨品は，大量生産される安価な商品であるため，販売した分を製造する「**トヨタ方式**」や受注生産により無在庫を実現する「**デル方式**」とは馴染まない。花王は，小売店からの受注に対し24時間以内に納入することをサービスレベルとして掲げており，その実現のためには計画生産に頼らざるを得ない。また，欠品すると他メーカの類似商品が購入されてしまう可能性があり，それは極力避けなければならない。特に，日用雑貨品は，種類が膨大であり，季節変動があり，日々の需要変動も大きいため，在庫量が膨らみがちとなる。

花王は，ライオンやユニチャームなど他の日用雑貨品メーカと異なり，直接販売する独自の流通チャネルを整えている。図13.1に示すように，卸売業者を介さず，自社が所有する販売会社を介して直接小売業者へアクセスする形態を採っている。また，販売会社の設立とともに物流機能についても，原材料の

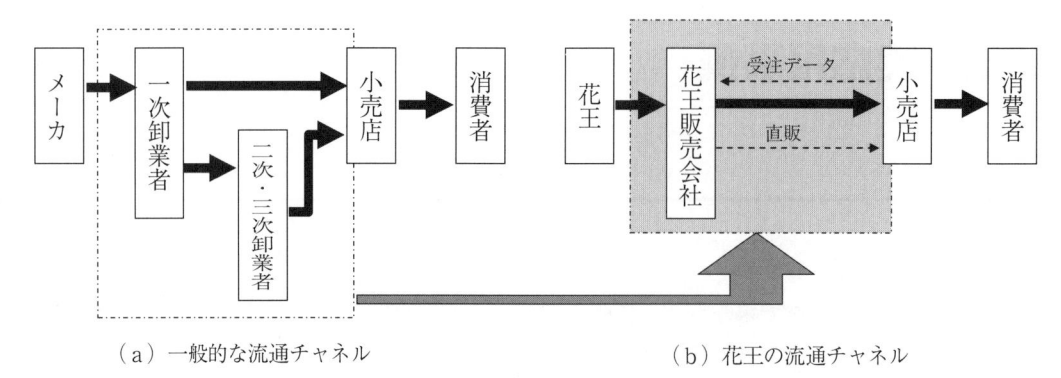

図13.1 一般的な流通チャネルと花王の流通チャネル

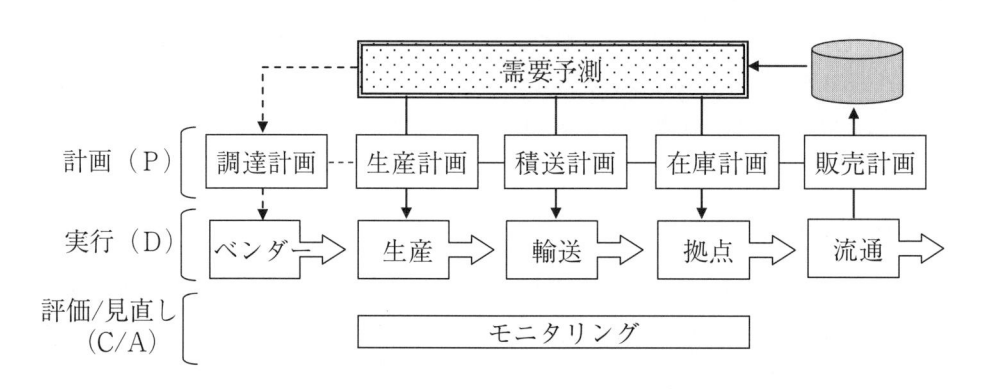

図13.2 需要予測を基軸とするサプライチェーンの形態（花王）

調達から小売店への配送までを自社で提供する体制を有している。この体制を活用し，物流拠点において，どの商品を，どの小売店に，いつ納品したかなどの出荷実績データを収集および蓄積し，そのデータに基づき商品毎に需要予測を行うとともに，この予測に基づく商品の供給を調達および生産から小売りまで同期かつ連携した形でのサプライチェーンで実現している。図13.2に，花王における，需要予測を基軸とするサプライチェーンのモデルを示す。このようにして，サプライチェーンにおいて欠品を起こさずに新商品も含めた在庫の適正化を実現している。

(3) 需要予測方法

花王では，過去の出荷実績データが1年以上収集かつ蓄積されている既存商品（通常品，季節品）およびそのようなデータが存在しない新商品のそれぞれについて，予測を行っている。即ち，需要予測システムでは，以下のようにしている（図13.3）。既存商品は，当該商品の出荷特性，即ち，季節性・周期性の有無や前年同月との再現性などを分析することにより予測している。一方，新商品については，商品の出荷量を逐次予測していく手法を採用している。即ち，過去に発売した様々な新商品の出荷挙動をモデル化し，当該商品の直近の出荷実績から将来（例えば，向こう1週間先）を予測していくやり方である。この出荷予測データに基づき新商品を生産するやり方にしたことにより，従来の販売見込みで生産するやり方よりも，在庫を大幅に削減している。

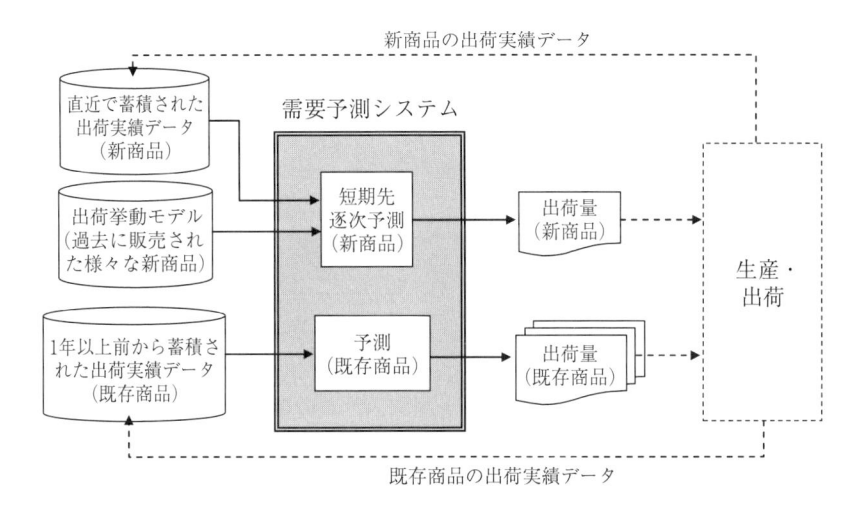

図 13.3 需要予測方法の概要（花王）

13.1.2 回転寿司チェーンの事例
（1）概要

あきんどスシローは，以前より蓄積していた膨大な寿司ネタの販売データを効果的に分析し，コンベア上へ提供する寿司ネタを来店客の滞在時間対応に予測する「回転すし総合管理システム」を 2012 年に導入した。当該システムは，優秀な店長のノウハウも参考に，コンベア上に流す寿司ネタやその量を，当該客の 1 分経過後，さらに 15 分経過後に予測する。この予測に基づいて店舗を営業したところ，鮮度管理のために一定時間（例えば，まぐろならコンベア上の移動距離 350m 以上）注文されずに廃棄される量が，導入前の約 1/4 に削減した。

（2）需要予測システム導入の背景

あきんどスシローは，1975 年に大阪市に創業し，2013 年 9 月現在で全国 362 店舗を運営している。コンベア経由で寿司ネタを提供するサービス形態が基本であり，コンベア上に流す寿司の量が他店よりも圧倒的に多い。キャンペーンなどによるメニューの変更により売れ筋ネタの変動があるなどから，未注文のまま廃棄されるネタの量をいかに減らすかが課題となっていた。また，寿司皿へのタグ（IC チップ）の埋め込みにより，全体で 40 億件（毎年 10 億件以上）分のデータを収集できていたものの，それらを有効に活用できていない現状があった。この課題や懸案に対して，2012 年に**ビッグデータ分析システム（プラットフォーム）**の存在を知り，優秀な店長のノウハウを盛り込む形で，当該プラットフォームを活用した「回転すし総合管理システム」を導入するに至った。

（3）需要予測の仕組みと導入効果

図 13.4 に，あきんどスシローにおける需要予測システムの概要を示す。回転寿司の店舗では，ベルトコンベア上に提供される寿司皿にはタグ（IC チップ）が埋め込まれており（図示略），タグ内には種類や価格などネタに関する識別情報等が書き込まれ単品管理ができるようになっている。このタグ内の情報を店内の状況と対応づけて読み取ることにより，どのようなネタが，いつ注文され，あるいは廃棄されたかなどのネタ毎の消費傾向をデータとして収集できる。データベースには複数年度分のデータが，いわゆるビッグデータ[3]として蓄積されている。これを最新のビッグデータ分析システム（プラットフォーム）を利用して分析し[4]，その結果と店舗内の来店客の状況などから，それぞれの来店客について，来店 1 分経過後にコンベアに流すネタやその量，15 分経過後に流すネタやその量を予測する仕組みである。そ

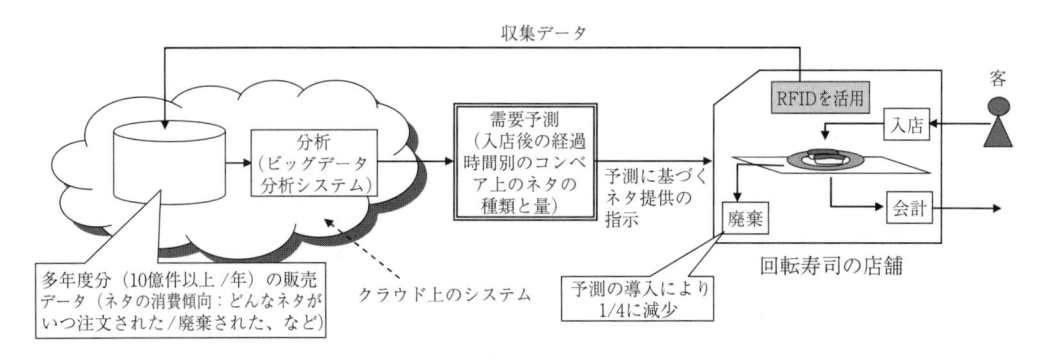

図13.4 需要予測システムの概要

の予測結果に基づいてコンベア上にネタが提供されるようになっている．この仕組みで運営したところ，従来，コンベア上に提供したにも関わらず客に購入されず廃棄される量が，以前の1/4に減少した．

13.2 拠点および経路に関する最適化の事例

ここでは，飲料品メーカにおける配送拠点の見直しの事例，関東エリアに多くの店舗を有している小売業における事例で特に配送時間帯や利用する車両の台数の条件を考慮した事例の2件を紹介する．

13.2.1 飲料品メーカにおける配送拠点の最適化

国内の某飲料メーカでは，3箇所の配送拠点（江東支店，港南支店，中央支店）を利用して，333箇所の配送先（店舗，自販機）へ飲料の配送を行っている．当該メーカでは，現時点の**物流費**（＝拠点費＋配送費）を改善するに当たり，新たに5つの配送拠点候補（潮見，芝浦，築地，虎ノ門，丸の内）を選んだ（図13.5）．既存の3つの拠点を含め，どの拠点を利用して配送するのが物流費の面で最適となるかを評価することとした．

図13.6の(a)～(f)は，飲料の配送を，1拠点で行う場合，2拠点で行う場合，…，6拠点で行う場合

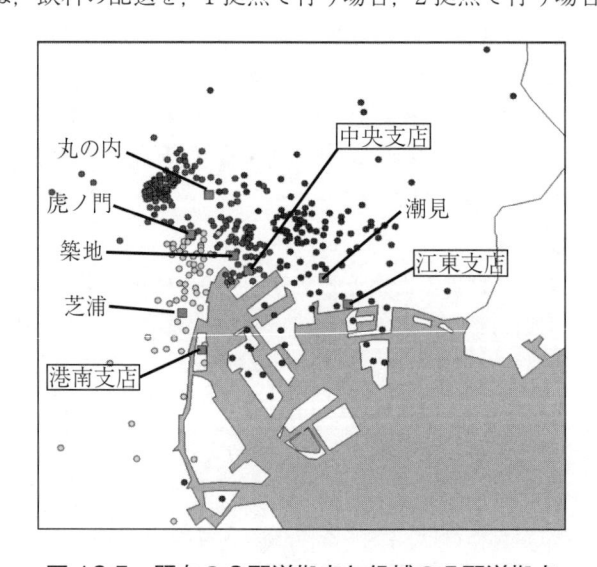

図13.5 既存の3配送拠点と候補の5配送拠点

のそれぞれについて，物流費が最適となる配送拠点ケースを抜粋して示したものである．即ち，1拠点の場合の最適拠点は築地，2拠点の場合は虎ノ門と潮見，3拠点の場合は虎ノ門，潮見，芝浦となる．4拠点の場合は虎ノ門，潮見，芝浦，築地，5拠点の場合が虎ノ門，潮見，芝浦，築地，丸の内，そして6拠点の場合が虎ノ門，潮見，芝浦，築地，丸の内，江東支店である．表13.1は，それぞれの拠点構成の最適ケースについて，拠点費，配送費，それらの合計の物流費の状況を示している．また，図13.7は，表13.1の内容をグラフで示したものである．このグラフより，4拠点で配送するケース図13.6（d）が最適であることが分かる．

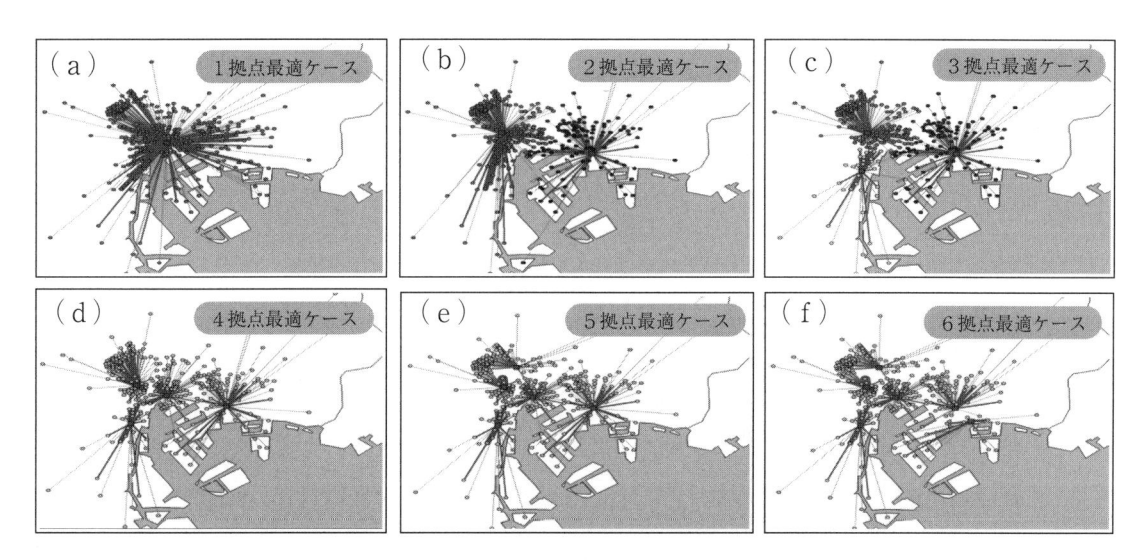

図 13.6　拠点数毎の最適ケース

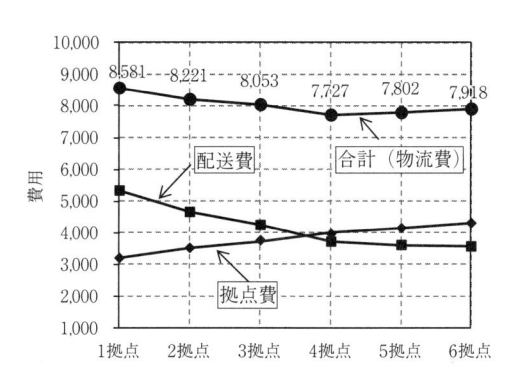

図 13.7　拠点数毎の最適ケースの物流費

表 13.1　拠点構成毎最適ケースの物流費

拠点構成	拠点名	拠点費	配送費	合計（物流費）
（a）1拠点	築地	3,223	5,358	8,581
（b）2拠点	虎ノ門，潮見	3,540	4,681	8,221
（c）3拠点	虎ノ門，潮見，芝浦	3,783	4,270	8,053
（d）4拠点	虎ノ門，潮見，芝浦，築地	3,988	3,739	7,727
（e）5拠点	虎ノ門，潮見，芝浦，築地，丸の内	4,168	3,634	7,802
（f）6拠点	虎ノ門，潮見，芝浦，築地，丸の内，江東	4,331	3,587	7,918

13.2.2 多店舗展開小売業における拠点および経路の最適化

国内の某多店舗展開小売業は関東エリアに2800店舗を構えている。複数の配送拠点から各地区の複数店舗へ商品を配送する際の**配送経路**を設計することとなった。候補となる配送拠点としては15箇所が用意されている。図13.8に2800店舗と候補となる15配送拠点の状況を図示する。設計の条件として、ある商品A（注：サイズは特定のものに限定）に着目し、2800店舗に対するその商品の配送作業が21:00～翌朝6:00の間に完了するものとし、しかも車両台数の総和が最も小さくなるように、配送拠点を選定し、その際の配送費を明確にすることとなった。

評価の結果、最適配送経路は、配送拠点として、候補15箇所のうちの9箇所（識別名：TN, TS, TA, TF, ST, TM, CN, KK, CC）を使用し、車両台数の総和が67の場合であることが分かった。表13.2に最適拠点として選定された9つの配送拠点と最適配送経路について使用される車両台数、配送の走行距離（km）、走行時間（時間）、さらに配送費（円）を示す。図13.9は、2800店舗のそれぞれと対応する9配送拠点との関係図を示している。また、図13.10は、9つの配送拠点のそれぞれから対応する届け先店舗までの配送経路を示している。

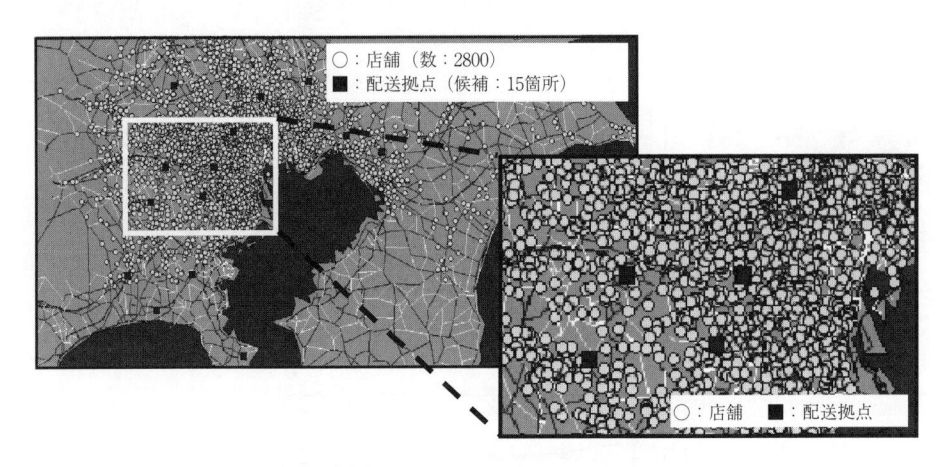

図13.8　多店舗展開小売業の2800店舗と候補となる15配送拠点

表13.2　商品配送経路設計の結果

	選択された配送拠点（9箇所）	車両台数	走行距離（km）	走行時間（時間）	配送費（円）
1	TN	7	419.9	41.4	89,916
2	TS	9	485.4	52.6	113,748
3	TA	9	702.1	54.9	120,520
4	TF	9	684.5	59.3	129,015
5	ST	8	776.5	53.1	117,253
6	TM	6	475.3	34.9	77,035
7	CN	5	456.1	33.2	73,032
8	KK	5	336.8	28.3	62,056
9	CC	9	813.3	57.1	125,959
	合計	67	5149.9	414.8	908,534

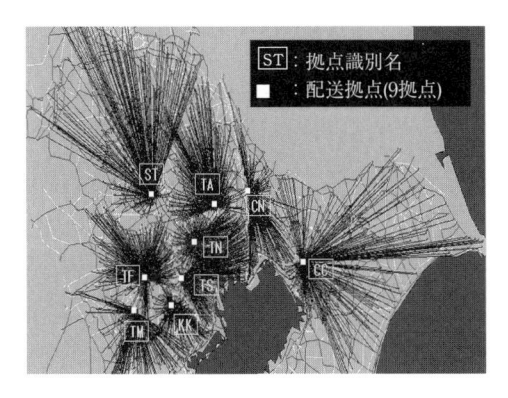

図 13.9　2800 店舗と 9 配送拠点との関係図 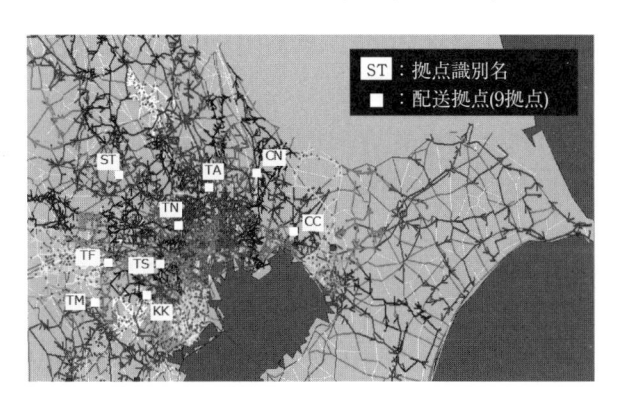　　　　図 13.10　9 配送拠点からの配送経路

13.3　拠点の分散および業者見直しに関する最適化の事例

ここでは，化学油脂メーカにおける有事の際の事業継続を考慮した**拠点分散**の最適化の事例，補給品メーカにおける契約業者見直しの最適化の事例を紹介する。

13.3.1　化学油脂メーカにおける拠点分散の最適化

国内の某化学油脂メーカでは，四国に工場を構え，同拠点に設置された配送拠点（DC）を経由し，そこから四国地域および西日本地域の卸業者へ化学油脂の配送を行っている。現状では，四国地域や西日本地域の卸業者への配送が，四国に位置する1拠点（工場＋DC）に集中した形で行われている（図 13.11 の左図）。このため，災害発生等の有事の際には，事業継続に大きな影響が及ぶと想定される。

そこで，対応策として，現状における1拠点集中のネットワークを見直し，事業継続を考慮して拠点をもう1箇所に分散させることとした。分散拠点の候補として，a）中国地区，b）関西地区，c）中部地区の3ケースを想定し（図 13.11 の右図），その中から最適な箇所を選択することとした。分散させることにより，物流費の増加は避けられないが，現状に対する増加分が最も少ない案を最適とすることとした。表 13.3 は，それぞれのケースにおける物流費（拠点費＋配送費）の評価結果である。表中の太枠で示した部分が，分散させた拠点である。これより，現状のネットワーク構成における物流費に対する増分としては，ケース c，即ち，中部地区へ工場および DC を分散させる案が ＋8.7％ と最も望ましいということが分かった。図 13.12 に，現状と拠点分散の各ケースに対応するネットワーク状況を示す。

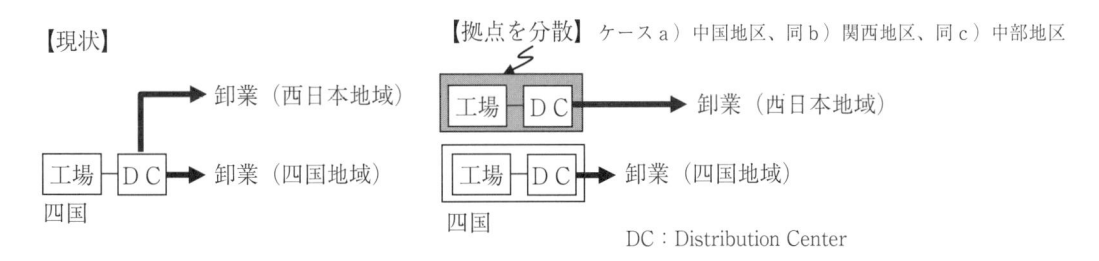

図 13.11　化学油脂メーカにおける配送の現状と DC 分散案の 3 ケース

DC：Distribution Center

表 13.3 現状の物流費と分散拠点ケース毎の物流費

項目		現状			ケース a			ケース b			ケース c	
拠点費	四国	工場	129,479,698	四国	工場	42,159,520	四国	工場	42,159,520	四国	工場	42,159,520
		DC			DC			DC			DC	
配送費	四国	工場→DC	0	四国	工場→DC	0	四国	工場→DC	0	四国	工場→DC	0
		→四国（卸業）	50,100,617		→四国（卸業）	50,100,617		→四国（卸業）	50,100,617		→四国（卸業）	50,100,617
		→西日本（卸業）	882,327,676			—			—			—
拠点費		—		中国	工場	116,114,813	関西	工場	187,911,415	中部	工場	101,073,425
					DC			DC			DC	
配送費		—		中国	工場→DC	248,095,104	関西	工場→DC	240,540,576	中部	工場→DC	291,725,248
					→西日本（卸業）	874,159,655		→西日本（卸業）	638,270,839		→西日本（卸業）	669,116,808
物流費合計		1,061,907,991			1,330,629,709			1,158,982,967			1,154,175,618	
物流費増分（現状比）		1.000			1.253			1.091			1.087	
選択											◎	

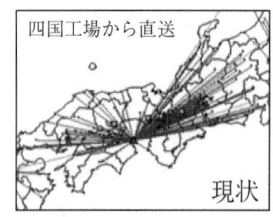

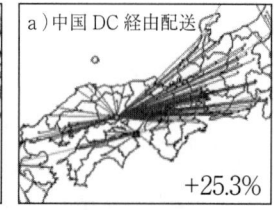

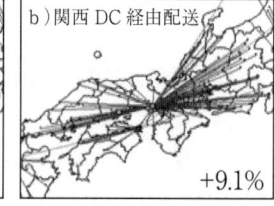

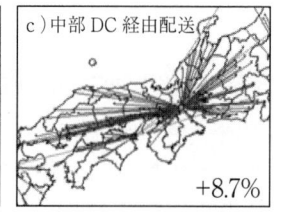

図 13.12 現状と拠点分散の各ケースに対応するネットワーク状況

（四国工場から直送：現状／a) 中国 DC 経由配送 +25.3%／b) 関西 DC 経由配送 +9.1%／c) 中部 DC 経由配送 +8.7%）

13.3.2 補給品メーカにおける業者見直しの最適化

国内の某製造業者は，ある工場で製造した製品（補給品）を 190 の店舗（営業所）へ輸送している。現状，8 社の運送業者と契約しており，各店舗からの補給品に関する日々のオーダーを 8 社の業者に割り振り輸送を行っている。この状況を業者対応に色分けした丸印で図 13.13 に示す。

今回，**輸送費**の削減の観点から，現状の業者構成の見直しを検討することとした。現在契約中の 8 業者は輸送サービスのエリアが特定な地域に限定されているが，見直しでは輸送サービスエリアが全国規模の 1 社を新たに加えることとした。全 9 社の中で，日々の複数のオーダーを輸送費の総計が最適となるように割り振る場合，どのような業者と契約するのが望ましいかを評価することとした。ここでは，処理対象のオーダーとして，ある特定な 1 日分のオーダー 359 件を設定した。また，輸送費を計算する際，輸送対象の製品としては重量（kg）のみを考慮することとした。契約対象業者の構成として以下の 3 ケースを設定し，最適な構成を選定することとした。

（a）現状の 8 社構成
（b）新規 1 社（X 運輸）追加の 9 社構成
（c）新規 1 社（X 運輸）追加，現状 2 社（M 運輸，A 梱包）廃止の 7 社構成

上記 3 ケースのそれぞれにおいて，359 件のオーダーを輸送費の総計が最適となるように業者間に割り振った時の輸送費の総計を比較した。結果は表 13.4 のとおりである。太枠内が全オーダーを割り振る対象の業者であり，表中のオーダー数の列の値が割り振り結果である。表 13.4 より，ケース（b）の 9 社

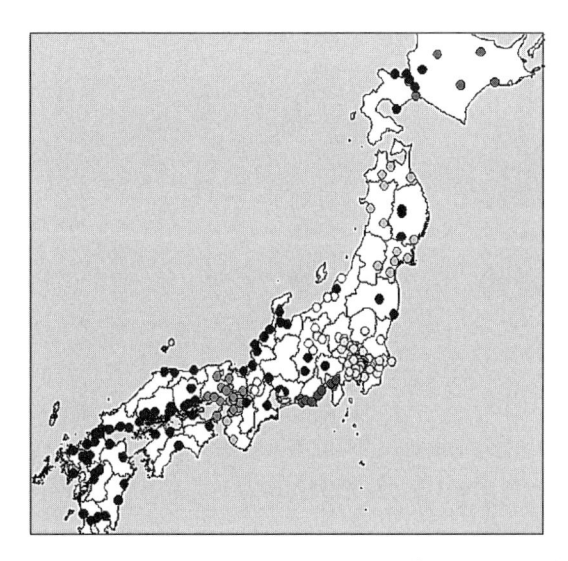

図 13.13 現状の 8 業者構成でのオーダー割り振り状況

表 13.4 輸送費総計が最適となるオーダー (359 件) の業者間割り振りと輸送費

No	(a) 現状 8 社 業者	オーダー数	重量 (kg)	輸送費 (円)	(b) 新規 1 社追加 業者	オーダー数	重量 (kg)	輸送費 (円)	(c) 新規 1 社追加, 現状 2 社廃止 業者	オーダー数	重量 (kg)	輸送費 (円)
1	M運輸	30	998	41,900	M運輸	30	998	41,900	M運輸	0	0	0
2	T海運	13	780	22,536	T海運	13	780	22,536	T海運	13	780	22,536
3	K運送	121	7,026	219,800	K運送	1	1,030	25,300	K運送	1	1,030	25,300
4	A梱包	53	3,915	92,790	A梱包	47	3,630	84,190	A梱包	0	0	0
5	F運輸倉庫	26	1,721	62,330	F運輸倉庫	0	0	0	F運輸倉庫	0	0	0
6	N倉庫	91	3,209	146,800	N倉庫	18	85	14,760	N倉庫	2	5	1,640
7	T運輸	21	355	19,840	T運輸	6	160	5,900	T運輸	5	130	4,950
8	N運輸	4	60	4,000	N運輸	4	60	4,000	N運輸	4	60	4,000
9	X運輸	0	0	0	X運輸	240	11,321	349,540	X運輸	334	16,059	500,400
	総計	359	18,064	609,996	合計	359	18,064	548,126	合計	359	18,064	558,826

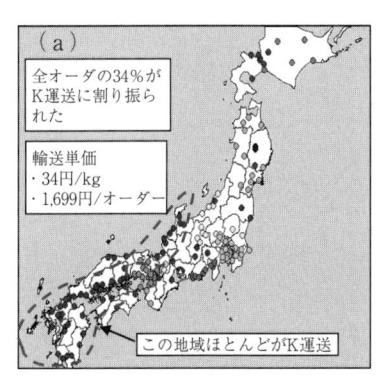

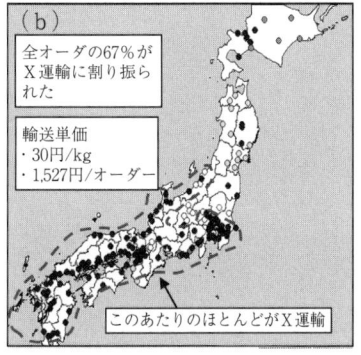

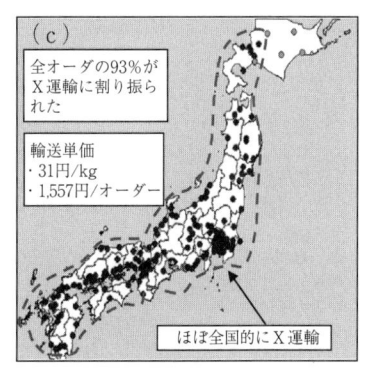

(a) 全オーダの34%がK運送に割り振られた

輸送単価
・34円/kg
・1,699円/オーダー

この地域ほとんどがK運送

(b) 全オーダの67%がX運輸に割り振られた

輸送単価
・30円/kg
・1,527円/オーダー

このあたりのほとんどがX運輸

(c) 全オーダの93%がX運輸に割り振られた

輸送単価
・31円/kg
・1,557円/オーダー

ほぼ全国的にX運輸

図 13.14 オーダー割り振り状況および重量とオーダーについての輸送単価

構成が輸送費の観点から最適な構成となる。なお，図13.14に各ケースにおけるオーダー割り振り状況および輸送費の重量単価およびオーダー単価を示す。

注

（1） 花王における家庭品の在庫金額は，1997年下半期がピークとなり，以後，減少に転じている（特集 在庫は減ったか，LOGI-BIZ, Feb. 2002）。
（2） 需要予測システムの導入と需要予測を核とするサプライチェーンマネジメントの導入とにより，在庫金額だけでなく欠品件数も削減された（花王 需要予測システム，日経流通新聞，2007年9月3日）。
（3） 現状，ビッグデータの定義は定まってはいないが，企業の経営や事業，人々の生活に役立つ知恵を導きだすためのデータ，規模的には100テラバイト以上（注：テラは10の12乗）などが提唱されている。
（4） クリックテック・ジャパン社のQlikViewと呼ばれるプラットフォームをAWS（Amazon Web Service）のクラウド環境上で稼働させ，ビッグデータの分析を行っている。

索　引

数字

0－1条件 ……………………………………（7章）109
10段階評価 …………………………………（3章）32
2ビン法 ……………………………………（8章）127

ABC

ABC分析 ………………………（1章）9,（8章）121
AHP …………………（1章）7,（3章）34,（11章）171
AHP絶対評価法 …………………………（3章）37, 38
AHP相対評価法 …………………………（3章）34, 37
AMPL ………（4章）59,（5章）78,（7章）112,（9章）146,（10章）156
AMPLモデル ……（4章）60,（5章）79,（7章）112,（9章）146,（10章）156
APS …………………………………………（第12章）189
binary ………………………………………（7章）112
CO_2排出係数 ……………………………（11章）178
CO_2排出原単位 …………………………（11章）180
CO_2排出量 ………………………………（11章）178
CPLEX …………………………（4章）59,（7章）112
CPM …………………………………………（5章）65
data …………………………………………（10章）157
DRP …………………………………………（8章）131
EDI …………………………………………（12章）189
EOQ …………………………………………（8章）125
ERP …………………………（8章）131,（12章）187
GIS …………………………………………（12章）196
GPS …………………………………………（12章）196
Hurwiczの原理 ……………………………（3章）40
ICT …………………………………………（1章）1
ITS …………………………………………（12章）197
Laplaceの原理 ……………………………（3章）39
Maximax原理 ……………………………（3章）40
Maximin原理 ……………………………（3章）40
maximize …………………………………（4章）60
Minimax・regret原理 ……………………（3章）40
minimize …（4章）61,（7章）112,（9章）146,（10章）156

MINOS ………………（4章）59,（5章）79,（9章）147
MRP …………………………………………（8章）131
MRPⅡ ………………………………………（8章）131
OMS …………………………………………（12章）188
param ………………………………………（10章）157
PDCAサイクル ……………………（1章）1,（2章）13
PERT ………………………………………（5章）65
PERT/CPM ………………………………（1章）7
POS …………………………………………（12章）189
RFID ………………………………………（12章）197
SAW …………………………………………（3章）33
SCE …………………………………………（12章）188
SCP …………………………………………（12章）187
set …………………………………………（10章）157
subject to ………（4章）60,（7章）112,（9章）147,（10章）156
sum …………………………………………（10章）157
TMS …………………………………………（12章）188
var …（4章）60,（7章）112,（9章）146,（10章）156
WMS …………………………………………（第12章）188

ア行

アーク ………………………………………（9章）136
アクセス輸送 ………………………………（11章）169
アブソリュートセンター …………………（7章）107
アルゴリズム ……（9章）138,（10章）161,（10章）165
アローダイアグラム ………………………（5章）66
安全在庫 ……………………………（8章）122, 126
イグレス輸送 ………………………………（11章）169
一対比較行列 ………………………………（3章）35
一対比較 …………………………（3章）35,（11章）174
一般化ウェーバー問題 ……………………（7章）102
移動平均 ……………………………………（2章）23
ウェーバーの立地論 ………………………（7章）101
運行管理システム …………………………（12章）194
横断面分析 …………………………（1章）6,（2章）14
重み …………………………………………（9章）136

カ行

解	（4章）48
回帰係数	（2章）17
改良トンキロ法	（11章）179
改良トンキロ法CO_2排出原単位	（11章）179
環境負荷	（11章）178
干渉余裕時間	（5章）74
ガントチャート	（5章）75
感度レポート	（4章）56
管理系システム	（12章）187
還流ロジスティクス	（1章）2
幾何平均法	（11章）174
基準化	（3章）33
季節指数	（2章）25
季節変動	（2章）23
基底解	（4章）52
キャッシュフロー	（1章）8,（8章）119
キャッシュフロー計算書	（8章）119
供給量制約	（10章）152
拠点分散	（13章）205
組合せ最適化問題	（7章）109
グラフ	（9章）135
グリーン・ロジスティクス	（1章）2
クリティカルパス	（5章）75
クラスカル法	（9章）143
クロスドック	（8章）132
計画系システム	（12章）187
傾向線	（2章）16
傾向変動	（2章）23
経済的発注量	（8章）123, 125
経路	（9章）136
ゲーミングシミュレーション	（3章）42
ゲームの理論	（1章）7,（3章）41
結合点	（5章）66
決定係数	（2章）18
決定理論	（1章）7,（3章）39
限界コスト	（4章）56
ケンドール記号	（6章）85
後続作業	（5章）66
行動原理	（3章）39
効用	（11章）175
誤差変動	（2章）23

サ行

在庫回転率	（8章）118
最小化	（4章）48
最小二乗法	（2章）16
最小費用フロー問題	（9章）145
最小木問題	（1章）9,（9章）142
最早開始時刻	（5章）73
最早完了時刻	（5章）73
最早結合点時刻	（5章）70
最大化	（4章）48
最大需要地法	（7章）105
最大積載量	（11章）180
最短距離	（9章）137
最短経路	（9章）137
最短経路問題	（1章）9,（9章）136
最遅開始時刻	（5章）73
最遅完了時刻	（5章）73
最遅結合点時刻	（5章）70
最長経路	（5章）75
先入れ先出し法	（8章）118
作業	（5章）65
作業リスト	（5章）66
サプライチェーンマネジメント	（1章）3
時系列分析	（1章）6,（2章）14
指数平滑法	（2章）27
システム技法	（1章）3
施設制約	（7章）108
施設配置問題	（1章）8,（7章）107
施設費用	（7章）107
実行可能解	（4章）48
実行可能領域	（4章）48
実行系システム	（12章）187
始点	（5章）66,（9章）136
シミュレーション	（1章）4,（8章）127
車載端末	（12章）189
ジャストインタイム	（1章）1,（8章）117, 125
重回帰分析	（2章）19
周期変動	（2章）23
重相関係数	（2章）21
終点	（5章）66,（9章）136
重要度	（3章）31
自由余裕時間	（5章）74
従来トンキロ法	（11章）179
従来トンキロ法CO_2排出原単位	（11章）179
重量重心	（7章）103
受発注管理システム	（12章）188
需要予測	（2章）13,（13章）199

索　引　211

需要予測システム (13章) 199
需要量 (7章) 110, (9章) 144, (10章) 151, 158
需要量制約 (10章) 152
巡回セールスマン問題 (1章) 10
巡回路制約 (10章) 159
順序関係 (5章) 66
所要日数 (5章) 66
進捗管理 (5章) 75
新聞売り子問題 (8章) 131
スイープ法 (10章) 164
数理計画ソルバー (4章) 59, (7章) 112
数理計画法 (1章) 7
数理モデリング言語 (4章) 59
スクラッチ開発 (12章) 194
スケジューリング (5章) 65
スリーピングストック (8章) 118
整合度 (3章) 38
生産計画問題 (4章) 47
制約条件 (4章) 48, (9章) 145
セービング値 (10章) 160
セービング法 (10章) 159
積載容量 (10章) 158
積載率 (11章) 180
説明変数 (11章) 175
全域木 (9章) 142
線形関係 (4章) 47
線形計画法 (1章) 7, (4章) 47
線形計画問題 (4章) 48, (5章) 76, (9章) 145, (10章) 153
先行作業 (5章) 66
潜在価格 (4章) 56
センター (1章) 8, (7章) 107
選択率 (11章) 175
前提条件 (7章) 107, 110, (10章) 151, 158
船舶輸送 (11章) 169
全余裕時間 (5章) 74
相関係数 (2章) 14
倉庫管理システム (12章) 188
ソーシャル・ロジスティクス (1章) 2
属性 (11章) 176
ソルバー (4章) 53, (10章) 153
損益計算書 (8章) 119

タ行

ダイクストラ法 (9章) 138
貸借対照表 (8章) 119
代替案 (11章) 172
多階層スイープ法 (10章) 165
多属性意思決定問題 (3章) 33
多変量解析 (2章) 29
ダミー作業 (5章) 66
単純重心 (7章) 102
単体法 (4章) 52
端点 (9章) 136
調達時間 (8章) 126
通信プラットフォーム (12章) 187
定期発注方式 (8章) 122
定式化 (4章) 48, (5章) 78, (7章) 109, (10章) 151
定量発注方式 (8章) 127
データファイル (10章) 157
鉄道輸送 (11章) 169
デッドストック (8章) 118
デル方式 (13章) 199
動態管理システム (12章) 194
トヨタ方式 (13章) 199
トラック輸送 (11章) 169
トレードオフ (8章) 124

ナ行

ナッシュ均衡 (3章) 41
二項ロジットモデル (11章) 175
ネットワーク (9章) 135
燃費法 (11章) 178
燃料使用量 (11章) 178
燃料法 (11章) 178
ノード (9章) 136

ハ行

配車計画支援システム (12章) 194
配送拠点 (13章) 202
配送距離 (10章) 159
配送区域 (10章) 163
配送経路 (10章) 158, (13章) 204
配送経路問題 (10章) 158
パス (9章) 136
発注点 (8章) 126
発注点方式 (8章) 122

パネルデータ分析 ……………………（2章）14
パラメータ ……………………………（11章）175
パレート図 ……………………………（8章）121
非集計分析モデル ……………………（11章）175
ビッグデータ分析システム …………（13章）201
非負制約 …（4章）48,（7章）110,（9章）146,（10章）152
被約費用 ………………………………（4章）56
評価基準 ……………………（3章）31,（11章）172
ファジイ理論 …………………………（3章）43
フォーク並び型 ………………………（6章）94
複数窓口 ………………………………（6章）94
物流費 …………………………………（13章）202
ブルウィップ効果 ……………………（8章）131
フロー費用 ……………………………（9章）145
フロー保存式 …………………………（9章）145
フロー量 ………………………………（9章）145
プロジェクト …………………………（5章）65
プロジェクト管理 ……………………（5章）65
平均サービス率 ………………………（6章）84
平均到着率 ……………………………（6章）84
平衡状態 ………………………………（6章）85
閉路 ……………………………………（9章）136
変数 …………………………（4章）48,（7章）180
変数セル ……………………（4章）54,（10章）155
偏相関係数 ……………………………（2章）21
補充点 …………………………………（8章）127

マ行

待ち行列理論 ………………（1章）8,（6章）84
窓口の利用率 …………………………（6章）85
マネジメント・サイクル ……（1章）1,（2章）13
マルチメディアン ………………（7章）102, 106
向きのあるアーク ……………………（9章）136
向きのないアーク ……………………（9章）136
無線LAN ………………………………（12章）198
メディアン ………………（1章）8,（7章）102, 105
モーダルシフト ………………………（11章）170
目的 ……………………………………（11章）172
目的関数 …………（4章）48,（7章）108,（9章）145
目的セル ……………………（4章）54,（10章）155
目標値 ………………………（4章）54,（10章）155
モデリング言語 ………………………（7章）112
モデル …………………………………（1章）5
モデルファイル ………………………（10章）157
モンテカルロ・シミュレーション …（6章）87,（8章）128

ヤ行

輸送機関 ………………………………（11章）169
輸送機関選択 …………………………（11章）176
輸送重量 ………………………………（11章）179
輸送制約 ………………………（7章）108, 110
輸送費 …………………………………（13章）206
輸送費指向論 …………………………（7章）103
輸送費用 ……………………（7章）107,（10章）151
輸送問題 ……………………（1章）9,（10章）151
輸配送管理システム …………………（12章）188
容量 ……………………………………（9章）145
容量制約 ………（7章）110,（9章）146, 10章 159
容量制約のない施設配置問題 ………（7章）107
容量制約をもつ施設配置問題 ………（7章）109
余裕時間 ………………………………（5章）74

ラ行

ラベル値 ………………………………（9章）138
乱数 …………………………（6章）87,（8章）127
ランニングストック …………………（8章）118
立地三角形 ……………………………（7章）101
連結 ……………………………………（9章）142
ロケーション管理 ……………………（8章）121
ロジスティクス・ネットワーク …（1章）6, 8,（12章）187
ロジスティクス情報システム ………（12章）187
ロジスティック曲線 …………………（2章）19
ロジットモデル ……………（1章）10,（11章）175
ロットサイズ …………………………（11章）169

ワ行

割当制約 ………………………………（10章）159

参考文献

[1] 増井忠幸，百合本茂，片山直登，『ロジスティクスの OR』，槇書店，1998.
[2] 春日井博，『需要予測入門』，日刊工業新聞社，1967.
[3] 百合本茂，「ロジスティクス拠点の立地選定」，流通ネットワーキング，No.262，日本工業出版，2010.
[4] 木下栄蔵，『入門 AHP』，日科技連，2000.
[5] 藤澤克樹，後藤順哉，安井雄一郎，『Excel で学ぶ OR』，オーム社，2011.
[6] Robert Fourer, David M. Gay, and Brian W. Kernighan, AMPL: "A Modeling Language for Mathematical Programming", Cengage Learning, 2002.
[7] 加藤昭吉，『計画の科学―どこでも使える PERT・CPM』，講談社，1965.
[8] 柳沢滋，『PERT のはなし―効率よい日程の計画と管理』，日科技連，1985.
[9] 西成活裕，『クルマの渋滞アリの行列』，技術評論社，2007.
[10] 岡部篤行，鈴木敦夫，『最適配置の数理』，朝倉書店，1992.
[11] W.Kuhn, R.E.Kuenne, "An Efficient Algorithm for the Numerical Solution of the Generalized Weber Problem in Spatial Economics," *Journal of Regional Science*, Vol.4, No.2.
[12] 久保幹雄，『サプライチェーン最適化入門』，朝倉書店，2004.
[13] 國貞克則，『財務 3 表一体理解法』，朝日選書，2007.
[14] 片山直登，『ネットワーク設計問題』，朝倉書店，2008.
[15] 繁野麻衣子，『ネットワーク最適化とアルゴリズム』，朝倉書店，2010.
[16] 山本芳嗣，久保幹雄，『巡回セールスマン問題への招待』，朝倉書店，1997.
[17] ロジスティクス環境会議，『ロジスティクス分野における環境パフォーマンス算出』，日本ロジスティクスシステム協会，2006.
[18] ロジスティクス環境会議，『ロジスティクス源流管理マニュアル』，日本ロジスティクスシステム協会，2006.
[19] 木下栄蔵，大屋隆生，『戦略的意思決定手法 AHP』，朝倉書店，2007.
[20] 交通工学研究会，『やさしい非集計分析』，交通工学研究会，1995.
[21] 尹仙美，「貨物トラック輸送におけるモーダルシフトに関する研究」，流通経済大学物流情報学研究科博士論文，2005.
[22] 経済産業省・国土交通省，物流分野の CO_2 排出量に関する算出方法ガイドライン，2007.
[23] 増田悦夫，「ロジスティクスを支援する情報システムについて」，流通経済大学流通情報学部紀要，Vol.19, No.2, 2015.
[24] 松本忠雄，「花王における SCM への取り組み」，郵政研究所月報，2002.8.
[25] 特集 花王の物流力「サプライチェーン統合の「方式」」，LOGI-BIZ，Oct. 2004.
[26] 山端宏実，成果出す IT 活用の現場「好みのネタがいつも目の前に 食欲をデータ分析，15 分後まで予測」，日経情報ストラテジー，Sept. 2013.

【著者紹介】

百合本　茂（ゆりもと　しげる）

1948年生まれ。早稲田大学大学院理工学研究科博士課程単位取得退学。流通経済大学経済学部専任講師、助教授、教授、流通情報学部教授を経て、流通経済大学名誉教授。専攻は経営工学。主な著書に『ロジスティクスのOR』（共著、槇書店、1998年）、『ORによる生産流通システムの設計』（共著、槇書店、1988年）、『OR事典2000事例編』（分担、日科技連、2000年）など。
現在、流通経済大学名誉教授。

片山　直登（かたやま　なおと）

1960年生まれ。早稲田大学大学院理工学研究科博士課程単位取得退学。早稲田大学理工学部助手、金沢工業大学工学部講師、流通経済大学流通情報学部助教授を経て、現職。専攻は経営工学。
主な著書に『ロジスティクスのOR』（共著、槇書店、1998年）、『ネットワーク設計問題 (応用最適化シリーズ)』（単著、朝倉書店、2008年）など。
現在、流通経済大学流通情報学部教授、博士（物流情報学）。

増田　悦夫（ますだ　えつお）

1951年生まれ。電気通信大学大学院電気通信学研究科修士課程修了。日本電信電話公社（現NTT）の研究所を経て、現職。専攻は通信・ネットワーク工学。
主な著書に『最新コンピュータネットワーク技術の基礎』（共著、電気通信協会、2003年）、『情報通信概論』、『情報ネットワーク』（いずれも、共著、オーム社、2011年）など。
現在、流通経済大学流通情報学部教授、博士（工学）。

ロジスティクスの計画技法
―ロジスティクスの分析・設計で用いられる手法―

発行日	2015年 4 月 1 日　初版発行
	2020年10月 2 日　第 2 刷発行

著　者　百合本　茂・片山　直登・増田　悦夫
発行者　野　尻　俊　明
発行所　流通経済大学出版会
　　　　〒301-8555　茂城県龍ケ崎市120
　　　　電話　0297-60-1167　FAX　0297-60-1165

ⓒShigeru Yurimoto, Naoto Katayama, Etsuo Masuda 2015
Printed in Japan/アベル社
ISBN 978-4-947553-66-9 C3065 ¥1500E